EUCARISTÍA Y VIDA CRISTIANA

JAVIER ECHEVARRÍA

EUCARISTÍA Y VIDA CRISTIANA

Segunda edición

EDICIONES RIALP, S.A.
MADRID

© 2005 by FUNDACIÓN STUDIUM.
© 2005 by EDICIONES RIALP, S. A., Alcalá, 290, 28027 Madrid

Primera edición: septiembre 2005
Segunda edición: octubre 2005

Fotocomposición: M. T., S. L.

ISBN: 84-321-3557-7
Depósito legal: M-37.577-2005
Impreso en Gráficas Rógar, S.A. Navalcarnero (Madrid)

No está permitida la reproducción total o parcial de este libro, ni su tratamiento informático, ni la transmisión de ninguna forma o por cualquier medio, ya sea electrónico, mecánico, por fotocopia, por registro u otros métodos, sin el permiso previo y por escrito de los titulares del Copyright.

Índice

Presentación 11

I. Filiación divina y Eucaristía 17

    El don de la filiación divina y la familiaridad con Dios . 18
    Libertad y humildad para acoger este don 20
    «Ahí tenéis a nuestro Dios» 23
    Fe en la Eucaristía y contemporaneidad con Cristo ... 26
    Cercanía sensible de quien es Maestro, Médico, Amigo,
        Pastor 28
    El Pan de los hijos 30
    Para que no desfallezcan en el camino y lleguen a Casa . 32
    Para que se identifiquen plenamente con el Hijo 34
    El progreso en el camino a través de la Eucaristía 37
    Aprender de María a recibir a Jesús 43

II. Eucaristía, servicio, sacrificio, sacerdocio 49

    Mediadores entre Dios y los hombres 50
    Beber el cáliz del Hijo 53
    «Haced esto en conmemoración mía»: el mismo y
        único sacerdocio 56
    No olvidar el amor: «sacerdote eucarístico, pueblo
        eucarístico» 58
    Preparación para cada Misa: «no presentarse con las
        manos vacías» 62

«Debéis lavaros los pies los unos a los otros»: servidores de todos 65
El lavatorio de los pies y la limpieza de alma 67
«Que os améis los unos a los otros como Yo os he amado» 70
Aprender a amar 73
Tres «mandamientos» y una misma realidad 77

III. Eucaristía y apostolado 81
«Tengo compasión de esta gente»: buscar la propia santidad y la de los demás 82
Filiación divina y anuncio de Cristo: «estar en las cosas del Padre» 84
«Yo iré y le curaré»: iniciativa para dar a conocer a Cristo 86
El motivo y la condición para anunciar a Cristo: tratarlo 88
«Mi Padre os da el verdadero Pan del cielo»: la fe eucarística es fe que habla de Cristo 90
Buscar en la Eucaristía la fuerza para hablar y obrar «en el nombre de Jesús» 94
«El que a vosotros oye, a mí me oye»: la razón de la eficacia apostólica 99
Buscar el trato con el Espíritu Santo por medio de la Comunión frecuente 102
Perseverar en el amor hasta decir como Cristo: «Esto es mi cuerpo» 106
Lucha interior, trabajo y acción apostólica: madurar el alma eucarística 111

IV. La Eucaristía y la familia cristiana 117
El misterio de la alianza de Dios con los hombres 118
La alianza matrimonial, expresión de fe y de amor ... 120

Entrar en el misterio de fe y amor de Cristo y de la
  Iglesia: la Iglesia doméstica 123
La triste tentación de convertir el vino en agua 126
Alimentar la vida limpia del cónyuge y de los hijos .. 129
Centrar el matrimonio y la familia en el misterio de
  fe y amor de la Eucaristía 131
Nazaret y Belén: con Cristo en el propio hogar 134
El apostolado de la mesa 137
Transmitir la vida y la fe 139
Enseñar a honrar a Dios y a luchar por agradarle 142
Mostrar el amor paterno de Dios: educar a la libertad
  y responsabilidad de los hijos de Dios 145
El primer mandamiento de la Iglesia 148

V. La Eucaristía y el trabajo de los hijos de Dios 153

Dar proyección divina al trabajo humano 154
Trabajar pensando en el Pan que viene del Cielo 155
Prolongar la Misa en el trabajo 158
«No ofreceréis nada defectuoso»: trabajar bien 161
Trabajo y amor 162
Imitar el trabajo del Hijo de Dios, desde Nazaret
  hasta su culminación en la Cruz 165
Unidad de vida: una Misa de 24 horas 169
Dar culto a Dios en todos los ambientes: Cristo en la
  cumbre 173
Impregnar de espíritu cristiano la cultura y la sociedad . 177
Valor salvífico del trabajo realizado con sentido
  eucarístico 178

VI. La Eucaristía y el descanso de los hijos de Dios 183

Descansar en Dios: abandonar en Él nuestras preocu-
  paciones 185
Descanso y filiación divina: la enseñanza de Jesús 187

Descansar en Dios: pedirle perdón como Zaqueo y
    perdonar 189
Descansar con Dios: entrar en su lógica de amor y
    comprensión 193
La paz, perfección del descanso, fruto del trabajo 195
La paz, don de Dios 198
Hijos del Dios de la paz 199
Descansar junto al Sagrario como Jesús en Betania .. 202
Descansar con Cristo en la Misa, como los discípulos
    de Emaús 205
Vivir las fiestas y los domingos con Dios 210

VII. La Eucaristía y el dolor de los hijos de Dios 215

Vida y sufrimiento 216
No hay amor verdadero sin sacrificio ni sentido del
    sacrificio sin amor 218
«Me has preparado un cuerpo...» 220
Lecciones de Jesús en la Eucaristía: grandeza del
    holocausto 222
En la hora del dolor: «tome su cruz y sígame» 224
Cuando el día va de caída: «tomad y comed» 226
Sentido filial del sufrimiento 227
El consuelo y la ayuda de la Madre de dolores 230
Caná: la premura de la Madre 233
Con María al pie del altar 236

Epílogo 241

Presentación

Hace cinco años, con ocasión del Gran Jubileo promulgado por Juan Pablo II, reuní algunas consideraciones sobre diversos aspectos del ser y del quehacer de los cristianos, de la vida espiritual y apostólica que el Maestro vino a traer a la tierra.

Los itinerarios de vida cristiana, que entonces trazaba, ponían de relieve —no podía ser de otro modo— que cabe resumir el cristianismo en el encuentro de cada uno con Jesús, que culmina en la plena adhesión al Hijo de Dios consubstancial al Padre. Es un encuentro personal, singularmente profundo y totalizante, que implica acogerle y saberse acogido por Él; creer en Él y sentir a la vez toda la confianza que el Señor deposita en cada uno de sus discípulos; amarle de manera absoluta, sin condición alguna, porque así es el amor de Quien ha dado su vida en la Cruz por todos y por cada uno de nosotros. Bien se comprende que se trata de una realidad por encima de las dimensiones habituales de nuestra existencia, única por su trascendencia y radicalidad; una realidad que la reflexión humana no conseguirá nunca entender en toda su riqueza de sentido y belleza. Es, propiamente hablando, un misterio.

La noción de misterio nos resulta familiar a los humanos, porque son muchas las cosas que no sabemos, que no acertamos a desentrañar. El progreso científico ha desvelado tantas y tantas incógnitas sobre las dinámicas presentes en el mundo que observamos; sin embargo, los interrogantes, paradójicamente, no han disminuido; han aumentado. No me refiero a las crisis de certeza palpitantes en muchos ambientes intelectuales, que —décadas atrás— se creyeron capaces de hacerse con la llave infalible de la verdad. Pienso más bien en situaciones patentes a todos, porque exponen distintos reflejos del gran misterio que es el hombre. En definitiva, si hemos de afrontar sinceramente nuestra situación, debemos concluir que nuestra vida se nos muestra como un camino a la luz de un día que está envuelto en misterios.

Uno de esos arcanos, especialmente luminoso, se concreta en nuestra condición de hijos de Dios en Cristo y, en consecuencia, en el misterio de la Eucaristía. Misterios estrechamente ligados, que atraen la atención de los fieles cristianos en este Año que el amadísimo Juan Pablo II quiso declarar eucarístico. Toda esta atractiva realidad me induce ahora a detenerme en la consideración del augusto sacramento, que es Sacrificio, Comunión y Presencia, para intentar adentrarnos con mayor hondura en la actualidad de la Encarnación, en ese pasar de Jesús por la tierra para conversar con los hombres. También es una invitación a profundizar con agradecimiento en la maravillosa realidad de nuestro ser hijos de Dios.

Hay, en efecto, un vínculo muy estrecho entre el sentido de la filiación divina y el sentido de la presencia eucarística del Señor. En último análisis, se podría explicar ese íntimo enlace porque las dos realidades constituyen expresiones inequívocas del *sensus fidei*, de la fe viva. Pero revelan también razones más específicas que los entrelazan, en particular ésta: la devoción eucarística robustece y acrecienta en el cristiano el sentido de su filiación divina. La Iglesia nos lo propone de modo diáfano en el primer Prefacio de Cuaresma, cuando pide a Dios que «por la celebración de los misterios que nos dieron nueva vida, lleguemos a la plenitud de hijos de Dios»[1].

---

[1] Misal Romano, *Prefacio I de Cuaresma*.

Necesitamos contemplar a Jesús sacramentado, acompañarle, «comerle», para aprender dócilmente a ser hijos y también para crecer como hijos y conducirnos como hijos fieles. «Si no coméis la carne del Hijo del hombre y no bebéis su sangre, no tenéis vida en vosotros», la vida nueva, la vida de los hijos de Dios; en cambio, «el que come mi carne y bebe mi sangre, tiene vida eterna y Yo le resucitaré en el último día» (Jn 6, 53-54): tiene la Vida de Dios y no morirá para siempre

Estas consideraciones versarán especialmente sobre el trato con Jesús eucarístico, que edifica y da firmeza a nuestro ser y a nuestro sabernos hijos de Dios en Cristo. En las páginas que siguen, se tratarán algunos aspectos de la vida de los hijos de Dios que aman y trabajan en este mundo; que se relacionan con los demás y construyen con ellos la sociedad en la que se desenvuelven; que sufren y gozan codo a codo con sus vecinos, colegas y parientes. Procuraré ver cómo en la Sagrada Eucaristía —Sacrificio, Comunión, Presencia— Jesucristo es, para todos ellos y siempre, el Maestro que sale al encuentro, que explica, que comprende, que anima y sostiene, que devuelve la salud. No pretendo recoger de modo sistemático los variados aspectos —tan ricos— de la doctrina de la Iglesia sobre el Misterio eucarístico, que el *Catecismo de Iglesia Católica* ha expuesto con autoridad[2]. Mi propósito consiste sencillamente en ayudar a los lectores a trasladar a la existencia cotidiana, a la vida práctica, algunas de las consecuencias que dimanan de la Sagrada Eucaristía. Sólo consideraré unos aspectos de esa maravillosa cercanía que Dios desea tener con las mujeres y los hombres en ese misterio inefable

Parece aquí conveniente una observación previa: la distinción de varios niveles u órdenes en este Sacramento. Primero,

---

[2] Cfr. *Catecismo de la Iglesia Católica*, nn. 1322-1419.

el de las especies o apariencias —los «accidentes»— del pan y del vino, que caen inmediatamente bajo nuestra percepción sensible: después, el de la realidad substancial que esconden, no perceptible por los sentidos ni por la razón, accesible sólo con la fe: el cuerpo y sangre de Cristo en su actual condición gloriosa, unidos al alma humana de Jesús y la divinidad de su Persona; a continuación, el de la realidad sacramental, que presenta separados, bajo las especies distintas del pan y del vino, el cuerpo y la sangre de Jesús, que es signo de su pasión y muerte; en fin, el de su efecto en los fieles, que lleva a la participación en la vida de Cristo y a la identificación con Él, a la participación en su sacrificio, la implantación del reino de Dios y a la edificación de la Iglesia, etc. Estos diversos niveles se entrelazan y a la vez explican por qué la Santa Misa es el centro y la raíz de la vida cristiana, como insistentemente enseñó el Fundador del Opus Dei[3].

Hoy, como hace dos mil años, Jesús sale al encuentro de cada hombre y de cada mujer; se le revela al partir el Pan, como aquella tarde a los dos que iban camino de Emaús (cfr. Lc 24, 13-35). Quiera Dios que estas consideraciones contribuyan a reafirmarnos en la convicción de que podemos seguir a Cristo —como gráficamente enseñaba también san Josemaría— «tan de cerca como Santa María, su Madre, como los primeros doce, como las santas mujeres, como aquellas muchedumbres que se agolpaban a su alrededor»; y que, «si obramos así, si no ponemos obstáculos, sus palabras entrarán hasta el fondo del alma y nos transformarán»[4].

Estas páginas recogen reflexiones nacidas de la fe, y dirigidas ante todo al creyente. Sin embargo, podrán resultar útiles también a quien no posea la fe cristiana: le ayudarán a com-

---

[3] San Josemaría Escrivá de Balaguer, *Es Cristo que pasa*, n. 87. *Vid.* También concilio Vaticano II, Decr. *Presbyterorum Ordinis*, n. 14.

[4] Cfr. San Josemaría Escrivá de Balaguer, *Es Cristo que pasa*, n. 107.

prender algo del porqué de la vida y de la esperanza de los cristianos; de nuestros esfuerzos por ser mejores y por ayudar a los demás a alcanzar esa meta; de nuestra ilusión y alegría para recomenzar después de los errores —pequeños o no tan pequeños—, que jalonan la existencia humana. Ese *porqué* se encuentra justamente en la Eucaristía.

No escondo que me invade una alegría especial, al presentar estas consideraciones, pues se cumple el 50º aniversario de mi ordenación sacerdotal, que recibí con otros que me acompañaban —a quienes recuerdo con gran afecto— el 7 de agosto de 1955. Con el alma llena de agradecimiento, y con contrición por mis deficiencias, renuevo el afán de aprender a amar más a la Trinidad Santísima, que me ha concedido el don inmerecido de ser ministro del Señor, para hacer presente en el altar el Sacrificio del Calvario, ya que, como escribió Juan Pablo II, la celebración de la Eucaristía es para el sacerdote «no sólo el deber más sagrado, sino sobre todo la necesidad más profunda del alma»[5]: una necesidad vital, me atrevo a apostillar.

---

[5] Juan Pablo II, *Don y misterio*, IX.

I. Filiación divina y Eucaristía

> «Al llegar la plenitud de los tiempos, envió Dios a su Hijo, nacido de mujer, nacido bajo la Ley, para redimir a los que estaban bajo la Ley, a fin de que recibiésemos la adopción de hijos. Y, puesto que sois hijos, Dios envió a nuestros corazones el Espíritu de su Hijo, que clama: ¡Abba, Padre! De manera que ya no eres siervo, sino hijo; y como eres hijo, también heredero por gracia de Dios» (Gal 4, 4-7).

Los cristianos creemos que el fondo último de nuestra condición y de nuestro destino nos ha sido revelado por Dios en Cristo; que «el misterio del hombre sólo se descifra en el misterio del Verbo encarnado»; y que su vida y su enseñanza responde a «los deseos más profundos del corazón humano», precisamente porque «reivindican la dignidad de la vocación del hombre, devolviendo la esperanza a quienes desesperan ya de sus destinos más altos». De este modo «su mensaje, lejos de empequeñecer al hombre, difunde luz, vida y libertad para el progreso humano». Con razón, el Concilio Vaticano II ha podido concluir esas consideraciones afirmando: «Éste es el gran misterio del hombre que la Revelación cristiana esclarece a los fieles. Por Cristo y en Cristo se ilumina el enigma del dolor y de la muerte, que fuera del Evangelio nos envuelve en absoluta oscuridad. Cristo resucitó; con su muerte destruyó la muerte y nos dio la vida, para que, hijos en el Hijo, clamemos en el Espíritu: Abba!, ¡Padre!»[1].

---

[1] Const. past. *Gaudium et spes*, nn. 21-22.

El don de la filiación divina y la familiaridad con Dios

La fe en Cristo no cambia la situación histórica del hombre. El cristiano, considerado en sí mismo, en sus condiciones humanas de talento y condición social, no es más ni menos que los demás. La Iglesia, a propósito de las consecuencias del pecado original y de los efectos del bautismo, ha enseñado siempre que en la situación histórica del bautizado no desaparecen las dificultades para el trabajo, la salud, el estudio, la constitución de una familia, la organización de la sociedad, etc. El don de Dios al cristiano se desarrolla en la dirección de la amistad del Creador con la criatura, y cabría resumirlo en la clara afirmación de que Cristo ha traído a la tierra el tesoro de la filiación divina: ahora el hombre puede llamar Padre a Dios; está en condiciones de dirigirse a Él incluso con el modo ingenuo y confiado con que los niños pequeños llaman a su padre «papá»; con la misma espléndida sencillez, cargada de verdad, con que tantas culturas indígenas de América, tras la evangelización, se dirigen al Señor con la palabra «Taita», la misma que emplean en el lenguaje coloquial familiar para referirse al tratar con el padre de familia.

Es una enseñanza clara del Evangelio: «A todos los que la recibieron (la Palabra, el Verbo hecho carne), les dio poder de llegar a ser hijos de Dios» (Jn 1, 12). Al cristiano no se le concede sólo un modo de hablar, de autodenominarse. La conciencia de la filiación divina responde a la radicalidad del don divino, que transforma al hombre verdaderamente desde dentro, desde su misma raíz, como dice san Juan: «Mirad qué amor nos ha tenido el Padre, que nos llamemos hijos de Dios: ¡y lo somos! (...). Ya ahora somos hijos de Dios» (1 Jn 3, 1-2). Por eso, afirmaba san Josemaría: «El que no se sabe hijo de Dios, desconoce su verdad más íntima»[2], no ha descubierto

---

[2] San Josemaría Escrivá de Balaguer, *Amigos de Dios*, n. 26.

aún ni la razón profunda de su ser, ni el sentido de su existencia sobre la tierra.

Lo narraba entusiasmado el Apóstol Pablo, contemplando en sí mismo y en sus hermanos en la fe la acción de Dios: «Los que son guiados por el Espíritu de Dios, éstos son hijos de Dios. En efecto, no recibisteis un espíritu de esclavitud para estar de nuevo bajo el temor, sino que recibisteis un espíritu de hijos de adopción, en el que clamamos: ¡Abba, Padre! Pues el Espíritu mismo da testimonio junto con nuestro espíritu de que somos hijos de Dios. Y si somos hijos, también herederos: herederos de Dios, coherederos de Cristo; con tal de que padezcamos con Él, para ser con él también glorificados» (Rm 8, 14-17).

Los Padres de la Iglesia no se cansaron de contemplar, y de inculcar en los fieles cristianos, esta verdad a la vez sencilla y extraordinaria: el Hijo de Dios «se hizo precisamente Hijo del hombre, para que nosotros pudiésemos llegar a ser hijos de Dios»[3]. Desde entonces, los discípulos del Señor han vivido de esta realidad, tratando de asimilarla, de descubrir su riqueza infinita, que se expresa en múltiples manifestaciones, como el mismo Cristo explicó a lo largo de su predicación: en la oración, con la que el cristiano empieza llamando Padre al Creador, le expone sencillamente la propia necesidad y acoge sinceramente como propias las intenciones divinas; en la penitencia para cumplir a fondo los designios del cielo, que lleva a cabo reciamente pero sin ostentación, de un modo amable que no molesta a los demás; en la caridad, que empuja a mirar siempre al otro como a hermano, porque es hijo del mismo Padre; en la prontitud para perdonar eventuales agravios y ofensas, signo y consecuencia de saberse perdonado antes y más profundamente por el Señor de todos;

---

[3] San León Magno, *Sermón 6 en la Natividad del Señor*.

en el deseo sincero de reencaminarse hacia el Padre cuando se le ha abandonado por cualquier motivo.

Con el don de la filiación divina, Cristo ha destruido radicalmente las barreras que puedan separar a los hombres, porque ha superado la distancia fundamental, la que aleja la tierra del Cielo y de las mismas criaturas. Dios se ha acercado tanto al hombre que ha llegado a ser uno de nosotros. Al asumir nuestra naturaleza, el Verbo ha unido en sí lo humano y lo divino; desde entonces, como repite san Pablo, «ya no hay judío ni griego, ni esclavo ni libre, ni hombre ni mujer, ya que todos vosotros sois uno en Cristo Jesús» (Gal 3, 28). Dios ya no está lejos: es nuestro Padre. No lo están tampoco los demás: son nuestros hermanos en el Señor.

Libertad y humildad para acoger este don

Reconociendo que no cambia lo esencial del ser humano, hay que admitir a la vez que el don de la filiación divina ha cambiado completamente la historia de la humanidad, que desde hace dos mil años transcurre bajo el signo de una Alianza nueva y eterna entre el hombre y Dios, un pacto que cobija a la persona bajo el amor providente de un Padre infinitamente sabio y todopoderoso. Ha cambiado la historia, respetando la libertad de todos. Dios no se impone: su don es infinitamente gratuito y no implica ninguna violencia, imprime sólo la dulce coacción del amor.

Me vienen ahora a la memoria unas consideraciones que san Josemaría propuso más de una vez. En cierta ocasión, «un amigo de buen corazón, pero que no tenía fe», le dijo, mientras señalaba un mapamundi: «Mire, de norte a sur, y de este a oeste: el fracaso de Cristo. Tantos siglos, procurando meter en la vida de los hombres su doctrina, y vea los resultados». San Josemaría describía así su reacción a ese comentario:

«Me llené, en un primer momento de tristeza: es un gran dolor, en efecto, considerar que son muchos los que aún no conocen al Señor y que, entre los que le conocen, son muchos también los que viven como si no lo conocieran. Pero esa sensación duró sólo un instante, para dejar paso al amor y al agradecimiento, porque Jesús ha querido hacer a cada hombre cooperador libre de su obra redentora. No ha fracasado: su doctrina y su vida están fecundando continuamente el mundo. La redención, por Él realizada, es suficiente y sobreabundante. Dios no quiere esclavos, sino hijos, y respeta nuestra libertad»[4].

El don divino no anula la libertad, que es ya de por sí una grandísima dádiva de Dios al hombre; en realidad, la exalta y le confiere su último y definitivo sentido, porque al aceptar la invitación de vivir en Cristo como hijo del Padre, gracias a la acción del Espíritu Santo, la criatura trasciende sus propios confines, todas las barreras de sus limitaciones, y vive a lo divino, endiosada. Ya no existe para sí misma, sino para Cristo, para los demás. La propia vida, aun dentro de la breve jornada histórica, se muestra llena de una calidad y de un alcance que antes ni siquiera estaba en condiciones de sospechar. El hombre descubre así que también él puede construir para los que vengan detrás, que no se pierde nada de lo que —según esa vida nueva— hace por ellos; y trabaja con mayor despego de lo que opera, porque se ha abandonado en las manos del Señor: se mueve en la fe y desde la fe.

El don de la fe y el de la filiación divina marchan al unísono, como enseña san Pablo: «Todos sois hijos de Dios por la fe» (Gal 3, 26). Uno y otro quedan al alcance de todos los hombres y mujeres, sin distinción ni acepción de personas, porque no proceden de una conquista de la inteligencia, ni

---

[4] San Josemaría Escrivá de Balaguer, *Es Cristo que pasa*, n. 129.

del progreso técnico, ni del nivel cultural y científico de la sociedad; no surgen como fruto del talento político, de la habilidad comercial o de la energía de voluntad. Son pura gracia, que antecede cualquier mérito de cualquier orden. San Pablo tuvo que insistir sobre este punto para que los cristianos lo entendiesen bien: «Por gracia habéis sido salvados mediante la fe, y esto no procede de vosotros, puesto que es un don de Dios: es decir, no procede de las obras, para que ninguno se gloríe» (Ef 2, 8-9).

En cambio, resulta necesaria la disposición humilde para abrir el alma a una gracia tan extraordinaria y dejarse transformar radicalmente con el fin de llegar a ser «nueva criatura» (Gal 6,15; 2 Cor 3,17). La grandeza de este tesoro celestial lleva consigo, de modo paradójico, la realidad de que sólo un ánimo humilde, consciente de su bajeza y de su limitación, de su pequeñez, está en condiciones de aceptarlo. Así lo explicaba Cristo: «Yo te bendigo, Padre, Señor del cielo y de la tierra, porque has ocultado estas cosas a los sabios y prudentes, y las has revelado a los pequeños» (Mt 11, 25). Así lo reconocía su Madre, con agradecimiento sin par, en el canto del Magnificat: «Porque ha puesto sus ojos en la humildad de su esclava (...) ha hecho cosas grandes en mí el Todopoderoso» (Lc 1, 48-49). Y con estas palabras lo recordaba el Papa san León: «Toda la victoria del Salvador, que ha subyugado al diablo y al mundo, ha comenzado por la humildad y ha sido consumada por la humildad (...). La práctica de la sabiduría cristiana no consiste en la abundancia de palabras, ni en la habilidad para discutir, ni en el apetito de alabanza y de gloria, sino en la sincera y voluntaria humildad, que el Señor Jesucristo ha escogido y enseñado como verdadera fuerza desde el seno de su Madre hasta el suplicio de la Cruz»[5].

---

[5] San León Magno, *Homilía 7 en la Epifanía del Señor*.

Aunque lo hayamos considerado muchas veces, no deja de impresionar esta verdad maravillosa: el Señor se aproxima a la humanidad a través de una muchacha desconocida, natural de un pequeño pueblecito de la Tierra Santa. Resulta indescriptible que el destino del mundo entero dependa del sí de una joven de dieciséis o diecisiete años. Si nos lo hubieran explicado antes, habríamos replicado: no..., esto es imposible. El Señor toma este camino porque María responde generosamente a la plenitud de la gracia que ha recibido; porque vive de fe, pensando en el futuro, pensando en los demás.

La grandeza verdadera del hombre se cimenta y se entrelaza con la humildad, entendida esta virtud como percepción diáfana de la propia indigencia y de la propia limitación. La humildad inclina a la persona a aceptar dones más altos de los que ya posee; a no cerrarse ni conformarse con lo que puede alcanzar por sí misma; a excluir la tendencia a pensar sólo en lo que individualmente le conviene, y a mirar lo que necesitan los otros. La grandeza de la criatura inicia con su humildad y se consuma por la fe en Dios, que lo levanta de la simple condición de hijo de hombre a la nueva de hijo de Dios en Cristo.

«Ahí tenéis a nuestro Dios»

El cristianismo es cercanía de Dios al hombre; entraña amistad, trato, intimidad del hombre con Dios; expresa la familiaridad de un hijo amadísimo, acogido con indecible alegría, con músicas, fiestas, y un gran banquete (cfr. Lc 15, 22-24). Esta realidad de contenido, sobre todo espiritual, tiene también una dimensión sensible, que encuentra su fulcro en la carne de Cristo. «El Verbo se ha hecho carne», escribe san Juan (Jn 1, 14) resumiendo todo el designio de salvación que el Padre ha fijado por medio de su Palabra. La cercanía de

Dios no significa sólo que mueva y gobierne todo; la Alianza no se limita sólo a un pacto jurídico, del que se conservan algunos papeles como testimonios. Lleva consigo cercanía personal que se ha hecho sensible, tangible. El Hijo de Dios ha asumido nuestra naturaleza y desde entonces «la carne es quicio de la salvación», con palabras de Tertuliano[6].

El camino hacia la intimidad divina es la humanidad asumida por el Verbo. Ahí se encierra la sustancia del plan salvífico. Dios ha dispuesto que el hombre llegue a lo invisible a través de las cosas visibles: esa percepción describe el proceso intelectual común y, también, el recorrido sobrenatural hasta las cimas del endiosamiento: gracias al misterio de la Encarnación, el hombre conoce a Dios visiblemente y se ve arrebatado al amor de las realidades invisibles[7]. Éste ha sido el proyecto escogido por Dios, que el apóstol san Juan recuerda muchas veces, como queriendo convencerse y convencernos de lo que a nuestra razón podría parecer imposible: «Lo que existía desde el principio, lo que hemos oído, lo que hemos visto con nuestros ojos, lo que contemplamos y tocaron nuestras manos acerca de la Palabra de la vida —pues la Vida se manifestó y nosotros la hemos visto y damos testimonio ...» (1 Jn 1, 1-2).

Sin embargo, no parece estar superada la distancia histórica y cultural que separa a los hombres de hoy de aquellos que vieron a Cristo cuando caminó sobre esta tierra. Se podrá afirmar, con razón, que se trata de diferencias que dejan intacta la sustancial igualdad de la criatura de todas las épocas; pero no quita que la figura de Jesús pueda resultar menos accesible a causa de esa distancia.

A esta dificultad han aludido, de un modo o de otro, muchos cristianos, histórica y culturalmente más cercanos a Cristo que nosotros; de alguna manera, la han sentido todos

---

[6] Cfr., p.e., el tratado *Sobre la carne de Cristo*.
[7] Cfr. Misal Romano, Prefacio I de Navidad.

los que no recibieron el don de mirarle y de oírle hablar. Entonces, las gentes escuchaban sus palabras y contemplaban sus acciones, quedaban maravilladas ante sus milagros y podían acercarse a Él pidiendo que les curara de ésta o aquella otra enfermedad, que expulsara un demonio de una persona, que resolviera el problema de la falta de vino en unas bodas... Resulta lógico sentir el peso de esa distancia temporal, la ausencia de esa presencia inmediatamente salvadora. ¡Bastaba tocarle para encontrarse sanado! (cfr. Mc 6, 56). ¿Deberemos aceptar que la presencia sensible de Jesús sobre la tierra quedó completamente terminada con su Ascensión al Cielo?

En no pocos casos, ese alejamiento histórico ha sido utilizado como excusa del propio distanciamiento moral, cuando se ha querido sostener que la conducta habría sido otra si se hubiese tratado directamente a Jesús, como los Apóstoles y las santas mujeres. Santa Teresa de Jesús confiesa de sí misma que «tenía tanta devoción y tan viva fe, que cuando en algunas fiestas oía a personas que quisieran ser en el tiempo que andaba Cristo en el mundo, se reía entre sí, pareciéndole que teniéndole tan verdaderamente en el Santísimo Sacramento como entonces, que ¿qué más se les daba?»[8]. Muchos otros santos, a lo largo de la historia, han indicado también que Jesús en la Eucaristía se nos presenta como respuesta clara a ese problema de distancia. En nuestros días lo ha recordado con fuerza Juan Pablo II en su última Carta encíclica. Admite hipotéticamente en sus enseñanzas que algunos de nosotros podríamos lamentarnos de no haber asistido a los gestos salvíficos de Jesús y de modo especial a su Pasión y Muerte; y responde: «Este sacrificio es tan decisivo para la salvación del género humano, que Jesucristo lo ha realizado y ha vuelto al Padre sólo *después de habernos dejado el medio para participar de él*, como si hubiéramos estado presentes»[9].

---

[8] Santa Teresa de Jesús, *Camino de perfección*, cap. 61, 3: cod. Escorial.
[9] Juan Pablo II, Carta encíclica *Ecclesia de Eucharistia*, 17-IV-2003, n. 11.

Verdaderamente, con el profeta, podemos decir indicando el Pan y el Vino eucarísticos: «Ahí tenéis a nuestro Dios» (Is 25, 9).

Fe en la Eucaristía y contemporaneidad con Cristo

Identificar en la Eucaristía al mismo Jesús que nació de María y murió en la Cruz, que predicó por Palestina y obró milagros, es cuestión de fe teologal. La respuesta que hemos apuntado en los párrafos anteriores procede de la fe y requiere a su vez fe para aceptarla. Da por seguro que la dimensión sensible de la comunicación divina no ha sido revocada: «Ayer como hoy, Jesucristo es el mismo y lo será siempre» (Hb 13, 8). La lógica de la Encarnación define intrínsecamente el cristianismo, se identifica con todo su mensaje; por tanto, el acceso a Dios, a través de la carne de su Hijo, caracteriza siempre el tiempo de la Iglesia: también hoy podemos ver y tocar y oír a Jesús, aunque no exactamente como hace dos mil años. No le vemos según su propia figura, no tocamos inmediatamente su cuerpo, pero le «vemos» y «tocamos» realmente a través del velo sacramental. El don de Dios a la humanidad en Cristo no queda circunscrito a una época de la historia, aunque en algunos de esos tiempos asuma formas específicas e irrepetibles.

La institución de la Eucaristía en la noche que precedía a la muerte de Jesús, obedece a esta intencionalidad: entregar a sus discípulos de todos los tiempos un modo real de acceder a su Persona, por medio de la fe, pero manteniéndose a la vez en el orden sensible. Así lo han entendido muchos Padres y Doctores de la Iglesia, que lo han explicado de diversas maneras. Santo Tomás de Aquino las resume así: «(la Eucaristía) contiene sacramentalmente al mismo Cristo. El Señor, cuando estaba a punto de desaparecer de la vista de sus discípulos según su propia forma, se quedó con ellos bajo el signo sacramental»[10].

La Iglesia ha creído y proclamado desde los comienzos que después de las palabras del sacerdote en la Consagración, el pan y el vino dejan de ser lo que parecen, se convierten en el cuerpo y la sangre de Jesús. Ya en el siglo II, refiriéndose a este sacramento, San Justino explicaba: «Estas cosas no las tomamos como pan ordinario y bebida ordinaria», porque son «la carne y la sangre de aquel Jesús que se encarnó»[11]. La razón es clara. «Cristo Redentor nuestro dijo ser verdaderamente su cuerpo lo que ofrecía bajo la apariencia de pan (cfr. Mt 26, 26 ss; Mc 14, 22 ss; Lc 22, 19 ss; 1 Cor 11, 24 ss); de ahí que la Iglesia de Dios tuvo siempre la persuasión, y ahora nuevamente lo declara en este santo Concilio, que por la consagración del pan y del vino se realiza la conversión de toda la sustancia del pan en la sustancia del cuerpo de Cristo Señor nuestro, y de toda la sustancia del vino en la sustancia de su sangre. La cual conversión, propia y convenientemente, fue llamada transubstanciación por la Santa Iglesia Católica»[12].

La Eucaristía ha sido justamente llamada Santísimo Sacramento, porque no nos trae sólo un efecto de Cristo; ni ofrece sólo una acción o fuerza suya. En este sacramento, Cristo se halla presente en persona, aunque oculto bajo las apariencias de pan y de vino. La llamamos el Sacramento por excelencia porque es el sacramento de la Presencia del Verbo Encarnado entre los hombres. En las especies consagradas,

---

[10] Santo Tomás de Aquino, *Suma teológica*, III, q. 73, a. 5.
[11] San Justino, *Apología* I, 65.
[12] Concilio de Trento, ses. XIII, *Decreto sobre la Santísima Eucaristía*, cap. 4. Cfr. Pablo VI, *Enc. Mysterium Fidei*; Cfr. Juan Pablo II, *Carta del Santo Padre Juan Pablo II a los sacerdotes para el Jueves Santo de 1979 y de 1998*; y *Catecismo de la Iglesia Católica*, n. 1376.

«están contenidos verdadera, real y sustancialmente el cuerpo y la sangre junto con el alma y la divinidad de nuestro Señor Jesucristo, y, por consiguiente, Cristo entero»[13].

Cercanía sensible de quien es Maestro, Médico, Amigo, Pastor

El centro de la historia salvífica se encuentra en Cristo: sólo a través de Él, tiene el hombre acceso al Padre (cfr. Jn 14, 6; Mt 11, 27); y este plan no cambia después de la Ascensión de Jesús al Cielo. En el tiempo de la Iglesia, la dimensión sensible de la comunicación sobrenatural queda garantizada por los sacramentos, que se nos entregan —al decir los Santos Padres— como «huellas» del Verbo encarnado.

Lo que ha sucedido en la historia de la salvación ante unos pocos testigos, se repropone en el orden sacramental para beneficio de todos, sin exclusiones por razón del espacio o del tiempo; pero se dan algunas diferencias en la presentación de las realidades salvíficas.

El Verbo envuelto en el velo de la carne reveló el Padre a los hombres y los llevó a Él; ese mismo Verbo encarnado, envuelto en los velos eucarísticos, se ofrece hoy a los fieles y, atrayéndolos a Sí, los conduce al Padre con la fuerza del Espíritu. En ambos casos, el velo es sensible y permite a la criatura, que conoce y ama a través de lo sensible, el acceso a lo invisible e inmortal, a lo que nunca vio ni puede ver sobre esta tierra (cfr. Jn 1, 18; 1 Tm 6, 16).

Antes, durante la vida terrena de Jesús, el Verbo se ocultaba tras un solo velo; ahora, con dos. Lo expresa el Doctor de Aquino en el *Adoro te devote*: en la Cruz estaba oculta la divinidad, en este sacramento tampoco se contempla la humanidad. Pero en los dos casos, permanece la misma posibilidad

---

[13] *Ibid.*, canon 1.

de acceder a lo invisible a través de lo visible: Dimas llegaba al Hijo de Dios a través de su carne crucificada; nosotros, a través de su carne «eucaristizada», presente bajo los accidentes de pan y de vino que lo encubren a nuestra vista sensible, pero no a nuestra fe. Tanto Dimas como nosotros llegamos al Verbo por medio de la fe, pues el Verbo se hace presente a través de velos sensibles y pide siempre —a quien le miró físicamente en la tierra de Palestina y a quien lo contempla hoy en el sacramento— la misma disposición confiada.

Resulta iluminante el comentario de San Gregorio Magno, cuando habla sobre el pasaje evangélico de la confesión del apóstol Tomás, que en un primer momento se había negado a admitir la resurrección de Cristo, si no tocaba con sus manos las llagas del Señor. «Resulta claro —afirma este Padre de la Iglesia— que la fe es la prueba decisiva de las cosas que no se ven, pues las que se ven, ya no son objeto de la fe, sino del conocimiento. Pero, ¿por qué, cuando Tomás vio y palpó, el Señor le dice: "porque me has visto has creído"? Porque él vio una cosa y creyó otra. El hombre mortal no puede ver la divinidad; por tanto, Tomás vio al hombre y confesó a Dios, diciendo: "¡Señor mío y Dios mío!": viendo al que conocía como verdadero hombre, creyó y aclamó a Dios, aunque como tal no podía verle»[14].

Hoy, como hace veinte siglos, Jesús acude a curar nuestras parálisis, cegueras, sorderas, debilidades..., todo lo que nos impide seguirle y hablar con Él o de Él. Viene en la Eucaristía y nos trata también del mismo modo que entonces: como Maestro, como Médico, como Amigo, como Rey. Lo ilustraba san Josemaría durante una homilía de Jueves Santo, sugiriendo algunas consideraciones para encauzar el agradecimiento a Jesús después de la Comunión.

«Es Rey —afirmaba— y ansía reinar en nuestros corazones de hijos de Dios (...).

---

[14] San Gregorio Magno, *Homilía 26 sobre los Evangelios.*

»Es Médico y cura nuestro egoísmo, si dejamos que su gracia penetre hasta el fondo del alma. Jesús nos ha advertido que la peor enfermedad es la hipocresía, el orgullo que lleva a disimular los propios pecados (...). Señor, Tú, que has curado a tantas almas, haz que al tenerte en mi pecho o al contemplarte en el Sagrario, te reconozca como Médico divino.

»Es Maestro de una ciencia que sólo Él posee: la del amor sin límites a Dios y, en Dios, a todos los hombres. En la escuela de Cristo se aprende que nuestra existencia no nos pertenece: Él entregó su vida por todos los hombres y, si le seguimos, hemos de comprender que tampoco nosotros podemos apropiarnos de la nuestra de manera egoísta, sin compartir los dolores de los demás. Nuestra vida es de Dios y hemos de gastarla en su servicio, preocupándonos generosamente de las almas, demostrando, con la palabra y con el ejemplo, la hondura de las exigencias cristianas (...).

»Es Amigo, el Amigo: *vos autem dixi amicos* (Jn 15, 15) dice. Nos llama amigos y Él fue quien dio el primer paso; nos amó primero (...). Era amigo de Lázaro y lloró por él, cuando lo vio muerto: y lo resucitó. Si nos ve fríos, desganados, quizá con la rigidez de una vida interior que se extingue, su llanto será para nosotros vida: "Yo te lo mando, amigo mío, levántate y anda" (cfr Jn 11, 43; Lc 5, 24), sal fuera de esa vida estrecha, que no es vida»[15].

El Pan de los hijos

La Iglesia, en la liturgia de la solemnidad del Corpus Christi, llama a la Eucaristía «pan de los hijos»[16], aplicando el comentario del libro de la Sabiduría sobre el maná. «Alimen-

---

[15] San Josemaría Escrivá de Balaguer, *Es Cristo que pasa*, n. 93.
[16] Misal Romano, Solemnidad del Corpus Christi, Secuencia *Lauda Sion*.

taste a tu pueblo con manjar de ángeles; le enviaste desde el cielo un pan ya preparado que podía brindar todas las delicias y satisfacer todos los gustos. El sustento que les dabas revelaba tu dulzura con tus hijos, pues adaptándose al deseo del que lo tomaba, se transformaba en lo que cada uno quería (...). De este modo enseñabas a tus hijos queridos que no son las diversas especies de frutos los que alimentan al hombre, sino que es tu Palabra la que mantiene a los que creen en ti» (Sb 16, 20-21.26).

Se llama pan de los hijos, porque es Pan que nos entrega el Padre nuestro que está en los cielos y Pan que los hijos le piden (cfr. Jn 6, 37). Explica san Pedro Crisólogo: «Quien se dio a nosotros como Padre, quien nos adoptó por hijos, quien nos hizo herederos; quien nos transmitió su nombre, su dignidad y su reino, nos manda pedir el alimento cotidiano (...). Como Padre celestial quiere que sus hijos busquen el pan del cielo. "Yo soy el pan vivo, que ha bajado del cielo" (Jn 6, 41). Él es el pan nacido de la Virgen, fermentado en la carne, confeccionado en la pasión y puesto en los altares para suministrar cada día a los fieles el alimento celestial»[17].

Pan de los hijos, porque el mismo Hijo de Dios se nos ofrece como alimento para que los hombres permanezcan y crezcan en su vida nueva de hijos de Dios. Un Pan que alimenta durante la existencia terrena y deleita en la lucha por la subsistencia, que defiende y cura de los ataques y percances que la amenazan o estorban, que ilumina y enseña el camino para amar hasta el fin.

La Eucaristía se denomina «pan de los hijos» con toda justicia, porque desarrolla y robustece la participación del hombre en la Filiación eterna que es el Verbo. La Eucaristía se nos presenta como el sacramento que aumenta, perfecciona y lleva a plenitud esa participación del cristiano en la Filiación

---

[17] San Pedro Crisólogo, *Sermón* 67.

divina que Cristo posee personalmente en plenitud. «La Eucaristía se manifiesta como culminación de todos los Sacramentos, en cuanto lleva a perfección la comunión con Dios Padre, mediante la identificación con el Hijo Unigénito, por obra del Espíritu Santo»[18].

Comenta el Doctor Angélico, que así como el Señor otorgó la gracia al mundo cuando vino visiblemente, de modo semejante obra la gracia en las criaturas cuando viene de modo sacramental. Y explica: la Eucaristía hace presente sacramentalmente la Pasión de Cristo; por tanto, lo que la Pasión llevó a cabo en el mundo, lo realiza ahora este sacramento en la Iglesia y en el hombre[19]. Se podría añadir: si la Humanidad Santísima, asumida por el Hijo al encarnarse, sirve de instrumento para que los hijos de los hombres lleguen a ser hijos de Dios, también la Humanidad Santísima, presente bajo las especies eucarísticas, conduce al mismo propósito divino. La continuidad de la presencia del Verbo encarnado en la Eucaristía bajo signos sensibles se traduce también en la permanencia del mismo fin que le movió a encarnarse: conseguir que sea hijo de Dios, a pleno título, quien es sólo un hijo de hombre, una pobre criatura mortal.

Para que no desfallezcan en el camino y lleguen a Casa

San Marcos refiere en varias ocasiones la preocupación de Cristo por los que le siguen, también por su alimentación corporal. Una de esas veces, Jesús divisó «reunida de nuevo una gran muchedumbre que no tenía qué comer» y comentó a sus discípulos: «Siento profunda compasión por la muche-

---

[18] Juan Pablo II, Carta encíclica *Ecclesia de Eucharistia*, 17-IV-2003, n. 34.

[19] Cfr. Santo Tomás, *Suma teológica*, III, q. 79, a. 1.

dumbre, porque ya hace tres días que permanecen junto a mí y no tienen qué comer; y si los despido en ayunas a sus casas desfallecerán en el camino, pues algunos han venido desde lejos». Jesús obró el milagro de la multiplicación de los panes: «Tomando los siete panes, después de dar gracias, los partió y los fue dando a sus discípulos para que los distribuyeran; y los distribuyeron a la muchedumbre. Tenían también unos pocos pececillos; después de bendecirlos, mandó que los distribuyeran. Y comieron y quedaron satisfechos, y recogieron de los trozos sobrantes siete espuertas. Los que habían comido eran alrededor de cuatro mil, y los despidió» (Mc 8, 1-9).

Esa estupenda preocupación del Maestro revela otra más profunda sobre nuestra salud espiritual: el Señor quiere que recorramos bien nuestro paso por la tierra y entremos en la Casa del Padre. Así lo ha entendido la Tradición de la Iglesia, que ha descubierto en la multiplicación de los panes una figura del alimento eucarístico. Somos muchos los que hemos venido de lejos, los que sabíamos poco de las delicadezas de Dios, los que no conocíamos los gestos del amor y de la misericordia de Cristo. ¡Nos quedaba tanto trecho por recorrer! En realidad, todos los discípulos del Maestro nos sentimos así; y necesitamos que Él nos alimente y nos transmita fuerzas, que nos dé el Pan de los hijos. Y Cristo nos lo entrega con su generosidad divina. La Eucaristía se nos muestra verdaderamente como viático: consuela y ayuda a perseverar en el camino, a afrontarlo bien, a ser hijos fieles y tender de veras a la santidad.

Los Padres de la Iglesia han considerado también como «tipo» de la Eucaristía el pan y el agua que el ángel ofreció a Elías: con aquel refrigerio, el profeta anduvo cuarenta días y cuarenta noches hasta coronar el monte Horeb (cfr. 1 Re 19, 1-8). Antes, agotado, descansando a la sombra de un enebro, incapaz de continuar, abatido por la angustia, aquel hombre había renunciado ya a seguir luchando; el pan y el agua que le vinieron de lo Alto le confirieron el empuje y la fuerza para recomenzar y cumplir la misión recibida de Dios.

El cuarto evangelista habla de esta misma realidad desde otra perspectiva, a partir de unas palabras de Jesús durante la última Cena: «En la casa de mi Padre hay muchas moradas; si no, os lo hubiera dicho, porque voy a prepararos un lugar; y cuando haya marchado y os haya preparado un lugar, de nuevo vendré y os llevaré junto a mí, para que, donde Yo estoy, estéis también vosotros» (Jn 14, 2-3). ¿Qué significa que Jesús desde el Cielo «nos prepara un lugar»? Los teólogos y los autores espirituales han apuntado respuestas diversas. San Agustín comenta que prepara moradas porque prepara a sus moradores[20]. Y, en definitiva, como enseña también la Carta a los Hebreos, significa que Jesús en el Cielo sigue intercediendo por nosotros ante el Padre (cfr. Hb 7, 25). Podemos concluir que un aspecto de esa intercesión celeste se realiza a través de la Presencia de Jesús glorioso en el Sacramento de la Pasión. También añade san Agustín que preparar moradas significa construir la casa de Dios ayudando a sus miembros a vivir de fe[21]; es edificar la Iglesia; y también desde ese punto de vista resulta lógico reconocer la acción de Jesús glorioso en la Eucaristía.

Para que se identifiquen plenamente con el Hijo

Profundizar en la acción de Jesús sobre sus discípulos a través de este sacramento, nos obliga a considerar su finalidad específica. Recogía antes las palabras del Concilio tridentino sobre la transubstanciación. En verdad, la Eucaristía se define como el sacramento del cambio, de la conversión

---

[19] Cfr. San Agustín, *Tratados sobre el evangelio de San Juan*, 68.
[20] Cfr. *Ibid*.

más maravillosa y real: lo que era pan, deja de serlo para convertirse en el cuerpo de Cristo, lo que era vino se cambia en su sangre. Y este santo sacramento obra la completa transformación sobrenatural del hombre.

La transformación de la criatura humana en Cristo, de la que habla y en la que se goza constantemente la Escritura, no puede entenderse como adquisición superficial de ciertos elementos espirituales. Con frase de san Pablo, esa transformación entraña «revestirse» de Cristo (cfr. Gal 3, 27; Rm 13, 14), ser como Él; más exactamente: «ser Él», de modo que con el Apóstol pueda exclamar el cristiano: «Vivo, pero no soy yo, sino que es Cristo quien vive en mí» (Gal 2, 20).

En la Eucaristía, Cristo nos asimila a Sí. Le comemos nosotros, pero Él nos transforma y nos conforma con quien es el Unigénito del que nos eligió y predestinó. Como justamente observa san Cirilo de Jerusalén, nos hace concorpóreos suyos, consanguíneos suyos[22]. Se comprende que san Agustín, contemplando la luz inaccesible de la Verdad que es Dios, pudiera oír de lo alto una voz que le anunciaba: «Yo soy alimento de grandes. Crece y me comerás; pero no me transformarás tú en ti, sino que tú te transformarás en mí»[23].

Transformarse en Cristo significa identificarse con el Hijo, paso absolutamente necesario para alcanzar el fin del camino. La meta de la vida humana, según el designio de Dios, se alcanza con la visión amorosa del Padre, a la que llega el hombre cuando logra la plena identificación con el Hijo. Cristo ha dicho explícitamente: «Nadie conoce al Hijo sino el Padre, ni nadie conoce al Padre sino el Hijo y aquel a quien el Hijo quiera revelarlo» (Mt 11, 27). «Revelarlo» supone comunicar la Palabra que manifiesta al Padre; y creer en esa revelación exige que se acoja esa Palabra, que a su vez

---

[22] Cfr. San Cirilo de Jerusalén, *Catequesis*, XXII, 1.
[23] San Agustín, *Confesiones*, VII, 10.

significa participar de la Filiación divina que es el Verbo. Durante la vida terrena, esa Palabra se recibe de manera imperfecta, en la fe; en la vida celestial, el hombre la asumirá perfectamente, en la visión gloriosa, como dice san Pablo: «Cuando venga lo perfecto, desaparecerá lo imperfecto (...). Ahora vemos como en un espejo, oscuramente; entonces veremos cara a cara. Ahora conozco de modo imperfecto, entonces conoceré como soy conocido» (1 Cor 13, 10.12).

San Juan relaciona específicamente esta dinámica con el desarrollo de la filiación divina: «Mirad qué amor tan grande nos ha mostrado el Padre: que nos llamemos hijos de Dios, ¡y lo somos! Por eso el mundo no nos conoce, porque no lo conoció a Él. Queridísimos, ahora somos hijos de Dios, y aún no se ha manifestado lo que hemos de ser. Sabemos que, cuando él se manifieste, seremos semejantes a él, porque le veremos tal cual es» (1 Jn 3, 1-2). Por eso decimos que el hombre puede ver al Padre sólo si está plenamente identificado con el Hijo.

Esa identificación se inicia en el sacramento del Bautismo, puerta del camino cristiano. Pero en el Bautismo la filiación divina se nos otorga como sucede con la vida a un recién nacido; después, debe crecer más y más con el impulso y la luz del Paráclito, según la disposición divina y con la correspondencia del hombre a la gracia. El mismo Cristo se ocupa de acompañar a su discípulo en ese recorrido. También por este motivo se queda en la Eucaristía como alimento; de forma que sus discípulos logren participar cada vez más plenamente de su Filiación divina. Jesús Eucaristía es para todos Camino que lleva a la Casa del Cielo, porque en la Eucaristía se ha hecho viático, senda que conduce progresivamente —al cristiano que lo trata y recibe con las debidas disposiciones— a la completa identificación con Él. A esta finalidad se abre el camino: a la visión cara a cara del Padre, del Hijo y del Espíritu Santo.

El progreso en el camino a través de la Eucaristía

La Eucaristía posee un poder transformador de alcance infinito. Se ha dicho que una sola Comunión con el cuerpo y la sangre de Cristo es de suyo suficiente para santificar a una persona humana. Como se acaba de señalar, la economía divina se ajusta —también para que no nos desanimemos— al modo progresivo de crecer y de robustecerse que se opera en el hombre, tanto en lo físico como en lo espiritual. Santo Tomás exponía que este Sacramento es causa suficiente de gloria, pero no concediéndola inmediatamente, sino después de ayudar a sufrir con Cristo; y concluía: «No introduce enseguida en la gloria, sino que nos da fuerza para llegar allá»[24].

Todos los cristianos, a través de la Eucaristía, estamos en condiciones de aumentar y perfeccionar —de modo análogo a lo que causa un alimento corporal— nuestra configuración personal con el Hijo de Dios, según un proceso interior de crecimiento paulatino (cfr. Rm 8, 29). San Francisco de Sales, en otro contexto de la vida espiritual, recurría a una argumentación que bien puede trasladarse al desarrollo de la vida cristiana conseguido mediante la Comunión eucarística. Este santo Doctor de la Iglesia anotaba que «los niños pequeños, a fuerza de oír hablar a sus madres y de balbucir vocablos con ellas, aprenden a hablar; nosotros, permaneciendo junto a nuestro Salvador, mediante la meditación, considerando sus palabras, sus acciones y sus afectos, aprenderemos, mediante su gracia, a hablar, a actuar y a querer como Él»[25]. Comulgando con el cuerpo de Cristo, el discípulo va uniéndose más y más con su Señor, transformándose más en Él: cada vez es y se siente más hijo de Dios, porque participa más y más de la Filiación eterna que es el Verbo.

---

[24] Santo Tomás de Aquino, *Suma teológica*, III, q. 79, a. 2 ad 1.
[25] San Francisco de Sales, *Introducción a la vida devota*, parte II, 1, 2.

De modo semejante, quien toma parte en el Sacrificio eucarístico —asistiendo o celebrándolo—, quien se une a Cristo Víctima ejercitando el sacerdocio de Cristo recibido en el Bautismo, participa en la inmolación que el Hijo de Dios hace de su Humanidad Santísima; y participa no teóricamente, sino prácticamente, existencialmente: recibe fuerza y luz para ofrecer filialmente su propia vida al Padre en Cristo.

La contemplación de una persona a la que se admira suele constituir una fuente de identificación con ella. Por ese trato se conocen y se observan detenidamente sus gestos y reacciones, que terminan por asimilarse como propios, y que se manifiestan de varias maneras. Así, quien contempla al Hijo de Dios oculto en el sagrario, participa en su Sacrificio que se renueva en el altar y recibe sacramentalmente su cuerpo, crece en identificación con Cristo Sacerdote y Víctima; aprende a ser y a conducirse como el Hijo de Dios. Todo es obra del Espíritu Santo, que de este modo construye y edifica en el alma la filiación divina; en consecuencia, conduce también a desarrollar la fraternidad con los demás. El comportamiento de la persona humana empieza a girar y a basarse en su ser y en su actuar como hijo de Dios, a imitación de Cristo. Explicaba san León que «la participación en el Cuerpo y en la Sangre de Cristo no hace otra cosa que cambiarnos en aquello que comemos; que estemos en Aquel con el que hemos muerto y resucitado; y que obremos en todo —en la carne y en el espíritu— como Él»[26].

A través de las variadas formas del acceso eucarístico a Jesús, el Señor ilumina, consuela, acompaña, cura, enseña, corrige. Anima al sacrificio y al servicio, a la comprensión y a la paciencia con los demás, al silencio y a la espera ilusionada, al diálogo y a la disponibilidad. Toda la vida espiritual de un hijo de Dios sobre esta tierra, en cierto modo se recapitula y

---

[26] San León Magno, *Sermón 12 sobre la Pasión*, 3, 7.

resume en su trato con Jesús Eucaristía, que se ancla en esa amistad, y de tan gran venero se nutre.

Las palabras de la Consagración condensan toda la vida de Jesús; esas mismas palabras resumen también lo que es la existencia cristiana auténtica: entrega al querer del Padre para glorificarlo con las obras y colaborar en el desarrollo del Reino de Dios. El comportamiento del cristiano debe girar alrededor de la presencia real de Cristo en los sagrarios, de la renovación sacramental de su único sacrificio en la Santa Misa, del alimento que ofrece a sus discípulos en la Comunión. Toda la conducta del discípulo —la exterior y la interior— vibra así con los ritmos del Amor de Jesucristo a Dios Padre: ritmos de oración y de acción, de trabajo contemplativo, de comunicación y diálogo, de sacrificio y de entrega. El alma cristiana alcanza su plenitud filial a través de la Eucaristía, culmen de todos los sacramentos y de la entera acción de la gracia; a esa divina riqueza se asimila y según su inefable fuerza se configura, para identificarse con Jesús oculto en el Sagrario, inmolado en el altar, hecho pan para sus hermanos.

Apuntaba anteriormente que la libertad y la humildad se dan juntas, como condiciones necesarias para acoger el don excelso de la filiación divina, para ser en Cristo una nueva criatura. Si consideramos ahora con detalle este nacimiento y este desarrollo hasta su plenitud, podemos observar que, en realidad, lo que se presenta como condición previa es a la vez efecto, aunque desde otra perspectiva. La libertad y la humildad del Hijo de Dios causan en el hombre la libertad y la humildad necesarias para llegar por la fe a ser hijos del Padre en Él. Desde ahí, podemos de algún modo comprender que Cristo en la Eucaristía —libremente oculto por amor, humillado hasta esos extremos por nosotros— lleva a los hombres a la perfección de la vida sobrenatural[27]: los

---

[27] Cfr. Santo Tomás de Aquino, *Suma Teológica*, III, q. 79, a. 1 ad 1.

atrae a Sí (cfr. Jn 12, 32) y con la fuerza del Espíritu Santo los vuelve realmente hijos del Padre.

Suele suceder que, en las familias que usan el pan como alimento, sea la madre quien lo guarda y lo reparte a los hijos: ella lo divide, lo acomoda a la necesidad de cada uno. Cristo se ha entregado personalmente a su Iglesia concediéndole —en el sacerdocio ministerial de los presbíteros— el poder de consagrar su Cuerpo y su Sangre, y de distribuir el Alimento eucarístico a sus hermanos. La Iglesia es Madre nuestra porque nos engendra a la fe y a la vida de la gracia, con la predicación de la Palabra y con los sacramentos que Cristo le ha confiado. La Iglesia distribuye a los fieles el Pan eucarístico, ordena y dispone esa distribución del modo que juzga más conveniente para la necesidad de las almas, salvaguardando siempre la reverencia a su Esposo y a las disposiciones recibidas de Él.

Como en todas las comparaciones, también aquí la referencia a lo que sucede en las familias humanas presenta claros límites. La distribución del alimento en una familia normal constituye un acción importante, pero no define la sustancia de la familia, que se encuentra en las personas que la componen y en los vínculos que las relacionan. No sucede así en la Iglesia, porque el Alimento eucarístico, el mismo Cristo, es a la vez todo el bien de la Esposa, la Iglesia, que vive en Él y de Él y por Él: Jesús es la vid, nosotros los sarmientos; sin Él, no podemos nada (cfr. Jn 15, 1-5).

Comprendemos, pues, que cuanto se refiera a la celebración del Santísimo Sacramento en la Santa Misa, su distribución en la Sagrada Comunión y su conservación en los sagrarios, sea objeto de grandísima atención y reverencia, porque se trata de la sustancia misma de la vida de la Iglesia y de los hijos de Dios. «Esta presencia real y oculta —decía Pablo VI en el Congreso eucarístico de Pisa—, lleva consigo tales implicaciones religiosas, espirituales, morales y rituales, que llegan a constituir el corazón de la Iglesia. Jesús dice: *Ibi sum in medio.* Estoy en el centro»[28]. Jesús Sacramentado se manifiesta como el Tesoro de la Iglesia, como su Centro y su Corazón, porque es su misma Vida: la Iglesia es su Cuerpo místico.

Benedicto XVI recordaba al inicio de su pontificado: «La Eucaristía hace constantemente presente a Cristo resucitado, que continúa dándose a nosotros, llamándonos a participar en la mesa de su Cuerpo y de su Sangre. De la plena comunión con Él proceden todos los demás elementos de la vida de la Iglesia; en primer lugar, la comunión entre todos los fieles, el esfuerzo por anunciar y dar testimonio del Evangelio, el fervor de la caridad con todos, especialmente con los pobres y los pequeños. Por tanto pido a todos que intensifiquen en los meses próximos el amor y la devoción a Jesús Eucaristía y expresen de modo valiente y claro la fe en la presencia real del Señor, sobre todo mediante la solemnidad y la corrección de las celebraciones»[29].

El Pan eucarístico lo reciben los hijos a través de la Madre, y según lo que esta Madre santa dispone. La conformidad con la Iglesia —en todo, pero muy especialmente en este punto, que es el centro mismo de su existencia— será señal cierta de filiación a la Esposa de Cristo y causa de que esa filiación se robustezca y aumente. No podemos dudar de que el amor a esta Madre lleva necesariamente al amor a la Eucaristía, que contiene su misma vida; y podemos asegurar que tanto tenemos de amor a la Iglesia cuanto tenemos de amor al Señor Sacramentado. Amor manifestado en la piadosa celebración del Sacramento —Santa Misa— y en la adoración a Cristo presente en nuestros Sagrarios.

---

[28] Pablo VI, *Homilía*, 10-VI-1965.
[29] Benedicto XVI, *Discurso a los Cardenales y a todos los fieles en la Capilla Sixtina*, 20-IV-2005.

Por eso, ¿cómo no atribuir una importancia capital a todo lo que la Iglesia dispone en relación a la Santísima Eucaristía? ¿Cómo no responder con la obediencia más rendida a las disposiciones de la Autoridad sobre su distribución y conservación, y sobre la celebración de la Santa Misa? Se comprende el lamento de Juan Pablo II cuando evocaba el abandono o el descuido por parte de algunos en el culto de la adoración eucarística, los abusos en la celebración de la Santa Misa o en la distribución de la Sagrada Comunión. «¿Cómo no manifestar, por todo esto, un profundo dolor? La Eucaristía es un don demasiado grande que no soporta ambigüedades ni reducciones»[30].

Los evangelistas relatan con detalle cómo Jesús preparó y cuidó todo lo referente al banquete pascual en el que iba a instituir la Eucaristía: la previsión con que ordenó que se arreglara todo en una sala amplia y noble; el deseo ardiente que tenía de celebrar aquella Pascua con sus discípulos (cfr. Lc 22, 9-14), la exactitud con que se atuvo a los varios pasos rituales de la cena pascual... Todo traducía la expresión de su amor a sus discípulos y, por tanto, también a nosotros, que hemos venido después, y que deseamos seguirle sinceramente y comportarnos según sus enseñanzas. *«Amor con amor se paga»*, reza el proverbio; delicadeza, con delicadeza. También nosotros hemos de utilizar manteles limpios, ornamentos dignos y bellos en la medida de lo posible, luces, flores para Él, presente en la Eucaristía. También nosotros hemos de ajustarnos a un orden y a una obediencia a la Iglesia en los ritos y ceremonias, que imite hasta en lo más pequeño la docilidad suma de Quien, por obediencia, se ha entregado hasta la muerte y muerte de cruz. ¿Comprenderemos siempre con mayor hondura que la celebración eucarística debe estar rodeada de

---

[30] Juan Pablo II, Carta encíclica *Ecclesia de Eucharistia*, 17-IV-2003, n. 10.

atención, de esmero no sólo espiritual sino también material? ¡Porque estamos tratando al Verbo encarnado, presente bajo las apariencias de pan y de vino!

Todavía nos queda mucho que mejorar en amor a Jesús Sacramentado; debemos rechazar más radicalmente la sutil tentación que a veces sugiere despreciar esos detalles materiales, invocando la principalidad del espíritu; y otras, exagerarlos descuidando la devoción interior. Escuchar al Señor como Pedro, cuando el Maestro le advirtió aquella noche sobre la necesidad de ser lavado, nos devolverá al equilibrio del sentido común, de la fe sencilla y enteriza. En nuestro diálogo personal, preguntemos a Cristo si está contento con nuestro modo de participar en la Santa Misa, y de honrarle y adorarle en el Sagrario; si espera aún de nuestra parte un cariño más atento, más humano y a la vez más divino, ¡que sí lo espera!

Aprender de María a recibir a Jesús

La Virgen María es Madre del Pan eucarístico en sentido verdadero y propio, porque ha engendrado a Jesucristo según la carne, por obra del Espíritu Santo, con su *fiat* pleno de fe y de amor a la invitación divina. Muy acertadamente lo expresó Juan Pablo II en una alocución mariana, pronunciada en la proximidad del Corpus Christi. «Ese cuerpo y esa sangre divinos, que se hacen presentes sobre el altar después de la Consagración y son ofrecidos a Dios Padre, llegando a ser para todos comunión de amor, consolidándonos en la unidad del Espíritu Santo (...), conservan su matriz originaria de María. Ha preparado Ella esa carne y esa sangre, antes de ofrecerlas al Verbo como don de la entera familia humana, para que Él se revistiese de ellos convirtiéndose en nuestro Redentor, Sumo Sacerdote y Víctima.

»En la raíz de la Eucaristía, por tanto, se halla la vida virginal y materna de María, su rebosante experiencia de Dios, su camino de fe y de amor, que hizo —por obra del Espíritu Santo— de su carne un templo, de su corazón un altar (...). Si el cuerpo que nosotros comemos y la sangre que bebemos es el don inestimable que el Señor nos entrega a quienes aún caminamos, ese regalo lleva en sí mismo, como Pan fragante, el sabor y el perfume de la Virgen Madre»[31].

No nos constan noticias de cómo la Virgen participó en la *fractio panis* celebrada por los Apóstoles ni de cómo comulgó con el cuerpo de su Hijo, después de Pentecostés. Nos ha mostrado, en cambio, cómo acogió y trató a Jesús durante sus días sobre esta tierra. Ese ejemplo nos debe servir de pauta para dirigirnos a Jesús Eucaristía, ya que tanto entonces como ahora es el mismo y único Verbo encarnado. Fijémonos, entre otras escenas, en la conducta de María en la Anunciación y en el Nacimiento de su Hijo.

María nos enseña a recibir a Jesús, a acogerlo en el alma y en el pecho cuando Él se nos entrega en la Sagrada Comunión. En el momento en que el ángel le propone el plan de Dios para Ella, pregunta y luego acepta. No hay precipitación alguna, porque ha habido mucha preparación. Dios la ha creado llena de gracia y Ella ha gastado sus jornadas en una dedicación completa al Señor, se ha reservado enteramente para Él, ha conversado ininterrumpidamente con el Creador.

Nosotros no alcanzaremos jamás el grado de santidad y de intimidad con Dios que ha caracterizado y caracteriza a la Virgen Santísima; pero esto no nos exime de que procuremos imitarla lo más posible en su actitud permanente de oración y de servicio, en su pureza y cariño, en su rechazo neto del pecado: en todo, y muy especialmente en la recepción del

---

[31] Juan Pablo II, Oración mariana en el Ángelus, 5-VI-1983.

cuerpo del Señor. El cristiano coherente sabe enmarcar las Comuniones en un ambiente de oración, que se prolonga a lo largo de la jornada en coloquio con Dios; busca encuadrarlas en un contexto de lucha interior, que se traduce en evitar decididamente las ocasiones de ofender al Señor; en servir sacrificadamente y con alegría a los demás; en acabar bien sus deberes de estado y su trabajo; en desarrollar una acción apostólica decidida e incisiva; en ejercitarse gustosamente en la comunión fraterna; en valorar y cuidar los vínculos humanos y sobrenaturales con el prójimo (cfr. Mt 5, 23-24).

En otros tiempos no existía la facilidad ni la costumbre de recibir frecuentemente el sacramento del cuerpo de Cristo; los fieles se limitaban a participar dominicalmente en el Santo Sacrificio. Hoy no sucede así y se goza de más facilidad para acoger sacramentalmente al Señor. Pero esta posibilidad no debe degenerar en facilonería, en ritualismo que olvida de hecho la grandeza de Quien viene a nuestro pecho y a nuestra alma.

Por eso, nunca será suficiente la insistencia para que todos nos alleguemos bien preparados a la mesa del Redentor, atribuyendo a este tesoro todo el relieve que merece, sin considerar jamás la Sagrada Comunión un acto aislado y breve en el conjunto del día. Por el contrario, hemos de transformar este encuentro en el centro de una jornada de oración, de sacrificio, de trabajo; de esfuerzo por cumplir la Voluntad de nuestro Padre Dios y por anunciar la Buena Nueva a los demás; de lucha contra las propias malas inclinaciones y de afán por cultivar las virtudes, el servicio generoso al prójimo. Aconsejaba un antiguo patriarca armeno: «Santifiquemos nuestro corazón, hagamos modestos nuestros ojos, guardemos la lengua de las murmuraciones, hagamos penitencia por nuestros pecados, disipemos las dudas, depongamos la insensatez, troquemos nuestra pereza en celo. Ayunemos, perseveremos en la oración. Estemos prontos para la beneficencia, ejercitemos virtudes con las obras. Hagámonos niños en lo malo; y en la fe, por el contrario, perfectos. Así nos haremos en todas las virtudes dignos del augusto y gran misterio. Con gran deseo y pureza consumada, gustaremos entonces el santísimo y vivificador Cuerpo y Sangre de Nuestro Señor Jesucristo»[32].

María enseña a cuidar a Jesús. Belén significa «casa del pan». Allí la encontramos envolviendo en pañales a la Palabra que es pan de los hombres, acostándolo en un pesebre que era lo mejor que pudo encontrar, porque no había lugar en el mesón. La imaginamos supliendo con su ternura y atención lo que las circunstancias y la conducta de los hombres le negaron. Nuestro Sagrarios encierran el pan eucarístico, son Belén. Podemos preguntarnos: ¿encuentra allí, de nuestra parte, el pan venido del Cielo las atenciones de María; o sufre la indiferencia y el descuido que le dispensaron los mesoneros? ¿Halla obediencia en nuestros altares, cuando baja Él en la Consagración? ¿Advierte en esas aras el cuidado material que María ponía en las ropas y en la limpieza del Niño? ¿Qué descubre en nuestras almas?

Son preguntas que las personas enamoradas se han planteado siempre; y constituyen pequeños o grandes desafíos de cariño, que la devoción mariana propone para encender más y más la devoción eucarística. No me resisto a transcribir algunas frases, dirigidas a Jesús Sacramentado por ese gran contemplativo que fue san Buenaventura, y que la Iglesia propone a la devoción de los fieles en la acción de gracias después de la Comunión. «Traspasa, dulcísimo Jesús y Señor mío, la médula de mi alma con el suavísimo y saludabilísimo dardo de tu amor, con la verdadera, pura y santísima caridad apostólica, a fin de que mi alma desfallezca y se derrita siempre

---

[32] Juan Mandakuni, *Discurso sobre la devoción y respeto al recibir el Santísimo Sacramento.*

sólo en amarte y en deseo de poseerte (...). Haz que mi alma tenga hambre de ti, Pan de los ángeles, alimento de las almas santas, Pan nuestro de cada día, lleno de fuerza, de toda dulzura y sabor, y de todo suave deleite ...»[33].

Pensar en María, Madre del pan eucarístico, nos recuerda fuertemente que la filiación divina lleva consigo la filiación a la Virgen. Además, como el pan lo recibimos de la Iglesia y en la Iglesia, nuestra filiación divina va también muy unida a la filiación respecto a la Madre-Iglesia. Por una parte, sentir a María como Madre y reconocer una Madre también en la Iglesia, se traducen en amar al Hijo de Dios hecho hombre y oculto hoy en la Eucaristía; por eso, ambas filiaciones tienen en la piedad eucarística una verdadera piedra de toque de su autenticidad. Por otra parte, el amor a Jesús Sacramentado alienta la piedad mariana y la veneración a la Iglesia, pues no cabe que un buen hijo de Dios no ame a la Madre que le da el pan que su Padre le ha preparado.

---

[33] San Buenaventura, *Oración para después de la Comunión*.

II. Eucaristía, servicio, sacrificio, sacerdocio

> «Todo Sumo Sacerdote, escogido entre los hombres, está constituido en favor de los hombres en lo que se refiere a Dios, para ofrecer dones y sacrificios por los pecados (...). Y nadie se atribuye este honor, sino el que es llamado por Dios, como Aarón. De modo parecido, Cristo no se apropió la gloria de ser Sumo Sacerdote, sino que se la otorgó el que le dijo: "Tú eres mi hijo, yo te he engendrado hoy". Asimismo, en otro lugar, dice también: "Tú eres sacerdote para siempre, según el orden de Melquisedec". Él, habiendo ofrecido con gran clamor y lágrimas, en los días de su vida en la tierra, oraciones y súplicas al que podía salvarle de la muerte, y habiendo sido escuchado por su piedad filial, aun siendo Hijo aprendió por los padecimientos la obediencia; y, llevado a la perfección, llegó a ser causa de salvación eterna para todos los que le obedecen, ya que fue proclamado por Dios Sumo Sacerdote según el orden de Melquisedec» (Hb 5, 1. 4-10).

La Carta a los Hebreos presenta a Cristo como Sacerdote y enseña que su acción salvadora es verdadero sacrificio. El Verbo, asumiendo nuestra naturaleza, nos hace hijos del Padre al precio de su sangre, con la inmolación de su cuerpo.

Sacerdocio y sacrificio caminan juntos. En el cristianismo se muestran como palabras claves, porque brotan de la vida del Hijo de Dios hecho hombre. El Hijo vive del Padre, vive eternamente vuelto hacia Él; del Padre recibe todo y al Padre a su vez da todo (cfr. Mt 11, 27; Jn 1, 1-2; 5, 26). El Hijo encarnado entrega al Padre toda su humanidad para glorificarlo, cumpliendo su Voluntad: que todos los hombres se salven y lleguen al conocimiento de la verdad (cfr. 1 Tm 2, 4). Si la donación intratrinitaria encierra un gozo infinito sin posible presencia de dolor, no sucede lo mismo con la donación intrahistórica: ofrecer su humanidad completamente al Padre significó para Cristo dolor y muerte. El Hijo es, por eso, sacerdote de su propio sacrificio. Y la Eucaristía continúa en la historia esta donación de Cristo al Padre, asociando a los hombres a este misterio, para que podamos convertirnos plenamente en hijos en el Hijo.

Mediadores entre Dios y los hombres

La autenticidad cristiana se mide por la fidelidad al Maestro. Seguir a Cristo significa compartir su andar redentor por esta tierra, que culmina en el Gólgota y, luego, resucitar también con Él. Es participar de su vida: pensamientos, afanes, afectos, obras. Hacer propias sus palabras; vibrar con su afán por salvar a todos; anunciar la verdad de su Filiación divina, gratuitamente ofrecida a cuantos cultiven la penitencia y crean en Él; sellar con la abnegación de sí mismo esa identificación personal con Él. El camino del cristiano, como el de su Maestro, está transido por la Cruz, que entraña tanto como decir y asumir que está permeado de sacerdocio y de sacrificio.

Cristo enseñó esta doctrina claramente, para que no hubiera equívocos. San Lucas narra que un día, viendo Jesús que muchos le seguían, se volvió hacia ellos y les manifestó: «El que no lleve su cruz y venga en pos de mí, no puede ser mi discípulo» (Lc 14, 27). No lo pronunció una sola vez, lo advirtió de muy variados modos y con ocasión de situaciones muy diversas, como queda bien plasmado por los cuatro evangelistas. Ellos mismos anotan, en esos casos, la incomprensión de los oyentes: no entendían qué quería decir; les asustaban esas referencias de su Maestro a la crucifixión, a la flagelación, a la traición, a la muerte ignominiosa. Ni siquiera se atrevían a preguntarle, a sacar el tema, por temor a ser reprendidos como lo fue Pedro cuando trató de disuadir a Cristo de estos designios, de este afrontar la Cruz de cara y aceptarla con decisión (cfr. Mc 8, 31-33).

Como aquellos primeros, los que hemos venido después sufrimos del recelo ante el dolor, que comporta siempre, cuando se acata, la tarea de mediar en Jesucristo entre Dios y los hombres. Entregar las cosas santas a los demás debería recoger aplausos y agradecimiento, pues nada hay mejor que un don divino; y, sin embargo, no sucede así. Constituye la gran paradoja, resuelta en las bienaventuranzas proclamadas por Jesús: «Bienaventurados los perseguidos por causa de la justicia, porque de ellos es el reino de los Cielos. Bienaventurados seréis cuando os injurien, os persigan y digan con mentira toda clase de mal contra vosotros, por mi causa. Alegraos y regocijaos, porque vuestra recompensa será grande en los cielos» (Mt 5, 10-11). El discípulo de este inefable Maestro sabe que, para seguirle de verdad, para pisar donde Él pisó y caminar por donde Él anduvo, no debe anhelar en esta tierra la alegría de saberse comprendido, de ser correspondido, aunque humanamente también resulte lo lógico. Conoce que su gozo estriba en dar sin esperar nada a cambio, dejando a Dios que recoja el fruto en su granero, y que sea el Señor el destinatario de todas las alabanzas. La recompensa que desea se reduce exclusivamente a ésta: pasar también él, al final de su vida en la tierra, a loar al Rey de la gloria con todos sus ángeles y santos.

¡Qué excelentes personas seríamos todos, si obrar como Cristo no costara sacrificio, si no implicara renunciar a uno mismo, a los propios proyectos, a muchas ilusiones grandes o pequeñas, a tantas ambiciones y consuelos! ¡Con qué prontitud nos dedicaríamos a presentar las buenas nuevas de Dios a los otros, si de este modo no se nos complicara la existencia y no tocáramos la amargura del desamor ajeno, ni la dureza del sufrimiento propio! ¡Cuánto recordaríamos a Dios en nuestra oración las necesidades de los demás, si tal postura no requiriera olvidarnos un poco o un mucho de las nuestras!

A la vista de las inequívocas exigencias de Jesús, cabría concluir erróneamente que ser cristiano de verdad resulta imposible a la criatura: tanta virtud, tanta dedicación abnegada, tanto sacrificio no están al alcance de nuestras fuerzas. No se excluiría que alguno, quizá por especial sensibilidad y reciedumbre, fuera capaz de transformar su caminar terreno en algo parecido a un sacerdocio; pero se debería negar esta facultad al común de los mortales. Si aceptáramos ese planteamiento, deberíamos afirmar también que nadie puede ser y vivir como un hijo de Dios; que la misión de la Palabra encarnada y la del Amor increado resultan inútiles. Deberíamos rechazar la esencia misma del cristianismo, en contraste con tan innumerables testimonios de mujeres y hombres sumamente felices; porque ser, saberse y obrar como hijo de Dios, enlaza con imitar fielmente al Hijo eterno en su misión mediadora, culminada históricamente en el Calvario; porque vivir de Amor consiste en gastar los días y las horas y los minutos en una entrega total y eficaz para agradar al Padre y al Hijo, que son origen de ese Amor e invitan a gustar de ese Amor, verdadera y única felicidad definitiva, también mientras se lucha aquí abajo.

La religión cristiana exige ciertamente heroicidad, no se abre como un camino cómodo, no lo ha sido nunca; pero sí se demuestra un camino posible, que incluso ofrece más compensaciones en la tierra que las otras sendas. Ahí están, para probarlo, los innumerables santos que han jalonado constantemente la historia de la Iglesia; y ahí están, desconocidas pero no menos heroicas, muchísimas personas que han sabido negarse a sus pasiones para afirmar la gracia de Dios en su propia alma y en la de tantos otros.

Las dos alternativas a este sendero, aparentemente fáciles, son falsas: la de negar la factibilidad de la propuesta de Cristo y la de tratar de rebajar su exigencia. La verdadera solución afirma a la vez los dos elementos rechazados por esas escapatorias equivocadas, y sostiene que el cristianismo no se reduce a una senda para unos pocos privilegiados; es para todos, porque cada hombre y cada mujer, con la gracia divina, ha recibido la capacidad de ser heroico en lo normal. Quizá no todos reúnan condiciones para realizar un acto excepcional que merezca una página en el libro de la historia, pero ciertamente están en condiciones de afrontar heroicamente la aventura del quehacer cotidiano, cumpliendo fiel y plenamente jornada tras jornada el propio deber con el marido o la mujer, con los hijos, con los colegas y los conciudadanos, con su Señor y Dios.

Sólo de este modo, además, es posible corresponder a la llamada universal a la santidad proclamada en voz alta por el Concilio Vaticano II, y que Juan Pablo II ha propuesto a todos los cristianos en los umbrales del tercer milenio. «Como el Concilio mismo explicó, este ideal de perfección no ha de ser malentendido, como si implicase una especie de vida extraordinaria, practicable sólo por algunos «genios» de la santidad. Los caminos de la santidad son múltiples y adecuados a la vocación de cada uno (...). Es el momento de proponer de nuevo a todos con convicción este *"alto grado" de la vida cristiana ordinaria*. La vida entera de la comunidad eclesial y de las familias cristianas debe ir en esta dirección»[1].

Beber el cáliz del Hijo

Este gran panorama, que a no pocos se les antoja irrealizable, resulta posible a un hijo y a una hija de Dios; es decir, a quien —animado por la gracia del Espíritu Santo— se

---

[1] Juan Pablo II, Carta apostólica *Novo millennio ineunte*, 6-I-2001, n. 31.

siente injertado en Cristo y trata a Dios como Padre. Esa persona se sabe débil y necesitada; avanza, día a día, consciente de que no es superior a las demás; pero busca hacer de su existencia un sacrificio feliz que glorifique a Dios y beneficie a los otros: imitará a Cristo Sacerdote y Víctima, participará de su sacerdocio y de su sacrificio. Alcanzará esta meta porque descubre constantemente la ocasión de convertirse en alma de Eucaristía: bebiendo del cáliz de la Sangre del Señor, se atreverá y cobrará perseverantemente fuerzas para beber el cáliz de su propio dolor; comiendo su Carne crucificada, participará en la misión de Mediador.

Jesús preguntó a Santiago y Juan, que deseaban hallarse los más próximos a Él: «¿Podéis beber del cáliz que Yo he de beber?» (Mt 20, 22). Los dos hermanos buscaban honores, Jesús les habla de dolores. Ellos pensaban en su propia exaltación ante los demás, el Maestro les habla de la suya en el Gólgota. «No sabéis lo que pedís», les comenta. Corredimir con Cristo no guarda relación con lo que en aquel momento pretendían estos dos Apóstoles; pero el bien de los demás, su salvación, contiene lo que Cristo lleva constantemente en su corazón; y eso es lo que ofrece a quienes desean permanecer junto a Él: «Mi cáliz, sí lo beberéis». Pero lo apurarán después de recibirlo en el Santísimo Sacramento y de acoger al Paráclito que el mismo Jesús les enviará.

La historia de esos dos Apóstoles se renueva en cuantos de verdad tratan de acompañar a Cristo de cerca y experimentan —antes o después— temor ante el cáliz que Dios prepara para su Hijo y para los que quieren ser como Él: para el Mediador y para cuantos se asocian —con su vida y sus obras— a esa mediación. «Cáliz de pasión amargo y áspero, cáliz que el enfermo no tocaría jamás, si antes no lo bebiera el médico», dice san Agustín[2]. Cristo ha bebido hasta las heces ese

---

[2] San Agustín, *Sermón* 329.

cáliz en su Pasión y nos lo entrega en la Eucaristía, de manera incruenta, asequible, dulce.

Para beber del cáliz del Hijo, necesitamos la Eucaristía: si gustamos ese «fármaco de inmortalidad», como lo llamó san Ignacio de Antioquía[3], nos decidiremos a afrontar la fatiga del continuo morir a nosotros mismos, de ofrecer nuestra existencia cotidiana en sacrificio espiritual grato a Dios. He aquí la receta para moverse en la línea de la heroicidad, de la santidad, como explicaba san Josemaría: «Ser santos es vivir tal y como nuestro Padre del cielo ha dispuesto que vivamos. Me diréis que es difícil. Sí, el ideal es muy alto. Pero a la vez es fácil: está al alcance de la mano. Cuando una persona se pone enferma, ocurre en ocasiones que no se logra encontrar la medicina. En lo sobrenatural, no sucede así. La medicina está siempre cerca: es Cristo Jesús, presente en la Sagrada Eucaristía, que nos da además su gracia en los otros Sacramentos que instituyó»[4].

Eso hicieron de manera cruenta los mártires: ellos, que participaron del Cuerpo y de la Sangre del Señor, comprendieron «qué habían comido y qué habían bebido; y supieron darlo a su vez»[5]. Nosotros lo haremos de manera incruenta, como explica san Josemaría: «En la tragedia de la Pasión se consuma nuestra propia vida y la entera historia humana (...). El misterio de Jesucristo se prolonga en nuestras almas; el cristiano está obligado a ser *alter Christus, ipse Christus*, otro Cristo, el mismo Cristo. Todos, por el Bautismo, hemos sido constituidos sacerdotes de nuestra propia existencia, *para ofrecer víctimas espirituales, que sean agradables a Dios por Jesucristo* (1 Pe 2, 5), para realizar cada una de nuestras

---

[3] San Ignacio de Antioquía, *Carta a los Efesios* Ef 20, 2; cfr. *Carta a los Romanos* 7, 3.
[4] San Josemaría Escrivá de Balaguer, *Es Cristo que pasa*, n. 160.
[5] San Agustín, *Sermón* 329.

acciones en espíritu de obediencia a la voluntad de Dios, perpetuando así la misión del Dios-Hombre»[6].

Ser ofrenda grata a Dios; ser sacerdote de esa ofrenda «por Cristo, con Cristo, en Cristo»[7]: ésta es la vida de un hijo de Dios, de una hija de Dios; éste, el cáliz que debe beber sostenido por su participación en la Eucaristía, que es a la vez banquete y sacrificio. Las personas más felices en este mundo, también humanamente, han sido los santos: su vida con Cristo se ha traducido en un gozo y una paz que el mundo no puede dar, y han sembrado a su alrededor la alegría contagiosa de su caminar en la Verdad.

«Haced esto en conmemoración mía»: el mismo y único sacerdocio

Jesús se entrega a sus discípulos consagrando pan y vino; y les indica: «Haced esto en memoria mía» (1 Cor 11, 23 y 25). ¿A qué se refiere «esto»? Sin duda, y así lo ha entendido siempre la Iglesia, «esto» indica la doble consagración. Ése es su sentido propio. Con tal mandato, Cristo otorga a los discípulos un poder nuevo. Les había transmitido ya antes el don de obrar milagros y de expulsar los demonios; ahora les confiere poder sobre su cuerpo y su sangre. Hasta ese extremo llega su amor: se pone incondicionalmente a disposición de los suyos. Con ese poder, los Apóstoles adquieren la facultad incomparable de ser instrumento de Cristo para transubstanciar el pan en el Cuerpo y el vino en la Sangre: la gracia sublime de renovar sacramentalmente el Sacrificio de Cristo, que se hace presente por la consagración separada del Cuerpo y de la Sangre del Señor. Se han convertido en sacerdotes de

---

[6] San Josemaría Escrivá de Balaguer, *Es Cristo que pasa*, n. 96.
[7] Misal Romano, Conclusión de las Plegarias eucarísticas.

un modo especial, para actuar *in persona Christi Capitis*, en persona de Cristo Cabeza.

Son sacerdotes de un sacrificio singular: el cumplido por el Hijo de Dios en el Calvario, cuando se inmoló por nosotros ofreciendo amorosamente su vida al Padre. Quien sacrifica y quien es sacrificado son la misma Persona. Cristo es a la vez el sacerdote y la víctima. En la renovación incruenta de ese sacrificio por medio de la doble consagración del pan y del vino, que se convierten en el Cuerpo y la Sangre de Jesús, el sacerdote presta su voz, sus manos, su inteligencia y su voluntad para que sirvan al Señor[8]. Las palabras son suyas —de Cristo—, el poder es suyo —de Cristo—; Él actúa en cada Misa y transubstancia las realidades del pan y del vino. Ha nacido una nueva colaboración entre Dios y el hombre; entre el sacerdote cristiano y Cristo glorioso se verifica una comunión singularísima y única: el sacerdote y Cristo confeccionan a la vez la Eucaristía, aunque no al mismo nivel, porque el sacerdote actúa como ministro —instrumento vivo— del Señor.

¡Cuánta delicadeza interior necesita el sacerdote, para no caer en una familiaridad indebida! En este mundo nuestro se repite un fenómeno: los hombres de cámara, los asistentes o mayordomos de grandes personajes, fácilmente llegan a perder la noción de la grandeza moral o social de aquellos a quienes sirven; su frecuencia de trato con esos personajes —con defectos, como cualquier otra criatura— les juega esa mala pasada. Los sacerdotes —y de otro modo los cristianos— estamos expuestos a un peligro parecido: no entender con objetividad la medida de nuestra colaboración, pensar que nos hallamos a la misma altura del Señor y disponer de sus cosas —de la liturgia, de la palabra revelada, de los misterios sacramentales— como si nos pertenecieran exclusivamente. Nos pertenecen ciertamente; Él nos confía esas realidades; pero espera

---

[8] Cfr. San Josemaría Escrivá de Balaguer, *Es Cristo que pasa*, n. 86.

también que las cuidemos y administremos según Él quiere: imitando su obediencia hasta la muerte de Cruz, que —entre otras cosas— significa ahora realizar los gestos sacerdotales también en espíritu de obediencia al Padre (en este caso, además, es obediencia también a la Iglesia nuestra Madre); ofreciendo a los fieles un servicio puro y santo, como Él nos lo ha ofrecido a todos; cuidando con rigor la liturgia prescrita, valorando a fondo todos sus detalles.

«Haced esto en memoria mía». Además de su significado propio, podemos ver también en estas palabras que Jesús pide a sus discípulos que imiten su vida y su conducta; que entreguen su vida para gloria de Dios y salvación de todos los hombres y mujeres que pueblan la tierra; en definitiva, les reclama plena unión e identificación con Él. En este sentido, las palabras de Jesús suenan también como un requerimiento de nuestro afecto, parecen implorar nuestro cariño. Como si sugiriera: «No os olvidéis de mí, no os olvidéis de mi amor, nos os olvidéis de mi entrega por vosotros».

No olvidar el amor: «sacerdote eucarístico, pueblo eucarístico»

Cada uno habrá podido contemplar, a lo largo de sus años, en ocasiones con estupefacción, la capacidad que todos tenemos de olvidar las cosas más grandes, los eventos más notables, las personas más queridas. Quizá sea un recurso para defenderse del pasado que se acumula a nuestra espalda, al marchar hacia adelante en el caminar terreno; quizá surge como una manera de no quedar atrapado por sucesos, palabras y personajes que ayudan, pero que se estiman como un estorbo para afrontar el presente, para acometer esa lucha dura por sobrevivir, por llegar a la meta. Quizá manifiesta simplemente la pequeñez humana, la ingratitud del corazón, la superficialidad que nos amenaza. En todo caso, el olvido aparece como una realidad que nos afecta, a la manera que, en las latitudes nórdicas, el viento frío hiela plantas y hombres, y sume todo en el silencio.

Dios no quiere ser olvidado, se resiste a esa postura de la psicología humana; cabe afirmar que «protesta». Este Dios celoso, amigo del hombre, deseoso de permanecer a nuestro lado y de participar en nuestra vida para meternos así en la suya; este Dios enamorado del hombre no quiere ser olvidado por nosotros. Cuando sacó a los israelitas de Egipto, librándolos de la esclavitud con numerosos gestos salvíficos y portentosos, conduciéndolos a través del mar y del desierto, sosteniéndolos con el maná y con el agua de la roca, les insistió mil veces: mirad que no os olvidéis de mí, de los portentos que he obrado en vuestro favor, del camino que os he abierto en las aguas y en la soledad...

«Debes recordar todo el camino que el Señor, tu Dios, te ha hecho recorrer por el desierto durante estos cuarenta años, para hacerte humilde, para probarte y conocer lo que hay en tu corazón, si guardas o no sus mandamientos. Te humilló y te hizo pasar hambre. Luego te alimentó con el maná, que desconocíais tú y tus padres, para enseñarte que no sólo de pan vive el hombre, sino de todo lo que sale de la boca del Señor. El vestido que llevabas no se gastó y tus pies no se hincharon en estos cuarenta años. Reconoce en tu corazón que el Señor, tu Dios, te corrige como un hombre corrige a su hijo. Guarda, por tanto, los mandamientos del Señor, tu Dios, marchando por sus caminos y temiéndole (...). Esmérate en no olvidar al Señor, tu Dios, dejando de cumplir los mandamientos y normas que hoy te ordeno. No vaya a ocurrir que al comer y saciarte, construir hermosas casas y habitarlas, al crecer tus vacadas y tus rebaños, al abundar en plata y oro, al aumentar todos tus bienes, se engría tu corazón y te olvides del Señor, tu Dios. Él es el que te sacó del país de Egipto, de la casa de la esclavitud» (Dt 8, 2-6.11-14).

Dios vio cómo aquellos hombres, mujeres y niños no le fueron completamente fieles. Le olvidaron, le abandonaron, adoptaron otras costumbres, adoraron otros dioses. De poco sirvieron las instituciones numerosas y detalladas establecidas por la Ley; no resultaron suficientes el Arca, la Tienda de la Reunión, el Templo, los sacerdotes, la Monarquía, los muchos profetas que les envió... Jesús sabe bien que no basta que exhorte a los suyos a guardar sus mandamientos, a recordar sus palabras, a permanecer en Él como los sarmientos en la vid; a ser uno, como Él y su Padre son uno. Conoce el Señor que ante todo eso la criatura cae en la ligereza, que el afecto humano se entibia si los ojos no ven y las manos no tocan, que el hombre se muestra muy olvidadizo. Y manda, en consecuencia: «Haced esto en memoria mía», consagrad mi Cuerpo y mi Sangre: así me tendréis con vosotros, así podréis uniros a mi sacrificio y participar de tan inefable don; así os acordaréis de mí y de mi entrega y de mi amor; así seréis fieles, no desfalleceréis en el camino, llegaréis hasta el final. Seréis como Yo, que os he amado hasta el extremo, hasta la locura (cfr. Jn 13, 1).

El poder de consagrar el cuerpo y la sangre de Cristo, concedido a los primeros Doce y a sus sucesores («haced esto en memoria mía») mira a que todos los discípulos oigan también el mismo mandato del Maestro. Cambia ligeramente el contenido de *esto*. Para los sacerdotes instituidos por Cristo, *esto* es renovar incruentamente el único Sacrificio del Calvario, confeccionar el sacramento de la Eucaristía; para todos los cristianos, sacerdotes y seglares, *esto* entraña adentrarse en el amor de Cristo que se entrega filialmente a la voluntad del Padre para darle gloria y salvar a los hombres. Al celebrar el Sacramento del Sacrificio, o al participar, todos encuentran fuerzas para convertir la propia vida, metidos en la intimidad del Señor, en una oblación que Él presenta al Padre unida a la suya. La tercera plegaria eucarística lo recoge expresamente: *Ipse nos tibi perficiat munus aeternum*, reza el sacerdote dirigiéndose a Dios Padre: que Él haga de nosotros un don eterno[9].

El cristiano tiene, por vocación sellada en el Bautismo, alma sacerdotal[10]: está llamado a convertir su existencia en un sacrificio unido al de Cristo, a pasar por esta tierra con las ansias del Pontífice, que construye el puente que nos introduce en la intimidad de Dios, en lo más alto de los cielos. Alabanza, reparación, agradecimiento, petición: éstas son las aspiraciones de un hijo de Dios, porque fueron las que ritmaron la vida del Hijo de Dios hecho hombre. Alabanza al que está sobre todos y sostiene a todos; agradecimiento a quien es Fuente de todo bien y de toda dádiva; reparación por los pecados que ofenden a quien es Principio de nuestra vida y Consumador de nuestra felicidad; petición a quien todo gobierna y provee, para que remedie nuestra evidente indigencia.

Alabar, reparar, pedir y agradecer supone necesariamente rezar, sacrificarse, anunciar la verdad, servir al amor, construir la paz; y también buscar siempre y en todo la gloria del Padre y —en Él, en su Hijo y con el Amor— la glorificación de todos los hombres y mujeres (cfr. Jn 17, 1-26); significa trabajar para que todos le conozcan y amen, para que perseveren en el cumplimiento de la voluntad del Padre y alcancen la santidad: para que todos sean uno en Dios.

Cristo, a través de los discípulos a quienes confirió la facultad de consagrar su Cuerpo y su Sangre, sirve a todos los bautizados para que añadan la propia existencia a su ofrenda constante al Padre, para que se unan a Él, Sacerdote y Víctima. En buena medida, la actualización de ese sacerdocio común propio de todo cristiano depende de la actualización

---

[9] Misal Romano, Plegaria eucarística III.
[10] Cfr. San Josemaría Escrivá de Balaguer, *Forja*, n. 369.

del sacerdocio ministerial. ¡Qué responsabilidad recae sobre los sacerdotes católicos en cuanto a la santidad y a la fidelidad de los demás cristianos! En nuestras manos consagradas por el sacramento del Orden están el Cuerpo y la Sangre que a los demás enciende y vivifica. Ellos miran atentos nuestras manos —como los ojos de la esclava penden de las manos de su señora (cfr. Sal 122, 2)— porque ahí baja su Señor, sin el cual nada pueden; se halla Cristo, que es su Camino, su Verdad y su Vida. En la piedad eucarística de un sacerdote se apoya en gran medida la piedad eucarística de la comunidad cristiana que él atiende. «Sacerdote eucarístico, pueblo eucarístico», se ha dicho; y nada más cierto. «En otras palabras, un sacerdote vale cuanto vale su vida eucarística, especialmente su Misa. Misa sin amor, sacerdote estéril. Misa fervorosa, sacerdote conquistador de almas. Devoción eucarística poco amada o descuidada, sacerdocio en peligro y en vías de difuminación»[11].

Se comprende, que la Iglesia haya entendido siempre el sacerdocio ministerial como un servicio al sacerdocio común de todos los cristianos, incluidos los pastores. Jesús mismo quiso enseñarlo así aquella última noche con un gesto inolvidable.

Preparación para cada Misa:
«no presentarse con las manos vacías»

El cuarto evangelista no ha recogido las palabras de Jesús mientras convertía el pan en su Cuerpo y el vino en su Sangre, la noche antes de su pasión y muerte. Se suele comentar que el apóstol Juan lo consideró suficientemente afirmado en los otros tres evangelios y en la primera carta de san Pablo a los Corintios; y prefirió transmitirnos el discurso del Pan de

---

[11] Juan Pablo II, Alocución a los sacerdotes, 16-II-1984.

vida en la sinagoga de Cafarnaún, que ilumina y explica lo que Jesús instituyó aquella última noche. Además, ha descrito una escena que debió suceder al principio de aquella última reunión y que los otros hagiógrafos del Nuevo Testamento no narran. Una escena impresionante, si la contemplamos con ojos de fe: Jesús —Dios encarnado— lavó los pies a sus discípulos.

El banquete, la reunión para comer y beber juntos, no carecía de una significación profunda: la comunión personal, que se coloca más allá de la materialidad de la alimentación necesaria para subsistir. Con un banquete se celebra un evento gozoso del que varios participan; con un convite se abre camino a una colaboración, a una amistad; o bien se mitiga el dolor de una separación definitiva, buscando consuelo en otros que también amaban a quien ha desaparecido.

En tiempos de Jesús la participación en un banquete estaba rodeada de muchos detalles, tanto en su preparación como en su desarrollo: se lavaba los pies a los comensales, se les ungía la cabeza; el anfitrión les daba el beso de paz y bienvenida, se elegían los lugares que cada uno debería ocupar, se adornaba la sala, se escogían y condimentaban diligentemente los manjares... Cada uno de estos gestos concurría a reforzar el significado de comunión y también a crearla; su ausencia, como manifestó Cristo a Simón el fariseo cuando los descuidó, denotaba falta de amor, de acogida, de verdadera aceptación personal (cfr. Lc 7, 36-50). El invitado correspondía con sus dones. Nadie, en efecto, se presentaba sin llevar algún obsequio. Y menos aún ante Dios: «No te presentes ante el Señor con las manos vacías» (Sir 35, 4).

En la revelación de la relación entre Dios y el hombre, es éste un detalle que no puede pasar inadvertido. En el Antiguo Testamento, Dios se sirve de la imagen del banquete para prefigurar los últimos tiempos, la situación escatológica; o para recordar y celebrar los beneficios divinos (la liberación de Egipto, la entrega de la Ley). También Cristo recurre varias veces en sus parábolas al símil del convite para describir el reino de los cielos. Y también Él, como en el Antiguo Testamento (cfr. Ex 23, 15), valora que el invitado no acuda con las manos vacías, sin traje de bodas, sin lámpara encendida (cfr. Mt 22, 12; 25, 8; 25, 21).

La elección del don se presenta como una cuestión delicada, pues hay que acertar con algo que sea del agrado del anfitrión. ¿Qué es lo que puede agradar a Dios? El profeta se planteó la pregunta y obtuvo respuesta. «¿Con qué me presentaré ante el Señor y adoraré al Señor Altísimo? ¿Me presentaré a Él con holocaustos, con terneros de un año? ¿Se complace el Señor con miles de carneros, o con torrentes de aceite a millares? ¿Daré mi primogénito a cambio de mi delito, el fruto de mis entrañas por mi propio pecado? ¡Hombre! Ya se te indicó lo que es bueno, lo que el Señor quiere de ti: practicar la justicia, amar la caridad y conducirte humildemente con tu Dios» (Mi 6, 6-8). Las obras de la justicia, de la misericordia y de la amistad con Dios deben colmar las manos de los invitados por Él.

La consecución material del obsequio supone un cierto esfuerzo, que encierra ya un signo de amor, porque amar incluye ese inclinarse hacia la persona que se ama, y ofrecerle algunos bienes, entregarse a sí mismo de manera ordenada. Parece claro que la materialidad del regalo reviste importancia secundaria, lo que verdaderamente cuenta se manifiesta en el amor que mueve a dar. El amor en sí mismo tiene razón de primer don[12].

¡Qué bien entendemos que sólo resulta posible llenar las manos cuando el corazón rebosa de amor! Y que lo que Dios espera, en definitiva, es nuestro corazón, nuestro cariño cuajado en obras. «Dame, hijo mío, tu corazón y pon tus ojos en

---

[12] Cfr. Santo Tomás de Aquino, *Suma Teológica*, I, q. 38, a. 2.

mis caminos» (Prv 23, 26). Así debemos presentarnos los sacerdotes a celebrar la Santa Misa todos los días: con el corazón encendido en amor divino, con muchas obras de servicio a nuestros hermanos.

«Debéis lavaros los pies los unos a los otros»: servidores de todos

Aquella noche, el Hijo de Dios realizaba la obra más grande de amor al Padre: le ofrecía su vida humana llegando, por obediencia filial, hasta aceptar la humillación de morir clavado en un madero (cfr. Flp 2, 5-9). «No se haga mi voluntad, sino la tuya» (Lc 22, 42). Alcanzaba su cima histórica aquella total y constante dedicación a las cosas del Padre, que reveló por primera vez a María y a José en el Templo, con la edad de doce años (cfr. Lc 2, 49) y de la que sus discípulos fueron testigos durante el tiempo que con Él convivieron. Jesús volvía al Padre con las manos llenas. Rebosaban de obras de amor al Padre y a los hijos del Padre, a sus hermanos, por cuya salvación moría. El banquete al que les invitaba aquella noche última era signo de ese amor y causaba en ellos ese amor: era el convite de su Carne y de su Sangre. Pero antes, Él, que «hizo todo bien» (Mc 7, 37), les lavó los pies.

¿Por qué les lavó Él mismo los pies? De este servicio se ocupaba habitualmente un criado; al señor de la casa correspondía asegurar que se prestaba esa atención y recibir con un beso al huésped. ¿Por qué Jesús quiso ir más lejos? Porque los amó «hasta el extremo» (Jn 13, 1), perfectamente, hasta el último detalle, hasta el final de sus días, hasta la locura de dar por ellos la vida.

Cristo se excede en el amor a los suyos: así es siempre su perfecta Caridad. En sus gestos de donación va siempre más allá de lo que esperamos y soñamos; nos sorprende con las invenciones de su amor, con la generosidad de su cariño; adivina las ansias y las aspiraciones más hondas y puras de nuestro corazón y se adelanta a satisfacerlas. Ha nacido para nosotros y por nosotros; gasta toda su vida para salvarnos y hacernos felices, para conseguir nuestra glorificación, nuestro endiosamiento de hijos del Padre en Él, gracias al Amor.

Jesús lavó los pies a sus discípulos porque los amaba con locura, apasionadamente. Encontró resistencia en la ingenua devoción de Pedro, que al comienzo no aceptó esa prestación de su Maestro y Señor. Sólo consintió cuando oyó la amenaza amable de que la falta de ese lavado podría impedirle permanecer con su Jesús (cfr. Jn 13, 6-9). Quiso atenderles con aquel servicio, para que les entrara por los ojos que les amaba con toda el alma, «hasta el extremo». Pocas horas después morirá por ellos, entregará su vida por sus amigos, demostrando así el mayor amor posible; pero quien todo sabía, conocía también que su muerte ignominiosa no iba a ser interpretada al principio como una victoria de amor, sino como un desastre. Lavarles los pies era, en aquel momento, la prueba más eficaz de un cariño que no conoce barreras, que no se detiene en circunspecciones por salvar la propia imagen, por custodiar la propia excelencia.

Les limpió los pies como un siervo. Sólo en apariencia como un siervo; de modo algo parecido a como el pan ya no es pan después de las palabras consacratorias. Lavó los pies a sus discípulos con el señorío del amor que se entrega libremente para hacer felices —eternamente felices— a los que ama. A los discípulos les pareció un gesto de inmensa humildad, y la misma reacción provoca también en nosotros, que con no poca frecuencia estamos movidos por la soberbia, por los humos o humillos del propio valer y de la propia grandeza. Cristo no se sentía humillado al cumplir aquel gesto con los Doce; sencillamente, los estaba amando y les estaba enseñando a amar. Porque le constaba que la gran miseria, la gran limitación de aquellos hombres, y la nuestra, radica en que no sabemos amar como Él. Jesús comprendía, no se extrañaba ante el desconcierto de sus Apóstoles, especialmente de Pedro; por eso, después se lo explica. «Si Yo, el Señor y Maestro, os he lavado los pies, también vosotros debéis lavaros los pies unos a otros. Os he dado ejemplo para que también vosotros hagáis como Yo he hecho con vosotros» (Jn 13, 14-15).

Lavar los pies los unos a los otros lleva consigo tantas cosas concretas, porque ese limpiar de que se habla, nace del cariño; y el amor descubre mil formas de servir y de entregarse a quien se ama. En cristiano, lavar los pies significa, sin duda, rezar unos por otros, dar una mano con elegancia y discreción, facilitar el trabajo, adelantarse a las necesidades de los demás, ayudarse unos a otros a comportarse mejor, corregirse con cariño, tratarse con paciencia afectuosa y sencilla que no causa humillaciones; alentarse a venerar al Señor en el Sacramento, emularse mutuamente en ese ir a Jesús con las manos cargadas de atenciones de cariño a Él y a nuestros hermanos. Lavar los pies implica colmar la propia vida de obras de servicio sacrificado y gustoso, de mediación apostólica cumplida con alma sacerdotal.

El lavatorio de los pies y la limpieza de alma

Algunos Padres de la Iglesia explican que lavar los pies equivale a limpiar, purificar, los afectos del alma, que constituyen el motivo que nos empuja a actuar de una manera o de otra. Jesús, si queremos, si nos dejamos, lava nuestros afectos como lavó los pies de los Apóstoles: a fondo, con cariño, a cada uno, sin prisas.

El Señor procedió de esa forma antes de darles a comer su Carne y a beber su Sangre. Todos somos conscientes de que hemos de acudir a comulgar bien limpios por dentro y por fuera, confesándonos antes si hubiera en nuestra conciencia mancha de pecado grave. San Anastasio Sinaíta lo explicaba con palabras incisivas: «¿Con qué conciencia, con qué estado de alma, con qué pensamientos te acercas a estos misterios, si en tu corazón te está acusando tu misma conciencia? Contéstame: si tuvieras las manos manchadas de estiércol, ¿te atreverías a tocar con ellas las vestiduras del rey? Ni siquiera tus mismos vestidos tocarías con las manos sucias, antes bien las lavarías y enjugarías cuidadosamente, y entonces los tocarías. Pues, ¿por qué no das a Dios ese mismo honor que concedes a unos viles vestidos? (...). Pide misericordia, pide perdón, pide la remisión de tus culpas pasadas y verte libre de las futuras, para que puedas acercarte dignamente a tan grandes misterios (...). Oye a san Pablo que dice: "Pruébese a sí mismo el hombre, y así coma de aquel pan y beba de aquel cáliz (...)" (1 Cor 11, 28ss)»[13].

¿Sabremos nosotros, los sacerdotes, dedicar a nuestros hermanos y hermanas el tiempo necesario en el sacramento de la reconciliación para que, a través de nuestra pobre persona, Cristo los limpie con cariño, con delicadeza, con eficacia? No cabe una postura como la de Pedro en aquella ocasión, que no entendía la necesidad de esa purificación (lo entendió más tarde: cfr. Jn 13, 9), de ese blanquear lo que quizá no es gravísimo, pero mancha e impide seguir a Cristo con plena fidelidad.

¿Aprenderemos, todos, a acudir limpios para recibir a Jesús? «El que se ha bañado, no necesita lavarse; está del todo limpio. Y vosotros estáis limpios, aunque no todos» (Jn 13, 10). Así respondió Jesús a Pedro, haciendo también alusión a Judas. ¡Qué grave responsabilidad la de los pastores, por su obligación de preparar a sus fieles para acoger al Señor sacramentado; que deben ayudarles en la limpieza de alma y de

---

[13] San Anastasio Sinaíta, *Sermón sobre la Santa Sinaxis*.

cuerpo, con las luces y la vibración del amor! A los pastores corresponde la grave responsabilidad de enseñar a los fieles que han de ir a la comunión como buenos y rectos enamorados a la cita con el Amor: con la conciencia clara, sin motas; con el alma encendida en virtudes; con el cuerpo y el vestido dignos; con la atención y el recogimiento que Dios merece.

Las palabras del centurión de Cafarnaún, que la Iglesia pone en nuestros labios durante la Misa —*Domine, non sum dignus...*[14]— nos han de espolear en ese momento inmediatamente anterior a la Santa Comunión, y también antes, a tomar conciencia de lo que se nos da: aprovechemos el tiempo que precede la hora del Santo Sacrificio con comuniones espirituales, con actos de fe, esperanza y caridad, de humildad, de contrición; o para confesarnos, si en el alma hubiera una sombra grave. Lo recuerda Benedicto XVI desde los primeros momentos de su Pontificado. «No se puede "comer" al Resucitado, presente en la figura del pan, como un simple trozo de pan. Comer este pan es comulgar, es entrar en comunión con la persona del Señor vivo. Esta comunión, este acto de "comer", es realmente un encuentro entre dos personas, es dejarse penetrar por la vida de Aquel que es el Señor, de Aquel que es mi Creador y Redentor. La finalidad de esta comunión, de este comer, es la asimilación de mi vida a la suya, mi transformación y configuración con Aquel que es amor vivo. Por eso, esta comunión implica la adoración, implica la voluntad de seguir a Cristo, de seguir a Aquel que va delante de nosotros. Por tanto, adoración y procesión forman parte de un único gesto de comunión; responden a su mandato: "Tomad y comed"»[15].

Lavar los pies, instituir el sacramento de su sacrificio, entregar su vida en la Cruz: tres realidades en las que Jesucristo

---

[14] Misal Romano, Ordinario de la Misa (cfr. Mt 8, 8).
[15] Benedicto XVI, *Homilía en la solemnidad del Corpus Christi*, 26-V-2005.

despliega un mismo acto de amor extremo. La primera asume especialmente un valor simbólico y de enseñanza, que prepara a los discípulos a acoger y a entender las otras dos, que son una misma cosa. Por ahí empezó Jesús aquella noche, en la que su amor iba a traducirse en el evento más impresionante que los siglos hayan contemplado y puedan contemplar: Dios que muere por traer la vida nueva a sus criaturas.

Comenzó lavándoles los pies. Gesto conmovedor y elocuente de amor entrañable, de ese amor hasta la locura que culmina en la Cruz y en la Eucaristía. Gesto de humildad sublime, porque quien ama sin limitación alguna no encuentra ninguna dificultad para realizar hasta los actos más elementales en favor de la persona a quien ama; no le detiene lo que otros puedan pensar y decir. Gesto de servicio incomparable por el que revela definitivamente que amar significa servir, darse y ayudar a los demás en todo lo posible y hasta el final.

Amor de servicio, amor humilde, amor de Sacerdote que se ofrece a la vez como Víctima: lección de aquella noche, que el Maestro nos exhorta a que aprendamos para encarnarla en nuestra propia vida. «Sabiendo esto, seréis dichosos si lo cumplís» (Jn 13, 17).

«Que os améis los unos a los otros como Yo os he amado»

Hemos de contemplar despacio lo que sucedió aquella noche, para comprender —hasta donde nos sea posible— por qué Cristo deseó ardientemente comer aquella pascua con sus apóstoles (cfr. Lc 22, 14), y también qué significaba aquella cena última para Él y los suyos. Ciertamente, para Jesús, era una cena de despedida; no ocurría así entre sus discípulos, que no se percataban claramente de lo que iba a suceder y menos aún sospechaban que la muerte del Maestro fuese inminente. El largo discurso de aquella noche, que san Juan nos transmite, guarda todo el sabor de un saludo de despedida, con las exhortaciones últimas, las que parecen más importantes; se nos presenta como una especie de testamento.

¿Qué dejaba Cristo a sus Apóstoles aquella noche? ¿Qué nos dejaba a nosotros, que vendríamos muchos siglos después? Nos dejaba a Sí mismo en el sacramento. Nos dejaba su Amor. Y las dos realidades iban juntas, una dentro de la otra, con una mutua implicación que hace imposible separarlas, incluso exponerlas por separado.

Fue una cena: la cena del supremo Amor, la cena de la Eucaristía. Juan se detiene en lo primero, los sinópticos en lo segundo. Pero los cuatro evangelistas nos hablan de una misma realidad que se manifiesta, a la vez, como entrega, servicio, amor: toda la vida del Hijo encarnado. Una realidad tan alta y sublime, tan divina, que resulta misteriosa, que supera la inteligencia y la capacidad del corazón humano (cfr. 1 Cor 2, 9).

Considerar de nuevo el aspecto convivial nos puede ayudar a entender un poco más lo que Cristo nos revela, lo que quiere que entendamos. Comer juntos expresa más que el simple alimentarse. Aquel banquete pascual manifestaba fiesta y «comunión»: la fiesta del Amor que se entregaba libremente para redimir y proporcionar la felicidad a los suyos; y además, la comunión de todos los presentes en un mismo destino y en un idéntico proyecto grandioso. Por eso a Judas no le suponía alegría alguna la fiesta, no entendía nada de generosidad, de donación; era avaro y traidor; no compartía aquel propósito —que unía a los demás— de predicar una verdad que carecía a sus ojos de incidencia social (al menos, inmediata). Los otros permanecieron. Siguieron al lado de Jesús sin entenderle del todo, apesadumbrados y tristes por los signos de despedida que les mostraba, con el corazón cargado por los negros presagios que se cernían sobre Él y sobre ellos. Permanecieron con Jesús en sus tribulaciones (cfr. Lc 22, 28); y recibieron el testamento divino: su Cuerpo y su Sangre, envueltos en Amor.

¡*Que os améis*! Aquella noche Juan apoyó su cabeza sobre el pecho del Maestro, oyó sus vibrantes latidos, fuertes por la emoción de la despedida y de los desamores de los hombres. Las palabras de Jesús le llegaban directamente al corazón, porque tan graves y hondos vocablos resonaban en su alma joven, plena de entusiasmo por su Maestro. Y allí quedaron grabadas para siempre, como fuentes de comprensión de la vida y de la muerte de su Señor, como criterio de interpretación de nuestra existencia y del mundo. Dios es amor, nos repetirá al final de sus días (cfr. 1 Jn 4, 8 y 16). Toda la vida de Cristo se resume en esto: en su amor, que le lleva a la Cruz, a la Eucaristía, a lavarnos los pies. Y toda la vida cristiana se recapitula en ese último mandamiento que Juan conservará, ya para siempre, clavado en el alma y repetirá sin tregua: ¡*Que os améis*! Él, el hijo del trueno; el que pidió que lloviera fuego del cielo y abrasara aquel pueblito de samaritanos (cfr. Lc 9, 54); el que prohibió realizar milagros a unos que no iban con Jesús (cfr. Mc 9, 38); el que ansiaba prevalecer sobre los demás (cfr. Mc 10, 37), no se cansó de repetir hasta su muerte: ¡*hijitos míos, que os améis unos a otros!*[16] Por eso, también nos ha hablado tanto del Espíritu Santo.

El don de la filiación divina y el don del Amor avanzan juntos, pues el Amor personal infinito —la Tercera Persona de la Santísima Trinidad— es «quien nos hace exclamar: ¡Abba, Padre!» (Rm 8, 15). Estos dones no se pueden separar; y la grandeza del uno ayuda a vislumbrar la grandeza del otro. Cristo trataba de hacerlo entender a sus Apóstoles; y, para convencerles de la importancia de su muerte y resurrección y de su ascensión al cielo, de la necesidad de sustraerse a su inmediata percepción sensible, les razonaba así: «Os con-

---

[16] Cfr. San Jerónimo, *Comentario a la epístola a los Gálatas* 3, 6.

viene que Yo me vaya, porque si no me voy, no vendrá a vosotros el Paráclito; pero si me voy, os lo enviaré» (Jn 16,7).

No sabemos hasta qué punto los discípulos penetraron aquella noche en el contenido de estas palabras del Señor. Las asumirían plenamente más tarde, como Jesús mismo les advirtió poco después (cfr. Jn 16,12-13). Tan sobrenatural es la acción del Santificador que, de ordinario, nos pasa inadvertida.

Los Apóstoles se daban cuenta de lo que perdían si su Señor se iba. Se quedaron tristes, desconsolados, hasta el punto que Jesús les prometió repetidas veces un nuevo Consolador, explicándoles lo que obraría en ellos y con ellos; y Él mismo se quedó en la Eucaristía. Cristo promete enviar al Amor y permanece Él mismo por amor bajo los signos de este sacramento.

Esa fue su respuesta a la tristeza de afecto sincero de aquellos pocos, que en esa misma noche le abandonarían desconcertados y derrotados por la secuencia de los sucesos adversos e inesperados. Cabría afirmar también que Cristo se ha quedado en el sacramento porque en los Apóstoles nos ha visto tristes a todos, deseosos de tenerle cerca, de poder oírle y tocarle y contemplarle, para sabernos amados y comprendidos, para sentirnos seguros a la sombra de un Maestro tan sabio y omnipotente. Ha decidido no dejarnos, porque ha comprobado, en aquellos primeros, débiles y confusos, la debilidad y la pequeñez de todos los que vendríamos después. Se ofreció como Alimento de todos para que no desfalleciésemos en el camino, para que todos contásemos con la posibilidad de encaminarnos al Cielo.

Aprender a amar

La historia de los primeros discípulos se repite una y otra vez a lo largo de los siglos. ¡Cuántos propósitos de acompañar a Cristo, de trabajar por Él, de darle a conocer, de andar a su lado y permanecer siempre con Él, terminan en la desconcertante experiencia de la infidelidad pequeña o grande! El sentido de la propia filiación divina, la vitalidad de la propia fe, la delicadeza en el amor..., se vienen en ocasiones abajo, cuando surge la contradicción, la persecución violenta o taimada, o simplemente la dificultad, el cansancio.

Como aquellos primeros, también nosotros con frecuencia nos comportamos como personas de intenciones grandes, a la hora de prometer la propia fidelidad hasta la muerte; y como ellos en esas horas, tampoco nos decidimos a amar a Cristo «hasta el fin, hasta el extremo». Él, en cambio, sí nos quiere, hasta dar la vida por el amigo (cfr. Jn 15, 13); y, al contacto con nuestro defecto de amor, instituye la Eucaristía para enseñarnos a corresponder, al paso que nos envía al Consolador que necesitamos, para que comprendamos que podemos refugiarnos y adherirnos a su Sacratísimo Corazón, ejemplo de donación.

Es preciso que miremos con sinceridad nuestro propio interior, ir al fondo de las situaciones o reacciones, y reconocer que el problema se reduce en definitiva a un problema de correspondencia. El amor constituye la sustancia de la felicidad: amar y saberse amados componen la única respuesta verdadera a las ansias últimas del corazón humano. Y, en definitiva, buscamos esta finalidad en todo cuanto nos ocupa: un «querer» que no muera, que no pase, que no traicione, que sacie el alma. Agustín de Hipona lo dejó escrito con frase brevísima: *«Pondus meus, amor meus»*[17]. Mi amor es mi peso, lo que me confiere solidez, lo que me atrae y me exalta, me transmite altura y profundidad, el origen de mi paz. También lo propuso con la consideración de que nuestro corazón está inquieto hasta que descansa en Dios: porque sólo en Él se encuentra la

---

[17] San Agustín, *Confesiones* XIII, 9, 10.

verdadera caridad que proporciona densidad y sentido a todo, que libra de la superficialidad y de lo provisorio[18].

En no pocos casos, el defecto de nuestra dejadez radica en la superficialidad: el amor se muestra frívolo, pasajero; como si el corazón fuera uno de esos caminos por donde pasan todos y nadie marca una huella, como la semilla que arroja el sembrador de la parábola. En otros momentos, se levanta un amor demasiado sentimental, poco recio; como si el corazón no supiera en esos casos acoger «las duras y las maduras»; y así, buscando sólo el goce —sin aceptar la contrapartida del dolor y del sacrificio—, brota un amor sin fruto. En otras ocasiones, parece como si el corazón no albergara sino amoríos: ¡tantos y tan distintos y aun opuestos se demuestran los afectos que lo mueven! Se diría, en esos casos, que la persona, como la Magdalena antes de encontrar a Cristo, va tras amores que no la satisfacen, no fomenta un amor de verdad. Y hay también circunstancias —muchas, gracias a Dios—, en las que el corazón se decide a amar hasta el final, y se traduce en una entrega que intenta corresponder con más de lo que recibe: treinta por uno, sesenta por uno, ciento por uno (cfr. Mt 13, 8).

Cristo conocía con total profundidad cuál era y cuál es nuestro problema. Le constaba la dureza que con frecuencia anida en el corazón humano y también tantas ganas de obrar el bien: es decir, por una parte, cerrazón a la misericordia y a la comprensión, egoísmo que rechaza a la persona extraña y se niega a prestar ayuda a aquella que no se halla con posibilidades de corresponder. Por otra, un corazón sensible a las delicadezas del amor divino, atento al deber cristiano de consolar al prójimo. Vino Jesucristo a predicar el secreto del auténtico afecto, y aquella noche nos dejó en herencia justamente su Amor.

Nos lo legó generosamente —más no cabe— con sus palabras y sus ejemplos de servicio sin rémora alguna, con sus

---

[18] Cfr. San Agustín, *Confesiones*, I, 1, 1.

enseñanzas sobre la caridad, y con ese reiterado mandato: *¡Que os améis!*

Nos lo dejó al prometernos que enviaría al Paráclito, al otro Consolador.

Nos lo dejó quedándose Él mismo personalmente, con su Cuerpo y su Sangre, con su Alma y su Divinidad, bajo las apariencias de pan y de vino.

Actuó así por la urgencia con que le necesitamos. Pero no andamos lejos de la verdad si pensamos que se quedó, además, porque también Él «quiere necesitarnos». Ha asumido nuestra naturaleza, ha decidido poseer un corazón como el nuestro, que no admite la idea de separarse de quienes son sus hermanos. Si Cristo no cejó hasta el final en el intento de atraer a Judas, atendiéndole en aquellas últimas horas con un detalle tras otro; si manifestó tanto cariño a quien le estaba traicionando, ¿cuánto desearía estar siempre con quienes no le habían abandonado? (cfr. Lc 22, 28).

La institución de la Eucaristía responde, en lo humano, a la psicología de las personas que se aman y deben separarse. San Josemaría lo comentaba así:

«Todos los modos de decir resultan pobres, si pretenden explicar, aunque sea de lejos, el misterio del Jueves Santo. Pero no es difícil imaginar en parte los sentimientos del Corazón de Jesucristo en aquella tarde, la última que pasaba con los suyos, antes del sacrificio del Calvario.

»Considerad la experiencia, tan humana, de la despedida de dos personas que se quieren. Desearían estar siempre juntas, pero el deber —el que sea— les obliga a alejarse. Su afán sería continuar sin separarse, y no pueden. El amor del hombre, que por grande que sea es limitado, recurre a un símbolo: los que se despiden se cambian un recuerdo, quizá una fotografía, con una dedicatoria tan encendida, que sorprende que no arda la cartulina. No logran hacer más porque el poder de las criaturas no llega tan lejos como su querer.

»Lo que nosotros no podemos, lo puede el Señor. Jesucristo, perfecto Dios y perfecto Hombre, no deja un símbolo, sino la realidad: se queda Él mismo. Irá al Padre, pero permanecerá con los hombres. No nos legará un simple regalo que nos haga evocar su memoria, una imagen que tienda a desdibujarse con el tiempo, como la fotografía que pronto aparece desvaída, amarillenta y sin sentido para los que no fueron protagonistas de aquel amoroso momento. Bajo las especies del pan y del vino está Él, realmente presente: con su Cuerpo, su Sangre, su Alma y su Divinidad»[19].

Tres «mandamientos» y una misma realidad

Algunos autores espirituales han relacionado directamente el lavatorio de los pies con el sacrificio de la Cruz. Alcuino de York, por ejemplo, lo considera en clave mística: en la Cruz, en vez de agua, derramó su sangre para lavarnos del pecado; depuso el vestido de su cuerpo, que tres días después retomó al resucitar; y se reclinó definitivamente a la diestra del Padre, desde donde envía al Consolador prometido. La relación de la Eucaristía con el sacrificio de la Cruz viene revelada explícitamente por Cristo cuando dice: «Esto es mi cuerpo, que será entregado por vosotros», «éste es el cáliz de mi sangre, que será derramada por vosotros». La relación entre el lavatorio y la Eucaristía se concreta en el amor que se manifiesta en ambas y en la común referencia a la Cruz[20].

Tan importantes se manifiestan estas tres realidades que Jesús insistió especialmente en cada una y —para inculcarlas más fuertemente en sus discípulos— las resaltó, añadiendo respectivamente un mandamiento: el del servicio fraterno, el man-

---

[19] San Josemaría Escrivá de Balaguer, *Es Cristo que pasa*, n. 83.
[20] Cfr. Alcuino de York, *Comentario al Evangelio de San Juan*, VI, 32.

damiento nuevo de la caridad y el mandato de rememorar su Sacrificio. En la Eucaristía encontramos siempre a Cristo «que nos sienta a su mesa; a Cristo que nos sirve; a Cristo, amante de los hombres, que nos reanima»[21]. Para tan gran cometido, es preciso no contentarse con un amor sentimental, compuesto de palabras fáciles, que no madura en servicio y sacrificio, que no muestra con obras la ventura de vivir con Cristo y de seguirle. Así se evita el servilismo de quien ejecuta los mandatos divinos sin una disposición interior real de obediencia, con la máxima adhesión filial; y de este modo no se reduce la participación en la Eucaristía a un rito externo y convencional, que no llega a configurar una existencia gastada en clave de entrega al prójimo, a todos, por amor de Dios.

La recepción sincera de estos tres «mandamientos» libra al cristiano del gravísimo peligro de la hipocresía, ese fermento malo que corrompía el comportamiento de los fariseos (cfr. Mc 8, 15; Lc 12, 1); libera de ese defecto que Jesús fustiga duramente (cfr. Mt 23, 13-33). El cumplimiento de los tres mandatos, iluminándose mutuamente, asegura la sencillez y la sinceridad que caracterizan a los hijos de Dios (cfr. Flp 1, 10; 2, 15).

La hipocresía consiste en ocultar lo que se es y en aparentar lo que no se es, en particular, fingiendo virtudes o cualidades que no se poseen; o también se configura en esconder algunos aspectos de lo que se piensa, se desea o se ama, para manifestar en esos puntos lo contrario. El hipócrita limpia por fuera la copa pero no por dentro, tapa con esplendores lo que se halla podrido, desciende a detalles irrelevantes y descuida la sustancia de su obligación ante Dios y los demás (cfr. Mt 23).

Cuando, en cambio, la criatura se ajusta a esos tres mandamientos de Jesús —amar, servir, participar en la Eucaristía—, el cristiano evita la hipocresía, la farsa de llamarse hijo de

---

[21] San Cirilo de Alejandría, *Homilías diversas* 10.

Dios sin intentar conducirse como el Hijo de Dios. El Hijo de Dios en esta tierra gastó sus días, sus horas, sus minutos glorificando al Padre y sirviendo a los hijos de Dios. Jesús se unía a Dios Padre por su relación filial y esta relación —constitutiva de su Persona— se manifestaba en su conducta y en su comportamiento; no cabía el menor resquicio de algo que le separase en lo más mínimo de la voluntad de su Padre, que para Él representaba el único constante criterio de sus acciones, hasta en las aparentemente más pequeñas.

La unión entre filiación y obediencia constituye una característica propia de Jesús, y en consecuencia se extiende también a todos los hijos de Dios. El sufrimiento que se le requirió para cumplir la voluntad del Padre, atribuía a la fidelidad y a la obediencia de Jesús un valor muy singular como revelación de su Filiación de Unigénito. «Cuando hayáis levantado al Hijo de Hombre, entonces sabréis que Yo Soy, y que no hago nada por mi propia cuenta; sino que lo que el Padre me ha enseñado, eso es lo que hablo» (Jn 8, 28).

Juan Pablo II comentó reiteradamente esa idea en sus *Catequesis sobre el Credo*: «Precisamente esta obediencia al Padre, libremente aceptada, esta sumisión al Padre, en antítesis a la "desobediencia" del primer Adán, continúa siendo la expresión de la más profunda unión entre el Padre y el Hijo, reflejo de la unidad trinitaria»[22]. Toda la existencia de Jesús se traduce en un estar mirando al Padre (cfr. Jn 1, 1), identificado con Él porque es su Imagen; por eso, también su vida terrena como hombre entraña una perfecta e ininterrumpida donación de Sí mismo al Padre, donación que en la historia toma forma de obediencia filial y que alcanza en el Sacrificio de la Cruz su expresión máxima, perfecta.

Al poner en práctica esos tres mandamientos de la noche última de Jesús en la tierra, el cristiano garantiza la autenticidad

---

[22] Juan Pablo II, *Alocución en la audiencia general*, 24-VI-1987.

de su condición de hijo de Dios, porque, unido al Verbo encarnado, sirve a todos los hombres con una mediación sacrificada que participa en la del Hijo y, por eso, glorifica al Padre y ayuda a sus hermanos a conocer y amar al Padre. El mandamiento del servicio le indica la forma exterior de su conducta; el del amor, la forma interior; el eucarístico, concede la fuerza para comportarse de este modo.

Los tres mandamientos se encuentran íntimamente relacionados; juntos nos manifiestan que amar como Cristo supone necesariamente un servir humilde y sacrificadamente; y que ese amor nos llega a través de su sacrificio, al que accedemos por medio del sacramento de su Cuerpo y de su Sangre. ¡Qué evidente y acertado se nos antoja, entonces, que la Eucaristía haya sido llamada durante siglos *sacramento de la Pasión*; y que la Santa Misa sea el centro y la raíz de la vida espiritual de un hijo de Dios!

En este sacramento, el Hijo de Dios se da a los hijos de Dios para que ellos puedan también entregarse como Él se dona. En el pan eucarístico se nos ofrece la carne del Hijo, sacrificada para que los hombres puedan llegar a ser hijos y serlo, no de manera incoada o parcial, sino plenamente: es decir, que estén en condiciones a su vez de sacrificarse por los demás, que lleguen a ser sacerdotes de su propio sacrificio «por Cristo, con Cristo, en Cristo»[23]. Para darse e inmolarse por los hermanos, para amarlos como Cristo, resulta imprescindible alimentarse con la carne inmolada y la sangre derramada. Si el hombre no participa con sinceridad en la Eucaristía, queda encerrado en su propia incapacidad de amar a lo divino. Con la Eucaristía, en cambio, el cristiano conduce su filiación a la madurez y se configura con el Hijo crucificado, a semejanza del grano de trigo que cae en tierra, muere y produce mucho fruto (cfr. Jn 12, 24).

---

[23] Misal Romano, Doxología final de las Plegarias eucarísticas.

III. Eucaristía y apostolado

«Recibiréis la fuerza del Espíritu Santo que descenderá sobre vosotros y seréis mis testigos en Jerusalén, en toda Judea y Samaría, y hasta los confines de la tierra» (Hch 1, 7).

El Hijo de Dios se ha encarnado a fin de que participemos de su Vida, conozcamos su Verdad, entremos en su Luz. Nos libra del pecado con su muerte y, al resucitar, nos envía —desde el Padre y con el Padre— al Espíritu Santo que nos hace hijos de Dios. *Propter nos homines et propter nostram salutem, descendit de coelis.* El motivo de la Encarnación es nuestra salvación. Como recordaba san Josemaría, no se pueden separar en Cristo su ser de Dios-Hombre y su función de Redentor[1]. Tampoco cabe dividir en el cristiano su vocación a la filiación divina y su misión apostólica: la respuesta a una de estas realidades configura la medida de la respuesta a la otra. Para que se desarrolle en nosotros la participación en su Filiación eterna, Cristo alimenta y sostiene desde la Eucaristía nuestro celo por la salvación de los demás, nuestro afán por dar testimonio de Él en todos los ambientes.

---

[1] Cfr. San Josemaría Escrivá de Balaguer, *Es Cristo que pasa*, n. 122.

«Tengo compasión de esta gente»: buscar la propia santidad y la de los demás

«Haced esto en memoria mía» (1 Cor 11, 24). Con esta petición, Cristo ha mandado a los Apóstoles que lo entreguen a los demás: que medien entre Él y los otros. Esas palabras suyas, instituyendo el sacerdocio, refuerzan la condición de enviados a anunciar la Buena Nueva.

Jesús quiere que el amor y la devoción —que definen la relación personal entre el Sumo Sacerdote y sus ministros— se propaguen a otras personas a través de la comunión con su Cuerpo y con su Sangre, que los sacerdotes distribuyen a los demás; como aquella tarde en el monte, cuando se compadeció ante el hambre de los que le seguían durante tres días y no contaban ya con ningún alimento. «Me da lástima esta gente...» (Mt 15, 32; Mc 8, 2), comentó a los Apóstoles. Al movimiento compasivo de su corazón humano se añadió inmediatamente la manifestación omnipotente de su ser divino, con la multiplicación de los panes en las manos de los discípulos, para alimentar a aquella multitud necesitada, tras haber curado sus enfermos y haberles instruido sobre muchas cosas.

«Haced esto en memoria mía». Cristo está también pidiendo a los suyos que le imiten y que le sigan en su misión salvadora; que se conviertan verdaderamente en pescadores de hombres. Con ese mandato, les reclama un amor más generoso y abundante, que desborde hacia otros. Les exige que se conviertan en pescadores, en su nombre; y también que, como anzuelos suyos, traten a todos, acerquen hasta Él a quienes están lejos, a quienes no le vieron. Jesús les ruega que medien no sólo con la palabra, con la facultad de operar milagros y de expulsar demonios; que medien sobre todo con el poder sobre su Cuerpo y su Sangre y, además, con el dominio sobre sí mismos para servir con generosidad; que medien con su propia vida a fuerza de participar en la Vida suya.

Este mandato se extiende a todos los discípulos, aunque no posean el poder de consagrar su Cuerpo y su Sangre, porque cada uno está llamado a participar del sacramento de su sacrificio: a todos les ofrece la posibilidad de comulgar y de recibir aquel amor que abrasaba el corazón de Jesucristo y lo encendía en deseos de inmolarse, de enseñar a los hombres la verdad sobre Dios y sobre sí mismos; es decir, la verdad de su propia Filiación, la verdad de la filiación que en Él y por Él reciben los que acogen su testimonio.

La fe es respuesta del hombre a Dios que convoca a la comunión viva con Él; es también respuesta a Dios que envía, porque todas las vocaciones divinas implican siempre una misión. Abraham, Moisés, los profetas, María, los Apóstoles...: al responder con fe a la invitación divina, obedecían a Dios que les confiaba un encargo que cumplir. Prestar el asentimiento de la fe significa acoger la Palabra de Dios, creadora y principio de vida, redentora y principio de salvación; recibirla, implica la gracia de participar en su eficacia vivificante, en su misión salvadora (cfr. Hb 4, 12; Is 55, 10-11). La respuesta de fe sobrenatural se traduce en aceptar los proyectos de Dios y colaborar con sus designios.

Por eso, el verdadero discípulo, el que lo es sin hipocresías ni fracturas en su actuación, es también apóstol. Recibe el título quien acoge las enseñanzas del Maestro, cree en Él, le sigue, se conforma con su modo de vivir; apóstol es el enviado, el que representa a quien le envía, actúa en su nombre, hace sus veces. Quien de verdad cree en Jesús y le acompaña, no puede no darlo a conocer con su vida y sus palabras: si se configura con el modo de actuar del Maestro, necesariamente ofrecerá el testimonio efectivo de su muerte y resurrección, conduciéndose también él —con la ayuda de la gracia— como muerto al pecado y renacido a nueva vida (cfr. Rm 6, 1-11). La fe teologal implica la exigencia de buscar la propia perfección en Cristo y de ayudar a la santificación de los demás.

Filiación divina y anuncio de Cristo: «estar en las cosas del Padre»

Considerando esta estupenda realidad desde otra perspectiva, comprendemos que quien se sabe hijo de Dios porque acoge la Palabra encarnada, de algún modo se ha convertido también en palabra de Dios dirigida a los hombres. Santiago escribe con entusiasmo: «Nos engendró por su propia voluntad, con Palabra de verdad, para que fuésemos como las primicias de sus criaturas» (St 1, 18). Primicias: los primeros de una serie. Nuestra vocación de hijos en el Hijo está intrínseca e inseparablemente unida a nuestra misión de heraldos de la Palabra ante la humanidad entera, para que todas las personas alcancen una viva conciencia de la llamada a participar, como hijos, en la intimidad divina.

Con esta perspectiva, se entiende bien que sólo la fe viva es principio de acción apostólica verdadera y eficaz. Si la Palabra está muerta en el propio corazón, no existe la posibilidad de sembrarla en otras almas. Hablaremos de Dios en la medida que hablemos con Dios, pues siempre daremos lo que tengamos: «De lo que rebosa el corazón, habla la boca» (Mt 12, 34). La fe muerta no produce fruto, la fe sin obras no transmite nada: no propone un testimonio con obras de amor, y entonces las palabras sobre Jesús son címbalo que retiñe (cfr. 1 Cor 13, 1). Lo ha dicho Él explícitamente: «Permaneced en mí y Yo en vosotros. Como el sarmiento no puede dar fruto por sí mismo si no permanece en la vid, así tampoco vosotros si no permanecéis en mí. Yo soy la vid, vosotros los sarmientos. El que permanece en mí y Yo en él, ése da mucho fruto, porque sin mí no podéis hacer nada. Si alguno no permanece en mí es echado fuera como los sarmientos y se seca; luego los recogen, los echan al fuego y arden. Si permanecéis en mí y mis palabras permanecen en vosotros, pedid lo que queráis y se os concederá. En esto es glorificado mi Padre, en que deis mucho fruto y seáis discípulos míos» (Jn 15, 4-8). Esta indicación del Maestro reviste gran importancia a la hora de plantear los proyectos apostólicos, pues asegura que traigan fruto y lo traigan en abundancia.

San Josemaría lo expresaba con estas palabras: «El apostolado es amor de Dios, que se desborda, dándose a los demás. La vida interior supone crecimiento en la unión con Cristo, por el Pan y la Palabra. Y el afán de apostolado es la manifestación exacta, adecuada, necesaria, de la vida interior. Cuando se paladea el amor de Dios se *siente* el peso de las almas. No cabe disociar la vida interior y el apostolado, como no es posible separar en Cristo su ser de Dios-Hombre y su función de Redentor. El Verbo quiso encarnarse para salvar a los hombres, para hacerlos con Él una sola cosa. Esta es la razón de su venida al mundo: *por nosotros y por nuestra salvación, bajó del cielo*, rezamos en el Credo.

»Para el cristiano, el apostolado resulta connatural: no es algo añadido, yuxtapuesto, externo a su actividad diaria, a su ocupación profesional (...). El apostolado es como la respiración del cristiano: no puede vivir un hijo de Dios, sin ese latir espiritual»[2].

Toda esta verdad, con su riquísimo contenido, la aprendemos del Hijo de Dios hecho hombre. Jesús, a los doce años, respondió a María y a José, cuando le comentaron que se había quedado en Jerusalén sin advertirlos, de esta forma: «¿Por qué me buscabais? ¿No sabíais que Yo debía estar en las cosas de mi Padre?» (Lc 2, 49). Las cosas de Dios Padre son la salvación de las almas, observa Orígenes[3].

La madurez cristiana se demuestra en «estar en las cosas del Padre», en aquello que atañe a la salvación eterna nuestra y de los demás, quitando del lugar preferente —como si

---

[2] San Josemaría Escrivá de Balaguer, *Es Cristo que pasa*, n. 122.
[3] Cfr. Orígenes, *Homilías sobre el Evangelio de San Lucas*, XX, 1-4.

fuera el fin— la preocupación por el propio yo, por lo que comeremos o beberemos, por cómo nos vestiremos, por lo que haremos mañana o después, por el triunfo profesional, por la salud..., y buscando «primero el Reino de Dios y su justicia» (Mt 6, 33).

Veíamos antes que nuestra autenticidad de hijos de Dios se mide por la calidad de nuestro sacrificio unido a Cristo, por nuestra participación en su sacerdocio singular y único. Ahora advertimos que la madurez de nuestra filiación divina, también se valora por la solidez de nuestro testimonio sobre Cristo ante los hombres, con palabras y obras. El sentido de este don divino se traduce en celo apostólico, en esa «chifladura divina de apóstol», como la describía san Josemaría, que «tiene estos síntomas: hambre de tratar al Maestro; preocupación constante por las almas; perseverancia, que nada hace desfallecer»[4]: es decir, tomar conciencia de que nuestro paso por la tierra es tiempo para colaborar con el Hijo de Dios, a fin de que todos lleguen a conocer plenamente la verdad (cfr. 1 Tm 2, 4).

«Yo iré y le curaré»: iniciativa para dar a conocer a Cristo

El interés por la las cosas del Padre se manifiesta en la iniciativa por ayudar a los demás a conocer la riqueza de su filiación divina. Así lo vemos en la vida de Jesús. Después de los años de trabajo oculto en Nazaret, los evangelistas ponen de relieve la urgencia e intensidad con que anuncia el Reino y siembra la palabra, recorriendo las aldeas y ciudades de Galilea, hasta los confines de Tiro y Sidón, hasta Dalmanuta, atravesando Samaría y llegando a Judea; predica a las multitudes; se detiene con tantos enfermos a los que curaba uno a uno; habla a solas con muchas personas: Nicodemo, la samaritana,

---

[4] San Josemaría Escrivá de Balaguer, *Camino*, n. 934.

Zaqueo, Natanael, y otros. No lo imaginamos agitado o inquieto, pero tampoco «cómodamente instalado»: no le quedan momentos ni para comer, no cuenta con un lugar donde cobijarse o reclinar la cabeza, etc. (cfr. Mc 3, 20; 6, 31; Lc 9, 58).

El Maestro explica que debe aprovechar el tiempo, caminar mientras es de día, porque llega la noche cuando nadie puede caminar (cfr. Jn 9, 4). No vive encerrado en su mundo, pendiente de sí mismo o de sus cosas; advierte la generosidad de la viuda que en su indigencia echa una pequeña limosna en el gazofilacio; el dolor de la madre viuda por la muerte de su único hijo; las ansias de Zaqueo que le mira medio oculto entre las ramas del árbol. Él toma la iniciativa, manifestando también así la perfección de su calidad humana, reflejo de la grandeza divina. Dios se nos adelanta, Jesucristo da siempre el primer paso: nos ha creado y nos llama a su intimidad para siempre.

También ahora se adelanta y nos busca, hoy como hace dos mil años. Sale al encuentro del pecador, del descarriado, del que no advierte siquiera que sufre hambre de Pan y sed de Amor. Sigue diciendo como entonces al centurión: «Yo iré y le curaré»; y esa espléndida generosidad divina sorprende al hombre, que reconoce no merecerla: «Yo no soy digno de que entres bajo mi techo» (Mt 8, 7-8). La Iglesia pone estas palabras en nuestros labios antes de recibir en nuestro pecho al pan del cielo. ¡Ojalá merezcamos, como aquel soldado, el elogio con que Jesús exaltó su fe! Una fe que el Maestro califique de «grande» por su operatividad, por sus obras, por su devoción eucarística, por su actividad apostólica.

Jesús piensa en los que vendrán de Oriente y de Occidente; piensa en los que vendríamos después de tantos siglos. Piensa en nuestra fe, y en la fe de quienes nos han transmitido la Palabra y nos han dado a comer el Pan. Y quiere que también nosotros sembremos la Palabra para tener Pan, para que cuantos nos sigan puedan creer en Él y alimentarse de Él.

A la vuelta de veinte siglos, Cristo nos asegura, además, que desea alojarse en nuestro pecho para sanar nuestra incredulidad y nuestra tibieza. Nos invita en su mesa como hijos del Padre, para fortalecer nuestra fe y encender nuestro amor (Mt 8, 11). Se nos entrega en la Eucaristía para unirnos a su sacrificio: para que «vayamos también nosotros a morir con Él» (Jn 11, 16); para que, superando miedos y comodidades, lo anunciemos a todas las gentes, partiendo de nosotros la iniciativa.

El motivo y la condición para anunciar a Cristo: tratarlo

Pedro y Juan habían curado «en nombre de Jesús» a un paralítico que pedía limosna a la entrada del Templo de Jerusalén, en la Puerta Hermosa (cfr. Hch 3, 6), y los sacerdotes se molestaron porque hablaban de Jesús al pueblo; luego, después de conferenciar entre ellos, «les mandaron que de ninguna manera hablasen o enseñasen en el nombre de Jesús» (Hch 4, 18). Los dos Apóstoles confesaron sencillamente que no podían atenerse a semejante orden. Dos razones adujeron. La primera se refería a la primacía que debe reconocerse a los mandamientos de Dios sobre los mandamientos de los hombres, vieja cuestión que los fariseos no tenían nada clara, pues ya Jesús hubo de reprenderlos fuertemente por transgredir los preceptos divinos, posponiéndolos a sus tradiciones humanas (cfr. Mc 7, 1-13). Y a los Apóstoles les había mandado expresamente: «Id y haced discípulos a todas las gentes bautizándolas en el nombre del Padre y del Hijo y del Espíritu Santo...» (Mt 28, 20).

La segunda razón estriba en otra verdad exigente: «Nosotros no podemos dejar de hablar lo que hemos visto y oído» (Hch 4, 20). Se consideraban incapaces de resistir el ímpetu del Espíritu Santo en su corazón; les impulsaba irresistiblemente la orden con que Cristo los había encendido en fuego divino a lo largo de los tres años que con Él habían convivido (cfr. Lc 12, 49). Fuego nacido del trato a solas, en pequeños grupos, ante las multitudes; y también al verle predicar, servir a sus amigos, sanar a los enfermos, vencer a los demonios, resucitar a los muertos, sufrir y morir por todos, tornar a la vida glorioso y pacífico. Fuego llevado a su plenitud por el Espíritu Santo el día de Pentecostés (cfr. Hch 2, 1-4). El mismo fuego que, tras la venida del Paráclito, alimentaban los discípulos en las celebraciones fraternas, cuando partían el Pan y sembraban la Palabra (cfr. Hch 2, 42).

La conducta de los Apóstoles encierra una profunda lección: el apostolado cristiano no se reduce jamás a una actividad humana de propaganda; entraña una sólida obediencia a un mandato de Cristo y se basa en el trato personal con el Maestro y en la docilidad al Espíritu Santo. Con otras palabras, anunciar a Cristo a los demás brota como consecuencia de la cercanía a Él, del seguimiento, de la experiencia de estar con Él; es siempre cuestión de fe y de amor.

Lo que sucedió con Pedro y Juan, ocurrió también con aquellos dos que iban hacia Emaús: después de hablar con el Señor en el camino y de haberle reconocido en la fracción del pan, aunque era ya muy tarde, «se levantaron inmediatamente y regresaron a Jerusalén» para contar lo que habían visto y oído (Lc 24, 33-35). Y se repitió con aquellos cuyo contacto con Cristo había sido breve pero claro. Escribe san Juan Crisóstomo a propósito de los dos ciegos que el Señor curó (cfr. Mt 9, 27-31): «Jesús —dice el evangelista— les intimó diciendo: "¡Cuidado que nadie lo sepa!". Mas ellos, apenas salieron, "divulgaron su fama por toda aquella tierra". Es que no se pudieron contener, y se convirtieron en heraldos y evangelistas del Señor»[5].

Fijemos ahora nuestra atención en san Pablo, llamado por Jesús a su servicio, a las puertas de Damasco. Impresionan su

---

[5] San Juan Crisóstomo, *Homilías sobre el Evangelio de San Mateo* 32, 1.

decisión, la amplitud de su ministerio, su tenacidad que nada ni nadie consiguió frenar. Si nos preguntamos por el secreto de esa actividad apostólica, increíblemente perseverante y eficaz, lo descubrimos en el amor de Cristo: eso le urgía (cfr. 2 Cor 5, 14) y le hacía temer sólo el riesgo de no predicar el Evangelio (cfr. 1 Cor 9, 16). Con ese amor pasaba por encima de todas las dificultades. «¿Quién nos apartará del amor de Cristo?», se preguntaba; y apuntaba posibles enemigos: «¿La tribulación, la angustia, la persecución, el hambre, la desnudez, el peligro, la espada?», para concluir: «En todas estas cosas vencemos con creces gracias a Aquel que nos amó. Porque estoy convencido de que ni la muerte, ni la vida, ni los ángeles, ni los principados, ni las cosas presentes, ni las futuras, ni las potestades, ni la altura, ni la profundidad, ni cualquier otra criatura podrá separarnos del amor de Dios, que está en Cristo Jesús, Señor nuestro» (Rm 8, 35-39).

El secreto de la dedicación apostólica radica en el amor a Dios que procede del trato con Él, de la experiencia personal de la amistad íntima de Cristo, que llega hasta el extremo de morir por nosotros, por todos y por cada uno: «La caridad de Cristo nos urge, persuadidos de que si uno murió por todos, en consecuencia todos murieron; y murió por todos a fin de que los que viven, ya no vivan para sí, sino para Aquel que murió y resucitó por ellos» (2 Cor 5, 14-15). Ese fue el secreto de Pablo, de Pedro y de Juan, y lo ha sido de cuantos han dado a conocer a Jesús a los demás, hablando en su nombre.

«Mi Padre os da el verdadero Pan del cielo»: la fe eucarística es fe que habla de Cristo

Por la fe somos hijos (cfr. Gal 3, 26; Jn 1, 12); por la fe somos apóstoles (cfr. Gal 1, 15-24). Cuando la fe está viva en el alma, se traduce en obras de amor, pues es «la fe que actúa por la caridad» (Gal 5, 6).

La obra primera de la fe se concreta en el amor a Jesucristo, que impulsa a unirse fuertemente a Él, acomodándose sin barreras a la gracia de Dios. Y Dios Padre concede que el hombre pueda comer la Carne y la Sangre de su Hijo en el sacramento de la Eucaristía; otorga al hombre la unión intimísima con la Palabra encarnada, recibiéndola en la Comunión. Dios se ha excedido, se ha portado como una «Madre» más que buena, y nos ha entregado a su Hijo hasta extremos inimaginables. Nos lo ha enviado en su encarnación, en un lugar concreto y en un determinado momento de la historia; ahora prolonga en el tiempo esa misma confianza celestial mediante la Eucaristía.

El Hijo también se ha excedido y, obedeciendo al Padre hasta ese nuevo extremo de amor, opera algo que sólo Dios puede hacer: entregarse a sus discípulos como alimento. Inmolarse por el prójimo, morir por otro, al fin y al cabo es posible al hombre, aunque eso suceda muy raramente, como reconoce san Pablo (cfr. Rm 5, 7). Nadie, en cambio, se halla en condiciones de entregarse a sí mismo como alimento para mantener viva y llevar a plenitud una relación de amor con una persona.

La infinita generosidad del Padre y del Hijo reclama la generosidad en la respuesta fiel de la criatura; reclama una adhesión de fe radical, completa y operativa, hecha posible por la gracia, ya que recibe la Palabra en el Pan. La fe cristiana auténtica se manifiesta necesariamente en la devoción eucarística: en amor a Jesucristo, que viene diariamente a nosotros en el sacramento de su sacrificio —la Santa Misa— y que permanece con nosotros en el Sagrario. La fe eucarística resume y recapitula toda nuestra fe, porque expresa —y a la vez alimenta y consolida— nuestra adhesión a todo lo que creemos.

Así lo explicó largamente en Cafarnaún el mismo Jesús, después de multiplicar los panes en el monte para alimentar a millares de hombres y mujeres que le seguían. Es el único milagro —aparte de la Resurrección del Señor— que los cuatro evangelistas narran. Esta repetición nos ayuda también a pensar en Cristo como Aquel que verdaderamente alimenta a todos los hombres. La Ley y el mismo Jesús enseñan que no se vive sólo de pan material, sino de toda palabra que sale de la boca de Dios (cfr. Mt 4,4; Dt 8,3; Sb 16, 26); y Él es la Palabra eterna en la que Dios se dice a Sí mismo y a todo lo creado. Los hombres tienen hambre de verdad, de ciencia, quieren saber de sí mismos, del mundo y de los demás, especialmente de Dios. Esta indigencia espiritual la sacia el Verbo encarnado; y signo de tal verdad es que también posee la virtud de saciar toda indigencia material.

Quienes presenciaron el milagro de la multiplicación de los panes apreciaron sobre todo esta segunda parte fisiológica, y por este motivo buscaban a Jesús. El Señor no rechaza esta intención; le duele sólo que de esas ansias no pasen a otras más hondas: las que Él ha venido a resolver del todo. Le entristece que no acepten que Él es la Verdad que aquieta nuestras ansiedades, que despeja nuestras dudas, que confiere sentido a nuestra existencia. Le apena que no crean que es Palabra que puede alimentar todas las inteligencias y saciar todos los corazones, que es el pan vivo bajado del cielo; le duele que no reconozcan que su Padre es quien les ofrece ese verdadero pan (cfr. Jn 6, 32-33). Le acongoja la resistencia de esas personas a aceptar que tal dádiva divina les llegue a través de la humildad de lo humano. Le duele la soberbia de aquellos que se fijaban sólo en lo grande, en lo espectacular. «¿No es éste Jesús, hijo de José, cuyo padre y madre conocemos? ¿Cómo puede decir ahora: he bajado del cielo?» (Jn 6, 42).

Esos hombres, aunque sin formularlo así, rechazaban en definitiva la Encarnación de la Palabra. Por el mismo motivo, rechazarán a continuación el don del pan eucaristizado: no aceptarán la posibilidad de comer su Carne y beber su Sangre. La falta de fe en la Encarnación se prolongaba en la falta de fe en la Eucaristía. A la insistencia del entregarse de Dios a la criatura, respondían redoblando su rechazo del pan divino. No querían comer de ninguna manera: ni aceptando con fe la Palabra que se revelaba, ni recibiendo la Carne del Maestro. El segundo rechazo se fundaba en el primero: entendían las palabras de Cristo exclusivamente de modo material, porque no creían espiritualmente en la Palabra que les había alimentado multiplicando los panes (cfr. Jn 6, 60-65).

Ese itinerario desgraciado no es filial, termina en el abandono del Hijo de Dios, en no caminar con Él ni por Él; lleva a dejar de ser discípulo y apóstol (cfr. Jn 6, 66). Filial se demuestra el camino inverso, el que confiesa con Pedro: «Señor, ¿a quién iremos? Tú tienes palabras de vida eterna» (Jn 6, 68). También se muestra filial la fe que busca nutrirse y encenderse en la Eucaristía: ese comer la Carne del Hijo del hombre para recibir así el pan que alimenta el alma, la Palabra increada; y después, llevar ese alimento y esa luz a otros: convertirse en apóstoles, difundir la palabra.

Sin la prolongación eucarística, la fe no madura porque no conduce a la vida. «Jesús les dijo: En verdad, en verdad os digo que si no coméis la carne del Hijo del Hombre y no bebéis su sangre, no tendréis vida en vosotros. El que come mi carne y bebe mi sangre tiene vida eterna y Yo lo resucitaré en el último día. Porque mi carne es verdadera comida y mi sangre verdadera bebida. El que come mi carne y bebe mi sangre permanece en mí y yo en él. Como el Padre que me envió vive y Yo vivo por el Padre, así, aquel que me come vivirá por mí. Este es el pan que ha bajado del Cielo, no como el que comieron los padres y murieron: quien come este pan vivirá eternamente» (Jn 6, 53-58).

En cambio, con la participación en la Santa Misa, con la Comunión y la prolongación eucarística en el Sagrario, el cristiano descubre que la fe en su Señor configura una alianza personal con Él. Experimenta en su propia vida que, al creer en Jesús, Él se ha convertido en alguien que está a su lado, que actúa de su parte y le representa: que vive de Él y, por eso, puede y debe hablar en su nombre.

Juan Pablo II lo explicaba así: «Al unirse a Cristo, en vez de encerrarse en sí mismo, el Pueblo de la nueva Alianza se convierte en "sacramento" para la humanidad, signo e instrumento de la salvación, en obra de Cristo, en luz del mundo y sal de la tierra (cfr. Mt 5, 13-16), para la redención de todos. La misión de la Iglesia continúa la de Cristo: "Como el Padre me envió, también Yo os envío" (Jn 20, 21). Por tanto, la Iglesia recibe la fuerza espiritual necesaria para cumplir su misión perpetuando en la Eucaristía el sacrificio de la Cruz y comulgando el cuerpo y la sangre de Cristo. Así, la Eucaristía es la *fuente* y, al mismo tiempo, la *cumbre* de toda la evangelización, puesto que su objetivo es la comunión de los hombres con Cristo y, en Él, con el Padre y con el Espíritu Santo»[6].

Buscar en la Eucaristía la fuerza para hablar y obrar «en el nombre de Jesús»

La expansión de la Iglesia empezó el día de Pentecostés, desde el Cenáculo, donde cincuenta días antes los discípulos habían celebrado con Jesús la nueva Pascua. La novedad del amor de Jesús, con la llegada del Paráclito prometido, echó entonces raíces firmes en sus Apóstoles; y con su correspondencia libre y espontánea realizaron el deseo del Señor, que les manifestó también aquella noche última: «Que vayáis y deis fruto, y vuestro fruto permanezca» (Jn 15, 16). El calor

---

[6] Juan Pablo II, Carta encíclica *Ecclesia de Eucharistia*, 17-IV-2003, n. 22.

del Cenáculo se había convertido en fuego y viento impetuoso, que propagaría suave y fuertemente la Palabra hasta los confines del mundo y de la historia.

También nosotros, con el encendimiento y el impulso de la Eucaristía, a partir de nuestra entrega y de nuestro amor a todas las gentes, iremos a sembrar para gloria de Dios, esta semilla en las almas. Nuestra experiencia de Cristo es real, no se queda en una ficción: verdaderamente le tocamos, le vemos, le oímos, como aquellos primeros, con la diferencia de que esa experiencia se realiza a través del velo sacramental. Por eso, los cristianos de hoy, como los discípulos que miraron y escucharon a Jesús, estamos de algún modo en condiciones de repetir: «Nosotros no podemos dejar de hablar lo que hemos visto y oído» (Hch 4, 20). Alimentada por la Eucaristía, el alma sacerdotal se muestra y actúa como alma apostólica.

Dialogando con Jesús en la Eucaristía, todos los cristianos, como aquellos primeros que experimentaron su cariño omnipotente y salvífico, aprenderemos de esa presencia suya —silenciosa y constante— a ser humildes, serviciales, pacientes; seremos como Cristo, nos identificaremos con Él, nos haremos una cosa con Él; actuaremos como escribía san Pablo: «No por rivalidad ni por vanagloria, sino con humildad, considerando cada uno a los otros como superiores, buscando no el propio interés, sino el de los otros. Tened entre vosotros los mismos sentimientos que tuvo Cristo Jesús» (Flp 2, 3-5). E igualmente progresaremos en la decisión de ocuparnos de las cosas del Padre, con generosidad infatigable para que cuantos nos rodean —parientes, amigos, colegas— descubran su vocación de hijos de Dios en Cristo.

Desde el Cenáculo, desde su devoción eucarística, el apóstol comprende la magnífica posibilidad y la obligación de hablar «en nombre de Jesús». Esta expresión aparece muchas veces en los Hechos de los Apóstoles y en las cartas paulinas (cfr. Hch 3, 6; 4, 10; 4, 18; 5, 28; 5, 40; Col 3, 17; etc.). Su reiteración nos evidencia que así entendían ellos su misión apostólica; y así también hemos de asumirla nosotros.

En la visión bíblica, al nombre se le atribuye mucha importancia; no sucede así hoy en la cultura occidental, donde reviste una función casi exclusivamente anagráfica. Entonces no sólo indicaba la persona sino que la presentaba a los demás; revelaba su calidad, su autoridad, su poder. En el caso de Yahveh, el nombre denominaba su perfección y su presencia; prescribir, mandar, invocar el nombre de Yahveh, como aparece en tantas ocasiones, era aludir a toda su grandeza y poder. Jesús tiene un Nombre glorioso y omnipotente: es el Señor, Dios que salva de los pecados (cfr. Mt 1, 21), que envía al Espíritu Santo (cfr. Jn 14,26), que intercede por sus fieles (cfr. Jn 14, 13; 15, 16), que funda la esperanza de los pueblos (cfr. Mt 12, 21), que recibe toda adoración y gloria (cfr. Flp 2, 9-11).

Por la fe, el hombre que cree, que ajusta su vida a esa virtud, participa de la gloria y del poder de ese Nombre y lo anuncia con la eficacia del mismo Jesús: «El que a vosotros oye, a mí me oye» (Lc 10, 16). Los Hechos de los Apóstoles narran que esa eficacia se revelaba en abundantes conversiones a Cristo y a sus enseñanzas; y, en ocasiones, la omnipotencia de ese Nombre se mostró también en milagros estupendos.

Los cristianos actuamos no pocas veces como si aquellos portentos fuesen algo exclusivo de aquel tiempo pasado, que hoy ya no se repiten, ni se repetirán. Con esa apreciación superficial e inexacta, nos eximimos irresponsablemente de anunciar el Nombre de Jesús. San Josemaría, para poner remedio a esos razonamientos comodones, solía recordar que también nosotros, hoy, podemos ser instrumentos de Cristo y realizar en su nombre esas obras extraordinarias. «Si tuviéramos fe recia y vivida, y diéramos a conocer audazmente a

Cristo, veríamos que ante nuestros ojos se realizan milagros como los de la época apostólica.

»Porque ahora también se devuelve la vista a ciegos, que habían perdido la capacidad de mirar al cielo y de contemplar las maravillas de Dios; se da la libertad a cojos y tullidos, que se encontraban atados por sus apasionamientos y cuyos corazones no sabían ya amar; se hace oír a sordos, que no deseaban saber de Dios; se logra que hablen los mudos, que tenían atenazada la lengua porque no querían confesar sus derrotas; se resucita a muertos, en los que el pecado había destruido la vida. Comprobamos una vez más que *la palabra de Dios es viva y eficaz, y más penetrante que cualquier espada de dos filos* (Hb 4, 12) y, lo mismo que los primeros fieles cristianos, nos alegramos al admirar la fuerza del Espíritu Santo y su acción en la inteligencia y en la voluntad de sus criaturas»[7].

Nuestros contemporáneos, no menos que los hombres y las mujeres de otras épocas, experimentan en lo más hondo de sus corazones la necesidad de encontrar a Alguien que sacie sus hambres de vida eterna. Lo advertía Juan Pablo II, en su Carta apostólica programática para el nuevo siglo. Comentando el deseo de algunos griegos por ver a Jesús, que nos relata el Evangelio (cfr. Jn 12, 21), el Papa escribía: «Como aquellos peregrinos de hace dos mil años, los hombres de nuestro tiempo, quizás no siempre conscientemente, piden a los creyentes de hoy no sólo "hablar" de Cristo, sino en cierto modo hacérselo "ver". ¿Y no es quizá cometido de la Iglesia reflejar la luz de Cristo en cada época de la historia y hacer resplandecer también su rostro ante las generaciones del nuevo milenio?

»Nuestro testimonio sería, además, enormemente deficiente si nosotros no fuésemos los primeros *contempladores de su rostro*. El Gran Jubileo nos ha ayudado a serlo más pro-

---

[7] San Josemaría Escrivá de Balaguer; *Es Cristo que pasa*, n. 131.

fundamente. Al final del Jubileo, a la vez que reemprendemos el ritmo ordinario, llevando en el ánimo las ricas experiencias vividas durante este período singular, la mirada se queda más que nunca *fija en el rostro del Señor*»[8].

Tratar con fe a Cristo en el Santísimo Sacramento conduce a la esperanza, a la seguridad de que anunciar el nombre de Jesús provoca —con la gracia de Dios— la conversión de muchas personas, aunque no se verifique siempre de inmediato. Pero es preciso frecuentar su compañía, y de este modo hablar en su nombre y hablar de su Nombre, en vez de parlotear de nosotros mismos, de nuestros problemas, de nuestras ideas y proyectos. Hablar en su nombre es hablar de lo que la Palabra anuncia: de Él, del Padre, del Espíritu Santo, de los proyectos salvíficos de Dios, de la Iglesia, de los medios que ha instituido para comunicarnos su vida y darnos a conocer su verdad. En definitiva, buscar el modo de reproducir, en la existencia cotidiana, los mismos sentimientos de Cristo (cfr. Flp 2, 5).

El discípulo se sentirá débil si mira lo que personalmente es y vale; pero se sentirá fuerte en su apostolado cuando considere el poder del Nombre del Señor. Entonces, no cederá a los temores que las relaciones humanas puedan inducirle; no fiará su misión a sus dotes personales de ingenio, simpatía, comunicatividad; ni se abatirá por lo que estime como carencias de carácter, ciencia, cultura, prestigio, influencia social. Esa fue la experiencia de Pablo: «Él me dijo: te basta mi gracia, porque la fuerza resplandece en la debilidad (...). Por lo cual me complazco en las flaquezas, en los oprobios, en las necesidades, en las persecuciones y angustias, por Cristo; pues cuando soy débil, entonces soy fuerte» (2 Cor 12, 9-10). También el cristiano, si ancla sus palabras y sus acciones «en el nombre de Jesús», que le entrega su vida en la Eucaristía y

---

[8] Juan Pablo II; Carta apostólica *Novo millennio ineunte*, 6-I-2001, n. 16.

lo invita mar adentro a pescar hombres, echará sus redes con fe, como Pedro, para recoger con Él una gran cantidad de peces; y será un hijo de Dios que entregará su vida al Hijo del hombre para que todos se salven (cfr. Lc 5, 1-11).

«El que a vosotros oye, a mí me oye»: la razón de la eficacia apostólica

El secreto del afán apostólico de un discípulo de Cristo radica en su amor al Maestro: eso es lo que le impulsa a dar la vida por los demás, a gastarla en ayudarles a conocer la Palabra divina y a vivir según los imperativos del Amor de Dios. Su celo por las almas nace de un amor a Cristo que persigue, como todo amor verdadero, la identificación con el amado. En esto se centra la razón de su eficacia, porque entonces se cumplen las palabras de Jesús: «El que a vosotros oye, a mí me oye» (Lc 10, 16).

¿Cómo se alcanza esa identificación? Es el Espíritu Santo quien obra la incorporación del discípulo al Maestro; por eso, también el Paráclito preside y mueve toda la actividad de los Apóstoles, y la llena de eficacia.

San Lucas y san Juan ponen especialmente de relieve que la misión evangelizadora se cumple bajo la constante acción del Santificador: por una parte, dirige al apóstol y lo sostiene de mil formas; por otra, abre el corazón y la mente de quienes le escuchan para que acojan la Palabra (cfr. Lc 24, 47-49; Hch 1, 4-5; 2, 1-41; 10, 44-48; 13, 2-4; 14, 6; 15, 28; 16, 6-7; n 14, 16-17. 26; 15, 26-27; 16, 7-15; etc.). El Paráclito zarandea al cristiano y lo convierte en alma apostólica por lo mismo que le empuja a clamar «Abba, Padre». A la vez, es el Maestro interior que, comunicándose al alma, mueve al hombre a asumir la Palabra y lo configura con Cristo; le enseña a amar a Dios y a dejarse amar por Dios, a querer sobrenaturalmente a los demás y a dejarse amar también sobrenaturalmente por ellos. Él nos hace discípulos y apóstoles: nos vuelve otros Cristos, nos identifica con Él (cfr. Rm 8, 9-27).

Sin la asistencia del Espíritu Santo, la criatura no puede acoger la Palabra de Dios, no puede creer; así lo ha enseñado siempre la Iglesia, contra las diversas formas de autosuficiencia humana ante las metas divinas. Tampoco puede vivir según esa Palabra si el Paráclito no lo sostiene constantemente con su gracia: no puede esperar en Dios, no puede amar como Cristo. Sin el auxilio de este Consolador, las lecciones del Maestro y el ejemplo del Modelo no nos aprovecharían: querríamos conducirnos según sus enseñanzas y no podríamos, intentaríamos imitar sus ejemplos y no lo conseguiríamos. San Ireneo lo explicaba así: «El Señor prometió que enviaría al Paráclito para que nos conformara con Dios. De la misma manera que sin agua no se puede lograr con trigo seco una masa compacta ni un único pan, nosotros, que somos muchos, no podríamos hacernos uno en Cristo Jesús sin esta Agua que viene del Cielo. Y así como la tierra árida no fructifica si no recibe agua, nosotros, que anteriormente éramos leña seca (cfr. Lc 23, 31), no hubiéramos producido fruto a no ser por esta lluvia que libremente nos baja de lo alto»[9].

La Tercera Persona de la Santísima Trinidad es en efecto Amor del Padre y del Hijo, el Don que procede de ambos. El amor lleva a la comunicación, a la donación personal: la persona que ama está como inclinada hacia la persona amada, interesada por ella, atenta a lo que pueda querer y necesitar, pronta a dar lo que tiene y a darse a sí misma (ideas, afectos, acciones, tiempo, medios materiales) para procurar el bien de la otra persona. Y es también el amor lo que anima a comprender, acoger, recibir, compartir la vida,

---

[9] San Ireneo de Lyon, *Contra las herejías*, III, 17.

el propósito y el don que provienen de la persona amada. Por amor se ofrece una palabra, por amor se acepta esa palabra.

La falta de amor conduce a la falta de comunicación y de comunión, como en la confusión de Babel (cfr. Gn 11, 1-9): la separación, el alejamiento, la dispersión, la soberbia que no busca al otro y se encierra en el propio mundo, el orgullo que no acepta la palabra y el afecto del prójimo. «Según la narración de los hechos de Babel, la consecuencia del pecado es la desunión de la familia humana, ya iniciada con el primer pecado, y que llega ahora al extremo en su forma social»[10]. Por el contrario, Pentecostés, la irrupción del Espíritu Santo en la historia como fruto de la Cruz, proclama la fiesta de la palabra comunicada y creída, la comprensión de las lenguas que arden de amor, la reunión de pueblos y razas distintos en una misma familia, en una sola casa. La venida del Amor divino al mundo supone la victoria definitiva —aunque todavía no completada— sobre la incomprensión mutua, el aislamiento en sí mismo, la distinción de clases y castas y linajes. Entonces la humanidad empezó a quererse con el amor de Dios, sin rebajas. Y nació el apostolado cristiano: Pedro habló de Jesús crucificado y resucitado a los presentes, y éstos acogieron la Palabra y fueron bautizados. Pentecostés es la fiesta de la unidad de todos los hijos de Dios en Cristo, de los que llaman Padre a Dios por la fuerza del Amor del Padre y del Hijo.

Jesús viene a nosotros como el Maestro y el Modelo, desciende con el Amor el Paráclito. Sin el fuego de ese Amor que irrumpe como viento impetuoso en el alma de los hombres y los zarandea moviéndolos a predicar a Cristo, la pereza y la desidia paralizarían las mejores fuerzas y los discípulos no harían conocer al Maestro, no empujarían a otros a imitar

---

[10] Juan Pablo II, Exhort. apost. *Reconciliatio et Pænitentia*, 2-XII-1984, n. 15.

al Modelo. Se quedarían encerrados en el Cenáculo o irían cada uno a sus casas y a sus cosas, como aquellos dos que marchaban hacia Emaús, como Tomás que ya no estaba con los otros Diez. Hablarían de sí mismos, de sus ideas y proyectos, de sus dificultades, pero no de Cristo. En cambio, con el Espíritu Santo no sucede así. «Vosotros daréis testimonio porque testimoniará el Espíritu Santo: Él en vuestros corazones, vosotros con vuestras voces; Él os inspirará y vosotros hablaréis»[11].

Hagamos nuestro el consejo de un escritor medieval, de un alma enamorada del Señor: «Apresúrate a participar del Espíritu Santo. Él se halla presente cuando se le invoca y se le invoca porque está presente. Es el río impetuoso que alegra la ciudad de Dios. Él te revelará lo que Dios Padre tiene oculto a los sabios y prudentes de este mundo. (...) Dios es espíritu; y así como es necesario que los que le adoran, le adoren en espíritu y en verdad, así conviene que los que desean comprenderlo y conocerlo, busquen solamente en el Espíritu Santo la inteligencia de la fe y el sentido de la Verdad pura y simple. En efecto, entre las tinieblas y la ignorancia de la vida presente, Él es, para los pobres de espíritu, la luz que ilumina, la caridad que arrastra, la suavidad que conmueve, el acceso del hombre a Dios, el amor del amante, la devoción, la piedad»[12].

Buscar el trato con el Espíritu Santo por medio de la Comunión frecuente

El evangelista Juan narra que un día, junto al pozo de Jacob, Jesús pidió a una mujer samaritana que le diera de beber.

---

[11] San Agustín, *Tratado sobre el Evangelio de San Juan*, XCIII, 1.
[12] Guillermo de Saint Thierry, *El espejo de la fe*, 71-72.

La mujer manifestó extrañeza ante ese ruego, porque le parecía claro que Jesús era judío, y no había trato entre judíos y samaritanos. Cristo no se detuvo en disquisiciones superficiales, fue directamente al fondo del problema y puso a aquella persona ante su falta de amor, ante su pecado, y también ante la misericordia divina. Le dijo: «Si conocieras el don de Dios...» (Jn 4, 10). Jesús sabe lo que anida en el fondo del alma y del corazón de cada uno; sabe que padecemos hambre y sed: hambre de Dios, de su pan; sed de amor, de agua viva. Él se nos ofrece como pan y nos da el rocío de su Amor.

¡Si conociéramos el don de Dios!... Jesús nos apremia a valorar el don del Amor. Quien tiene «sed de nuestra sed» —así se expresa san Gregorio Magno[13]—, ha vivido, trabajado, sufrido y muerto para que nosotros recibamos «el agua que salta hasta la vida eterna» (Jn 4, 14), es decir, para que recibamos al Paráclito que nos guía, ilumina y consuela. «Os conviene que Yo me vaya, porque si no me voy, no vendrá a vosotros el Paráclito; pero si me voy, os lo enviaré» (Jn 16, 7). Jesús se va al Padre por la muerte, por la resurrección y por la ascensión; y desde el Padre y con el Padre nos envía al divino Consolador, que nos hace entender lo que Jesús ha dicho, que da testimonio de Cristo a través de nuestra respuesta, que nos recuerda las cosas que el Maestro nos ha enseñado, que permanecerá siempre con nosotros (cfr. Jn 14, 16).

El envío del Espíritu Santo viene como fruto del gran trabajo de Cristo, de su pasión y su muerte; el premio a sus dolores y angustias por redimir a los hombres del pecado y convertirlos en amigos. Explica san Juan Crisóstomo que era necesario ofrecer la hostia en el altar de la Cruz y disolver la enemistad en la carne antes de conceder el Don del Amor, el Don sobre todo don, que nos haría amigos y familiares de Dios, hijos suyos[14].

---

[13] San Gregorio Magno, *Sobre el Bautismo*, 40.
[14] Cfr. San Juan Crisóstomo, *Homilías sobre el Evangelio de San Juan*, 50.

Viene también el Paráclito como premio para cuantos han acogido la Palabra y sufren por seguir a su Redentor, como explica san Josemaría: «El Espíritu Santo es fruto de la cruz, de la entrega total a Dios, de buscar exclusivamente su gloria y de renunciar por entero a nosotros mismos.

»Sólo cuando el hombre, siendo fiel a la gracia, se decide a colocar en el centro de su alma la Cruz, negándose a sí mismo por amor a Dios, estando realmente desprendido del egoísmo y de toda falsa seguridad humana, es decir, cuando vive verdaderamente de fe, es entonces y sólo entonces cuando recibe con plenitud el gran fuego, la gran luz, la gran consolación del Espíritu Santo»[15].

Jesús dijo al centurión que rogaba por su sirviente: «Yo iré y le curaré» (Mt 8, 7). La fe de aquel hombre hizo innecesario —cabe expresarse así— el desplazamiento de Cristo: sin moverse de su sitio, confirió la salud al enfermo. Ahora, el Señor, sin abandonar el Cielo, continúa enviando constantemente su Espíritu a los hombres, para transmitirles vida sobrenatural y convertirles en discípulos y apóstoles. Lo opera en el Bautismo y especialmente en la Confirmación: en todos los sacramentos. Podemos pensar en la alegría del penitente absuelto por Cristo a través del confesor, que, otra vez con el gozo del Espíritu Santo en al alma, corre a abrazar al Padre.

También la Eucaristía causa en quien la recibe plenamente y sin obstáculo por su parte —comulgando sin mancha de pecado grave— un nuevo envío del Espíritu Santo al alma. La Comunión eucarística hace a Cristo sacramentalmente presente en nosotros, mientras permanecen las especies. Pero cuando las especies eucarísticas desaparecen, permanece lo que los teólogos medievales llamarán la «*res*» o efecto último de la Eucaristía: la unión con Cristo y, en Él, con todos los cristianos: la unidad de la

---

[15] San Josemaría Escrivá de Balaguer, *Es Cristo que pasa*, n. 137.

Iglesia. Comiendo todos un mismo cuerpo, nos hacemos un solo cuerpo (cfr. 1 Cor 10, 17).

Ese efecto último, que el Santísimo Sacramento produce en el alma del que comulga dignamente, contiene la gozosa y maravillosa realidad que busca Jesús al darse en la Comunión. Por eso, los antiguos teólogos decían que el cuerpo eucarístico de Cristo «producía» en los cristianos el cuerpo místico de Cristo, en concreto, la donación del Espíritu a la Iglesia. En efecto, cuando termina la duración en nuestro cuerpo de la presencia sacramental de Jesús, parece como si se verificaran de nuevo sus palabras en la última Cena: «Os conviene que Yo me vaya, porque si no me voy, no vendrá a vosotros el Paráclito; pero si me voy, os lo enviaré» (Jn 16, 7); y llegará una nueva efusión del Santificador al alma del fiel que ha recibido al Señor Sacramentado, efusión que causará en él un especial incendio de amor, un afán más intenso de imitar a Cristo y de anunciarlo a los demás.

La Eucaristía trae al alma, como fruto, la presencia del Espíritu Santo, que anima y empuja a pregonar la Palabra del Padre, después de asimilarla más y más. «Por la comunión de su cuerpo y de su sangre —recordaba Juan Pablo II—, Cristo nos comunica también su Espíritu (...). Así, con el don de su cuerpo y su sangre, Cristo acrecienta en nosotros el don de su Espíritu, infundido ya en el Bautismo e impreso como "sello" en el sacramento de la Confirmación»[16].

La devoción eucarística, por tanto, significa frecuencia de trato no sólo con el Hijo, sino también con el Espíritu Santo. A fuerza de recibirlo con piedad, el alma se va familiarizando con Él, aprende a distinguir y a seguir sus inspiraciones, a reconocerlas como le sucedió a Samuel, cuando Dios le llamaba. Tres veces en la noche se dirigió el Señor al profeta,

---

[16] Juan Pablo II, Carta encíclica *Ecclesia de Eucharistia*, 17-IV-2003, n. 17.

entonces niño aún, pronunciando su nombre propio; las tres veces interpretó el pequeño que era Elí quien le llamaba (el sacerdote en cuya casa vivía). Éste le advirtió que él no había hablado y al final le indicó a quien pertenecía esa voz. «Comprendió entonces Elí que era Yahveh quien llamaba al niño; y dijo a Samuel: "Vete y acuéstate, y si te llaman, dirás: habla, Yahveh, que tu siervo escucha". Samuel se fue y se acostó en su sitio. Vino Yahveh, se paró y llamó como las veces anteriores: "¡Samuel, Samuel!". Respondió Samuel: "Habla, que tu siervo escucha" (...). Samuel crecía, Yahveh estaba con él, y no dejó caer en tierra ninguna de sus palabras» (1 Sam 3, 8-10.19).

Jesús, Palabra de Yahveh, en la Eucaristía educa progresivamente al alma que frecuenta con devoción su trato, y la empuja en un continuo *crescendo* a la entrega personal a la voluntad del Padre y al bien de los demás. Y enviándole repetidamente su Espíritu, enseña a la criatura a discernir sus inspiraciones, a cumplirlas con docilidad. La devoción eucarística vuelve al hombre cada vez más espiritual, mas sacerdotal, más apostólico.

Perseverar en el amor hasta decir como Cristo: «Esto es mi cuerpo»

La filiación divina impulsa a anunciar a Cristo; la unión con Él conduce necesariamente a la acción apostólica. Pero también debemos considerar, complementariamente, que sólo a través de una acción apostólica perseverante y eficaz, puede el discípulo llegar a la plena identificación con el Maestro. Para avanzar en el camino hacia la santidad, es preciso actuar de veras como apóstol; que la caridad perfeccione la fe llenándola de obras que la manifiesten; hablar de Cristo a los demás, testimoniar la verdad y el amor de Cristo a los hombres; sólo así el que se sabe llamado por Dios arrastrará hacia Él a otras personas, como peces hacia la red del pescador (cfr. Lc 5, 10).

San Juan relata que aquella noche última Jesús insistía a los suyos: «Permaneced en mi amor» (Jn 15, 9). El Señor no pide solamente que le correspondan siempre, sino que permanezcan en *su* amor: que le amen siempre con el amor con que Él les ha amado y les ama; y que remite, a la vez, al amor que el Padre tiene al Hijo y al que el Hijo tiene al Padre; que lleva al Hijo a dar por entero su vida humana al Padre en sacrificio, y que lleva al Padre a dar vida gloriosa al Hijo en la resurrección. Amar, pues, con el amor de Dios: no con la medida de nuestros corazones, sino con la medida del corazón de Dios, que es infinito[17].

La perseverancia en el amor es cierta perfección del amor mismo, una cualidad que lo avalora y que demuestra su autenticidad. El corazón humano sufre los vaivenes de la vida, está expuesto a la inconstancia porque se apega a lo sensible, que cambia y desaparece; por eso el hombre tiende fácilmente a abandonar la búsqueda de los ideales nobles y altos, que cuestan esfuerzo y exigen perseverancia. El amor de Dios, en cambio, es incendio, fuego de Pentecostés; es amor de locura, que conduce con alegría a la propia inmolación por la salvación de los hombres; amor que se mantiene fiel hasta el final, hasta decir «todo está cumplido» (cfr. Jn, 19, 30).

La perseverancia en el amor, que Jesús pide a los suyos, implica perseverancia en el cumplimiento de sus mandamientos (cfr. Jn 15, 10) y se manifiesta en la abundancia de fruto que glorificará al Padre (cfr. Jn 15, 7-8), fruto no superficial y pasajero, sino estable y permanente (cfr. Jn 15, 17). Es fidelidad en la lucha por cumplir su Voluntad, por transformar en fruto la semilla de vida divina que Él ha depositado

---

[17] Cfr. San Josemaría Escrivá de Balaguer, *Surco*, n. 813.

en nosotros: fruto de virtud en la conducta personal y fruto de almas en el trato con los otros.

Es preciso insistir en ambas cosas: en la lucha ascética personal por identificarnos con Cristo, en la acción apostólica para ser pescadores de hombres. Porque, en definitiva, una y otra son expresión del amor de Cristo, que desea poseer nuestras almas, señorear en nuestras vidas y en las de los demás. En las dos vertientes se debe porfiar, volver a la carga, recomenzar, precisar objetivos, dejarse orientar por los que saben más, pedirles ayuda para acertar. Y, sobre todo, contar con el Maestro y Modelo, permitir que nos dirija el Paráclito. Muchas veces, la lucha personal consistirá precisamente en realizar un plan apostólico; en vencer este o aquel otro respeto humano y hablar de Cristo a una persona amiga; en dejar de lado la propia comodidad y los propios planes, para conversar con alguien o atender una actividad de formación cristiana; en superar la timidez o la cobardía para corregir a otro o invitarle a ser más generoso con Dios.

También san Lucas nos ha transmitido, en varias ocasiones, la recomendación de Jesús sobre la importancia de la paciencia y de la perseverancia en la tarea espiritual y apostólica. En la parábola del sembrador (cfr. Lc 8, 5-15), la tierra buena produce fruto gracias a la perseverancia en acoger la Palabra con corazón bueno y óptimo. El Crisóstomo explica que en eso precisamente se distingue del sendero, de la piedra y de la tierra llena de espinas. El primero se desentiende de la Palabra, se muestra negligente, indiferente; la segunda carece de fortaleza para resistir las tentaciones y para superar los obstáculos; pronto abandona los propósitos de lucha y permite que mueran los ideales de santidad; la tercera no concede a la Palabra su importancia principal, tolera demasiados intereses y gustos contrarios a esa Verdad, y al final la ahoga. Sólo el campo bueno se mantiene fuerte y estable en el interés por atribuir a la Palabra de Dios la primacía absoluta, superando las tentaciones de dar preferencia a otras palabras y propuestas[18].

Y en el discurso escatológico, después de anunciar las tribulaciones de aquellos días, el Señor afirmó: «Con vuestra perseverancia salvaréis vuestras almas» (Lc 21, 19). El texto permite entender «poseeréis vuestras almas», y así lo leyeron los Padres, siguiendo la Vulgata[19]. Este significado en realidad no difiere del anterior: la salvación del alma significa su posesión, el señorío sobre nosotros mismos con la ayuda de Dios; y esa salvación se logra como se alcanza la posesión de cualquier bien: después de un proceso de adquisición, después de contratar y definir los detalles de la compra o de la herencia, después de luchar por conseguirlo.

En las dos ocasiones, la frase del Señor apunta a lo mismo: a inculcarnos que la identificación con Él (la salvación personal, el fruto de toda la vida) no se consigue en un instante: requiere por nuestra parte continua atención con una perseverancia fiel hasta el final; exige no apartarse del camino, rechazar la mala impaciencia y no descuidar el esfuerzo por conquistar el premio, «a pesar de los pesares». Famosas y claras se nos presentan las palabras de santa Teresa a este respecto: «No parar hasta el fin, que es llegar a beber de esta agua de vida (...). Digo que importa mucho, y el todo, una grande y muy determinada determinación de no parar hasta llegar a ella, venga lo que viniere, suceda lo que sucediere, trabájese lo que se trabajare, murmure quien murmurare, siquiera llegue allá, siquiera se muera en el camino o no tenga corazón para los trabajos que hay en él, siquiera se hunda el mundo»[20].

Pescar almas para Cristo no carece de dificultades, pero a esa tarea convoca el Señor a los cristianos. «Desde ahora serás

---

[18] Cfr. San Juan Crisóstomo, *Homilías sobre el Evangelio de San Mateo* 45.
[19] Cfr. San Gregorio Magno, *Homilías sobre los Evangelios* 35.
[20] Santa Teresa de Jesús, *Camino de perfección*, 21, 2.

pescador de hombres» (Lc 5, 10), dijo el Señor a Pedro, junto al lago de Genesaret, y nos lo repite a cada uno. El Santo Padre Benedicto XVI, en la homilía de la Misa de inauguración de su ministerio petrino, se extendió sobre este punto. «También hoy se dice a la Iglesia y a los sucesores de los apóstoles que se adentren en el mar de la historia y echen las redes, para conquistar a los hombres para el Evangelio, para Dios, para Cristo, para la vida verdadera.

»Los Padres han dedicado también un comentario muy particular a esta tarea singular. Dicen así: para el pez, creado para vivir en el agua, resulta mortal sacarlo del mar. Se le priva de su elemento vital para convertirlo en alimento del hombre. Pero en la misión del pescador de hombres ocurre lo contrario. Los hombres vivimos alienados, en las aguas saladas del sufrimiento y de la muerte; en un mar de oscuridad, sin luz. La red del Evangelio nos rescata de las aguas de la muerte y nos lleva al resplandor de la luz de Dios, en la vida verdadera.

»Así es, efectivamente: en la misión de pescador de hombres, siguiendo a Cristo, hace falta sacar a los hombres del mar salado por todas las alienaciones y llevarlo a la tierra de la vida, a la luz de Dios. Así es, en verdad: nosotros existimos para enseñar Dios a los hombres. Y únicamente donde se ve a Dios, comienza realmente la vida. Sólo cuando encontramos en Cristo al Dios vivo, conocemos lo que es la vida. No somos el producto casual y sin sentido de la evolución. Cada uno de nosotros es el fruto de un pensamiento de Dios. Cada uno de nosotros es querido, cada uno es amado, cada uno es necesario. Nada hay más hermoso que haber sido alcanzados, sorprendidos, por el Evangelio, por Cristo. Nada más bello que conocerle y comunicar a los otros la amistad con él. La tarea del pastor, del pescador de hombres, puede parecer a veces gravosa. Pero es gozosa y grande, porque en definitiva es un servicio a la alegría, a la alegría de Dios que quiere hacer su entrada en el mundo»[21].

Los hombres, como los peces cuando se sienten pescados, nos resistimos a rendir nuestra cabeza y a entregar nuestro corazón. Pero Jesús se ha quedado en la Eucaristía y nos ha enviado al Espíritu Santo, precisamente para que no abandonemos la lucha personal ni la labor de almas. Explica santo Tomás que este sacramento, en lo que de su contenido depende, no sólo confiere la gracia y la virtud de la caridad, sino que «excita sus actos», urge a la caridad[22]: a la lucha, a la acción apostólica. La frecuencia y la intensidad de la devoción eucarística se han demostrado siempre necesarias para perseverar en el empeño. Al tratar a Jesús Sacramentado, el hijo de Dios se conforma más y más con el Hijo por efecto de la acción suya y del Paráclito; y llegará un momento en que, como Él, también podrá decir mirando su vida: «Esto es mi cuerpo, entregado por vosotros». Identificado con su Maestro, el discípulo habrá dado su cuerpo, su sangre, su tiempo, sus posibilidades humanas, en el esfuerzo apostólico por imitar a Cristo y llevarle a sus hermanos los hombres.

Lucha interior, trabajo y acción apostólica: madurar el alma eucarística

Cuando pensamos en el trabajo de Cristo, nos fijamos ciertamente en sus años en Nazaret, ocupado junto a José en cosas de carpintería, de herrería o semejantes, como entonces ocurría en aquellos pueblos. También nos detenemos en su labor de predicación, en su esfuerzo durante tres

---

[21] Benedicto XVI, *Homilía en la Misa de comienzo del ministerio petrino*, 24-IV-2005.
[22] Santo Tomás de Aquino, *Suma teológica*, III, q. 79, a. 1 ad 2.

años recorriendo de arriba abajo toda Palestina. Y en las fatigas y dolores de su pasión y muerte. El trabajo, entendido como ocupación en una tarea concreta, como dedicación a una labor, llena toda la vida del Señor. Dar ejemplo, cumplir las profecías sobre Él, desarrollar las virtualidades de su Humanidad Santísima, sembrar la palabra, predicar el reino de Dios, adoctrinar a los Apóstoles, aclarar sus palabras a los que no las entendían o no las querían entender, dar testimonio de la verdad hasta el final: todo eso constituyó un trabajo constante y agotador, que terminó en su muerte. Fue, además, un esfuerzo contra corriente, colmado de incomprensiones y dificultades, que culminaron en la disimulada y decidida persecución, que concluyó en la farsa de los procesos y juicios que le condenaron a la Cruz.

Al contemplar su vida, miramos también la nuestra. Si somos hijos y apóstoles, también nosotros, como el Señor nos avisó, encontraremos trabajos y dificultades, incomprensiones e injusticias por parte de otros, odios y envidias que el enemigo de las almas siembra por donde puede. Vale la pena insistir en un punto decisivo, que los cuatro evangelistas han recogido por extenso, transmitiéndonos cada uno diversas veces las advertencias de Cristo. San Juan alude también a estas situaciones cuando nos transmite el sermón sacerdotal de la última cena. «Si el mundo os odia, sabed que antes que a vosotros me ha odiado a mí. Si fuerais del mundo, el mundo amaría lo suyo; pero como no sois del mundo, sino que Yo os escogí del mundo, por eso el mundo os odia. Acordaos de la palabra que os he dicho: no es el siervo más que su señor. Si me han perseguido a mí, también a vosotros os perseguirán. Si han guardado mi doctrina, también guardarán la vuestra. Pero os harán todas estas cosas a causa de mi nombre, porque no conocen al que me ha enviado» (Jn 15, 18-21).

Tomarse en serio la vocación apostólica inherente a nuestra condición de hijos de Dios, significa hacer las cuentas con el trabajo y las dificultades que encontraremos. Trabajo en el sentido de ocupación profesional, porque la dedicación a una tarea profesional concreta es ocasión y medio de dar a conocer a Cristo. Pero también trabajo en el sentido de esfuerzo por dirigirse a los demás y hablarles del Señor.

Pescar almas significa bregar mucho. Las faenas de la pesca son laboriosas; además de arte y pericia, requieren preparación y mucha paciencia en su ejecución. También las faenas del campo piden lo suyo: roturar el terreno, limpiarlo de malas hierbas, sembrar, proteger la semilla, regarla, abonar; hasta llegar a la siega y al almacenamiento de la cosecha. Quien no esté dispuesto a trabajar así, no logrará fruto. Lo explicaba bien san Josemaría: hemos de «convencernos de que, para fructificar, la semilla ha de enterrarse y morir (cfr. Jn 12, 24-25). Luego se levanta el tallo y surge la espiga. De la espiga, el pan, que será convertido por Dios en Cuerpo de Cristo. De esa forma nos volvemos a reunir en Jesús, que fue nuestro sembrador. "Porque el pan es uno, y aunque seamos muchos, somos un solo cuerpo, pues todos participamos de ese único pan" (1 Cor 10, 17).

»No perdamos nunca de vista que no hay fruto, si antes no hay siembra: es preciso —por tanto— esparcir generosamente la Palabra de Dios, hacer que los hombres conozcan a Cristo y que, conociéndole, tengan hambre de Él (...).

»No hay cosecha, cuando no se está dispuesto a aceptar generosamente un constante trabajo, que puede resultar largo y fatigoso: labrar la tierra, sembrar la simiente, cuidar los campos, realizar la siega y la trilla...»[23].

Por eso, en nuestra vida espiritual no podemos detenernos a examinar sólo cómo van nuestros ejercicios de piedad y cómo progresamos en las virtudes sobrenaturales y en las humanas; también hemos de ver cómo marchan la eficacia y la

---

[23] San Josemaría Escrivá de Balaguer, *Es Cristo que pasa*, nn. 157-158.

incisividad de nuestro testimonio de Cristo, con palabras y con obras. La eficacia la pone Él, nos consta con claridad; pero hemos de considerar si nosotros ponemos todo lo que está de nuestra parte para que nuestros parientes y amigos, nuestros colegas —antes que nada, las personas que tenemos a nuestro cargo y cuidado— se acerquen al Señor, le conozcan mejor, le amen más, le sirvan. Una acción apostólica desvaída sería signo de un sentido también lánguido de la propia filiación divina. Nunca está de más un poco de contabilidad seria sobre lo que operamos —en términos de oración, de sacrificio, de trabajo ofrecido al Señor por esa intención, encuentros y conversaciones sobre temas espirituales— para allegar almas a Cristo: nos ayudará a no formularnos una idea equivocada de la intensidad de nuestro afán apostólico, a no sestear pensando que ya hacemos mucho, a no dormirnos como los siervos de la parábola del trigo y la cizaña: nos urgirá a trabajar más por Cristo.

Edificar la Iglesia supone un trabajo grande y costoso; el Señor nos lo ha manifestado con muchas parábolas. No podemos dormirnos, no podemos contentarnos con una acción floja y tibia: hay que poner interés, hay que dejarse el alma en la labor. De otro modo, no veremos el fruto, no habrá cosecha: no se producirán conversiones y bautizos, no brotarán vocaciones. El desarrollo del Cuerpo místico de Cristo se asemeja a la elaboración del pan y del vino: se precisa recoger muchos granos, muchos racimos; luego, machacar el trigo y la vid; después, elaborarlos pacientemente para obtener pan tierno y vino bueno. Así, con las personas: hay que buscarlas; después, traerlas y formarlas, que es como triturarlas para que pisoteen su yo —su soberbia, su pereza, sus rebeldías— y permitir al Espíritu Santo que forme en ellas la criatura nueva, a imagen de Cristo. Durante todo ese proceso, se requiere mucha atención y muchos desvelos para que el desarrollo no se tuerza, no se detenga, no se eche a perder. Y, al realizar toda esa labor, el obrero de la mies, el pescador, se fatiga por dentro y por fuera: pisotea las energías de su cuerpo y las rebeldías de su alma, gasta su tiempo e inmola sus ambiciones; para transmitir vida a los demás, da muerte a su yo.

Como hace notar Benedicto XVI, San Ignacio de Antioquía —uno de los más antiguos Padres de la Iglesia— «en su carta a los Romanos se refiere a la Iglesia de Roma como a "aquella que preside en el amor", expresión muy significativa. No sabemos con certeza qué es lo que pensaba realmente Ignacio al usar estas palabras. Pero, para la Iglesia antigua, la palabra amor, *ágape*, aludía al misterio de la Eucaristía. En este misterio, el amor de Cristo se hace siempre tangible en medio de nosotros. Aquí, Él se entrega siempre de nuevo. Aquí, se hace traspasar el corazón siempre de nuevo; aquí, mantiene su promesa, la promesa según la cual, desde la cruz, atraería a todos a sí.

»En la Eucaristía, nosotros aprendemos el amor de Cristo. Ha sido gracias a este centro y corazón, gracias a la Eucaristía, como los santos han vivido, llevando de modos y formas siempre nuevos el amor de Dios al mundo. Gracias a la Eucaristía, la Iglesia renace siempre de nuevo. La Iglesia es la red —la comunidad eucarística— en la que todos nosotros, al recibir al mismo Señor, nos transformamos en un solo cuerpo y abrazamos a todo el mundo»[24].

Así se construye el cuerpo de Cristo, que es la Iglesia; de modo semejante a como se elaboran el pan y el vino que, por las palabras de la Consagración, se convertirán en el Cuerpo y la Sangre del Señor. Por eso, las fiestas eucarísticas —como la del Corpus Christi— se consideran muy especialmente fiestas de toda la Iglesia, que reconoce en la Eucaristía su centro y su raíz, también su forma y su vida misma. «En la his-

---

[24] Benedicto XVI, *Homilía en la Misa de toma de posesión de la Cátedra Romana, en la Basílica de San Juan de Letrán*, 7-V-2005.

toria, en el tiempo, se edifica el Reino de Dios. El Señor nos ha confiado a todos esa tarea, y ninguno puede sentirse eximido (...).

»Se ha recogido en el libro de los Proverbios; *el que labra su campiña tendrá pan a saciedad* (Prv 12, 11). Tratemos de aplicarnos espiritualmente este pasaje: el que no labra el terreno de Dios, el que no es fiel a la misión divina de entregarse a los demás, ayudándoles a conocer a Cristo, difícilmente logrará entender lo que es el Pan eucarístico. Nadie estima lo que no le ha costado esfuerzo. Para apreciar y amar la Sagrada Eucaristía, es preciso recorrer el camino de Jesús: ser trigo, morir para nosotros mismos, resurgir llenos de vida y dar fruto abundante: ¡el ciento por uno! (cfr. Mc 4, 8)»[25].

Perseveramos en el amor de Cristo cuando cumplimos el mandamiento del amor, el del servicio fraterno y el eucarístico; cuando insistimos en la lucha interior y realizamos con perfección —acabadas hasta el final— la tarea profesional y la labor apostólica; cuando podemos decir con Jesús: «Todo está cumplido» (Jn 19, 30). Entonces llega el discípulo al amor «hasta el extremo», porque ha madurado su alma eucarística y se halla en condiciones de decir: «Esto es mi cuerpo, entregado por vosotros». Se ha logrado, porque ha gastado sus fuerzas y posibilidades, su tiempo y su fortuna, en buscar almas y ayudarlas a que crean en Cristo y le amen. Triturado, con alegría sobrenatural y humana, por el trabajo profesional y apostólico, se ha identificado con el Grano de trigo que ha muerto por todos los hombres, se hace presente en su Iglesia, y se nos ofrece en la Eucaristía. Así, también en él se ha operado una maravillosa conversión: se ha vuelto grano de trigo que muere y produce mucho fruto (cfr. Jn 12, 24).

---

[25] San Josemaría Escrivá de Balaguer, *Es Cristo que pasa*, n. 158.

IV. La Eucaristía y la familia cristiana

«Cristo amó a la Iglesia y se entregó a sí mismo por ella para santificarla, purificándola mediante el baño del agua, en virtud de la palabra, para mostrar ante sí mismo a la Iglesia resplandeciente, sin mancha, arruga o cosa parecida, sino para que sea santa e inmaculada. Así deben los maridos amar a sus mujeres, como a su propio cuerpo. El que ama a su mujer, a sí mismo se ama, pues nadie aborrece nunca su propia carne, sino que la alimenta y la cuida, como Cristo a la Iglesia, porque somos miembros de su cuerpo. Por esto dejará el hombre a su padre y a su madre y se unirá a su mujer, y serán los dos una sola carne. Gran misterio es éste, me refiero a Cristo y a la Iglesia» (Ef 5, 25-32).

San Pablo presenta el misterio de la salvación desde una perspectiva eclesiológica. Nos ayuda a entender que la Eucaristía —colocada en el centro del designio salvífico, ofrecido por Dios a todos los hombres de todos los tiempos— queda situada también en el centro de la vida y de la actividad de la Iglesia. Con su presencia en la Eucaristía, Jesús edifica su Iglesia, porque funda y alimenta, llevando a perfección, la conducta y la actividad filial de cada uno de los miembros de su Cuerpo místico iniciada con el Bautismo. Por su parte, la Iglesia hace la Eucaristía: los sacerdotes consagran el pan y el vino que se convierten en el Cuerpo y en la Sangre del Señor; también los fieles, con su piedad eucarística, participan activamente en la Eucaristía, cada uno según la medida que le es dada por Cristo (cfr. Ef 4, 7).

A la acción de Jesús sacramentado sobre cada discípulo, se añade la acción sobre cada comunidad, sobre la Iglesia en su conjunto. Así también desde la Eucaristía el Señor edifica la Iglesia sosteniendo y llevando a perfección la unión y la vida de la «Iglesia doméstica»: la familia iniciada con el sacramento del Matrimonio[1].

No hay duda de que las familias cristianas cooperan en la realización de la Eucaristía, con su piedad eucarística y ofreciendo a Dios nuevos hijos que puedan actuar sacramentalmente *in persona Christi*; y edifican la Iglesia, con su amor y fidelidad conyugal y colaborando con Dios en el nacimiento humano y sobrenatural de nuevos hijos de la Iglesia. Trasladémos, pues, nuestra atención a la familia, a esa comunidad que transmite la vida y enseña a vivir, y que es el núcleo fundamental de la sociedad, para escudriñar cómo su relación con Jesús sacramentado la vivifica y hace de esa porción una Iglesia doméstica; y para considerar también cómo, a su vez, contribuye, según la donación de Cristo, a la realización de la Eucaristía.

El misterio de la alianza de Dios con los hombres

La reflexión sobre la familia debe partir de la realidad matrimonial, que constituye su origen y constante fundamento. La comunión familiar reposa sobre la alianza matrimonial, de esta unión se alimenta y simultáneamente la vivifica.

La alianza matrimonial se comprende a la luz de la alianza entre Cristo y su Iglesia (cfr. Ef 5, 32). Lo recuerda el Concilio Vaticano II cuando enseña: «La familia cristiana, cuyo origen está en el matrimonio, que es imagen y participación de la alianza de amor entre Cristo y la Iglesia, manifestará a todos la presencia viva del Salvador en el mundo y la auténtica naturaleza de la Iglesia, ya por el amor, la generosa fecundi-

---

[1] Cfr. Juan Pablo II, Exhortación apostólica *Familiaris consortio*, 22-XI-1981, n. 21.

dad, la unidad y fidelidad de los esposos, ya por la cooperación amorosa de todos sus miembros»[2].

La consideración teológica sobre el matrimonio puede remontarse a la alianza de Dios con la humanidad en los tiempos de Noé, con Israel en los tiempos de la promesa y de la ley, hasta su culmen en Cristo, llegada la plenitud de los tiempos. Esta alianza no se queda en un pacto que se pierde en las brumas de la historia: contiene una realidad actual porque Cristo es el mismo, ayer, hoy y siempre (cfr. Hb 13, 8). La alianza matrimonial cristiana participa y se injerta en esa alianza de los tiempos plenos, vive de esa riqueza y la expresa.

Al meditar sobre la alianza de Dios con la humanidad, debemos poner de relieve ante todo su carácter gratuito: surge siempre como fruto de la iniciativa divina. Comprendemos que no pueda existir otra explicación; pero nos maravilla advertir que, buscando la colaboración estrecha con los hombres, Dios se abaja para ensalzarnos. Expresa la lógica del amor, que no se detiene a pensar si la propia dignidad resultará comprometida por un gesto verdadero de donación y de afecto. La alianza ensalza desde el principio al hombre porque lo eleva a la categoría de interlocutor y protagonista. Dios nos enseña a valorar al hombre, a apreciarlo, a tomarlo en serio. ¡Qué distinta es la actitud del Señor, de la que muestran con frecuencia los hombres y las mujeres, cuando se desprecian o se ignoran mutuamente, y se cierran al diálogo! Dios no se burla de nuestras limitaciones, ni quita méritos al esfuerzo de nuestra virtud, no se desentiende de nuestras dificultades.

La alianza guarda una característica esencial: no es «simétrica», pues el hombre no se encuentra al mismo nivel del Creador. No hay propiamente un *do ut des*: Dios, aunque pide cumplir sus mandamientos, aunque requiere correspon-

---

[2] Concilio Vaticano II, Const. past. *Gaudium et spes*, n. 48.

dencia a su amor, en realidad sólo entrega y ofrece. Lo que nos exige, no lo quiere porque carezca de algo; manifiesta sólo la condición —que Él conoce— que existe en nosotros para poder recibir sus dones: la obediencia, la humildad, la buena disposición, la colaboración de nuestra libertad expresada en ocasiones con gestos mínimos.

Nos acecha a todos, al menos en cierta medida y en algunas ocasiones, la tentación de exagerar y malentender al Señor cuando nos «pide» algo, como aquel siervo «malo y perezoso» de la parábola, que reprochaba a su amo la severidad y la avaricia de recoger donde no sembraba (cfr. Mt 25, 24-26). A veces, incluso miramos a Dios como, ¡demasiado exigente! No comprendemos en esos momentos que lo que consideramos requerimiento suyo significa simplemente amor, un amor fuerte como la muerte, un amor celoso: quiere el Señor que le amemos de verdad, sin reduccionismos, sin cálculos, porque en amarle a Él está nuestra felicidad; y que amemos a los demás de veras, sin acepción de personas, sin rodeos de ningún tipo. Por eso, cuando Dios señala la unidad e indisolubilidad de la alianza matrimonial, no está actuando como un Legislador arbitrario, sino como un Padre que enseña a sus hijos a amar. Dios sabe que el amor matrimonial es camino y fuente de felicidad sólo si se mantiene fiel y lleva lealmente consigo la apertura a la fecundidad.

La alianza matrimonial, expresión de fe y de amor

La consideración de la alianza de Dios con los hombres remite al designio divino de introducirnos en su intimidad, de hacernos participar en su Vida. Y, para esto, ha decidido empezar Él por participar en la nuestra: unir una y otra vida, la de hombre y la de Dios, en la Persona de su Hijo. Ha tomado nuestra naturaleza para entregar después la suya a quienes se identifiquen por la fe con su Verbo encarnado. No le ha parecido suficiente la comunión en el ser que nos concedió al crearnos; ha tomado la determinación de establecer con los hombres una alianza verdadera e íntima que fuese expresión y vehículo de su amor sin límites a la criatura humana.

La alianza, pues, nos habla de vida y de amor. Aun incluyendo elementos propios de un pacto al modo de los pactos humanos, avanza mucho más allá: se adentra en las profundidades inabarcables del misterio de Dios, que no desdeña en comunicarse al hombre atrayéndolo a sí. Por eso, como propone san Pablo, pensar en el sacramento del matrimonio cristiano alude necesariamente a la consideración de su grandeza, por encima de las solas consideraciones humanas; entraña admitir que es un gran arcano, porque participa e introduce en el misterio de Dios y de sus planes al hombre.

Con una pizca de simpatía y una buena dosis de sentido común, aunque también con algo de exageración retórica, san Juan Crisóstomo hace notar las condiciones en que se verifica la alianza matrimonial. «Realmente es un misterio, un gran misterio, el que, dejando a quien lo procreó, a quien lo engendró y crió, y a la que lo dio a luz con dolores, a los que le hicieron tantos beneficios y vivieron en familiaridad con él, se una a quien nunca ha visto, con la que no tuvo nada en común, y la prefiera a cualquier otra cosa. Es realmente un misterio. Y los padres no se lamentan de esto que sucede, antes bien se lamentarían de que no sucediera; y se alegran de gastar el dinero y que haya dispendio»[3]. No cabe desconocer las incógnitas que el matrimonio encierra para el varón y la mujer, que requieren de ellos fe en sí mismos y en el futuro cónyuge, para dar un paso de esa trascendencia, que los vincula con otra persona para siempre.

---

[3] San Juan Crisóstomo, *Homilías sobre la Epístola a los Efesios*, 20, 4.

El matrimonio es, ya en lo humano, expresión de fe y de amor, porque supone el amor a la otra persona —sin minusvalorar la importancia de los signos de idoneidad y de verdadero afecto que en la otra parte se perciben—, que impulsa seriamente a creer en ella, en su amor y en su idoneidad para compartir la vida presente y ser compañía en el camino hacia la otra. El amor induce con buena lógica a creer que vale la pena el pacto matrimonial con la otra parte, aceptando todas sus consecuencias e implicaciones; confiere el empuje necesario y suficiente para superar el margen de riesgo que esta alianza comporta —los advenimientos del futuro, las dificultades del presente— e iniciar una gran aventura con vistas a la fecundidad y la felicidad de los contrayentes.

Pero, además, el matrimonio cristiano, sacramental, contiene un misterio de fe y amor sobrenaturales, como explica Juan Pablo II. «También a los esposos y padres cristianos se exige la obediencia a la fe (cfr. Rm 16, 26) ya que son llamados a acoger la Palabra del Señor que les revela la estupenda novedad —la Buena Nueva— de su vida conyugal y familiar, que Cristo ha hecho santa y santificadora. En efecto, solamente mediante la fe ellos pueden descubrir y admirar con gozosa gratitud a qué dignidad ha elevado Dios el matrimonio y la familia, constituyéndolos en signo y lugar de la alianza de amor entre Dios y los hombres, entre Jesucristo y la Iglesia esposa suya (...).

»El momento fundamental de la fe de los esposos está en la celebración del sacramento del matrimonio, que en el fondo de su naturaleza es la proclamación, dentro de la Iglesia, de la Buena Nueva sobre el amor conyugal. Es la Palabra de Dios que "revela" y "culmina" el proyecto sabio y amoroso que Dios tiene sobre los esposos, llamados a la misteriosa y real participación en el amor mismo de Dios hacia la humanidad (...).

»Esta profesión de fe ha de ser continuada en la vida de los esposos y de la familia. En efecto, Dios que ha llamado a los esposos "al" matrimonio, continúa llamándolos "en el" matrimonio. Dentro y a través de los hechos, los problemas, las dificultades, los acontecimientos de la existencia de cada día, Dios viene a ellos, revelando y proponiendo las "exigencias" concretas de su participación en el amor de Cristo por su Iglesia, de acuerdo con la particular situación —familiar, social y eclesial— en la que se encuentran»[4].

Entrar en el misterio de fe y amor de Cristo y de la Iglesia: la Iglesia doméstica

Como la alianza matrimonial se injerta en la alianza de Dios con los hombres, vive, madura y perdura si se conforma con ésta, si la imita y reproduce sus características.

Por la misma razón, si los esposos cristianos desean conocer con profundidad su alianza mutua, deben reflexionar sobre la alianza de Dios con los hombres; si quieren vivir a fondo su pacto matrimonial, deben seguir el recorrido que aquella indica. Así, descubrirán que un cónyuge llega a Dios a través del otro; que con la fidelidad a su alianza son fieles a la Alianza. Su modo concreto de participar en la gran Alianza de Dios con la humanidad consiste —en buena parte— en desarrollar justamente todas las implicaciones de su mutua unión: es para ellos un modo específico de vivir la unidad con Cristo en la Iglesia, de cumplir la voluntad de Dios, de edificar su reino y glorificar al Padre.

De esas exigencias sobrenaturales y humanas se derivan importantes consecuencias prácticas. En primer lugar, los esposos han de buscar la santidad, de esposa o de esposo, viviendo bien su matrimonio, cumpliendo fielmente, con alegría, los mil pequeños deberes. No pueden los cónyuges

---

[4] Juan Pablo II, Exhortación apostólica *Familiaris Consortio*, n. 51.

pensar que edifican la Iglesia sólo cuando colaboran en la parroquia, o cuando prestan una mano como voluntarios en alguna institución de caridad; en realidad, edifican la Iglesia —además de lo fundamental, que es la participación en la Eucaristía—, primero y sobre todo, cuando edifican su amor mutuo, colmándolo de fidelidad y de fecundidad, cuando edifican su familia, la «Iglesia doméstica». Como repetía san Josemaría, «los casados están llamados a santificar su matrimonio y a santificarse en esa unión; cometerían por eso un grave error, si edificaran su conducta espiritual a espaldas y al margen de su hogar. La vida familiar, las relaciones conyugales, el cuidado y la educación de los hijos, el esfuerzo por sacar económicamente adelante a la familia y por asegurarla y mejorarla, el trato con las otras personas que constituyen la comunidad social, todo eso son situaciones humanas y corrientes que los esposos cristianos deben sobrenaturalizar»[5].

Como explica Santo Tomás: «Algunos propagan y conservan la vida espiritual con un ministerio únicamente espiritual: es la tarea del sacramento del Orden; otros lo hacen respecto de la vida a la vez corporal y espiritual, y esto se realiza con el sacramento del Matrimonio, en el que el hombre y la mujer se unen para engendrar la prole y educarla en el culto a Dios»[6].

Si puede decirse que el sacerdocio ministerial supone, de algún modo, una alianza singular dentro de la Alianza, ya que el ministro ordenado es un particular aliado de Cristo, a quien presta ministerialmente su persona y sus facultades para que Él actúe, confeccionando la Eucaristía y perdonando los pecados; también cabe afirmar que la unión matrimonial implica a su vez una particular alianza dentro de la Alianza, pues los esposos «prestan» a Dios su propia comu-

---

[5] San Josemaría Escrivá de Balaguer, *Es Cristo que pasa*, n. 23.
[6] Santo Tomás de Aquino, *Summa contra Gentiles*, IV, 58.

nión de vida, para que en ese pacto y por ese pacto se manifieste el amor y la fecundidad de Cristo y de su Iglesia. Si el sacerdote cristiano se configura como un aliado específico de Cristo en vista de la santificación, la enseñanza y el gobierno de su pueblo; los esposos cristianos participan en la edificación de la Iglesia, ofreciendo al Padre su mutuo amor y nuevos hijos que nacen como fruto de su fe y de la fidelidad entre ellos, de su fe y de su afecto leal a Cristo y a la Iglesia.

San Josemaría lo explicaba de este modo: «A todo cristiano, cualquiera que sea su condición —sacerdote o seglar, casado o célibe—, se le aplican plenamente las palabras del apóstol que se leen precisamente en la epístola de la festividad de la Sagrada Familia: *escogidos de Dios, santos y amados* (Col 3, 12). Eso somos todos, cada uno en su sitio y en su lugar en el mundo: hombres y mujeres elegidos por Dios para dar testimonio de Cristo y llevar a quienes nos rodean la alegría de saberse hijos de Dios, a pesar de nuestros errores y procurando luchar contra ellos.

»Es muy importante que el sentido vocacional del matrimonio no falte nunca tanto en la catequesis y en la predicación, como en la conciencia de aquellos a quienes Dios quiera en ese camino, ya que están real y verdaderamente llamados a incorporarse en los designios divinos para la salvación de todos los hombres»[7].

El cristianismo ha admirado y bendecido siempre la grandeza del amor humano limpio; y ha rechazado categóricamente las teorías que, a lo largo de la historia, de una manera u otra, han intentado denigrarlo, considerarlo impuro, simple remedio a la concupiscencia humana. El especial aprecio del celibato apostólico y de la virginidad, así como la exigencia del celibato sacerdotal, nunca se han basado en el desprecio del matrimonio. Los Padres de la Iglesia entendieron que

---

[7] San Josemaría Escrivá de Balaguer, *Es Cristo que pasa*, n. 30.

Jesús quiso asistir a unas bodas en Caná, entre otras cosas, precisamente para aprobar y bendecir el amor humano noble y recto. «El Hijo de Dios va a la boda —predicaba San Máximo de Turín— para santificar con la bendición de su presencia lo que ya desde antiguo había instituido con su poder»[8].

La triste tentación de convertir el vino en agua

Los hombres y las mujeres muchas veces no se demuestran muy conscientes de la dignidad y de la grandeza del amor humano; incluso, encuentran dificultad para apreciar rectamente y vivir la dimensión de esa fidelidad esponsal.

Las circunstancias actuales ponen de relieve, de muchas maneras, esta dificultad: en la facilidad para atentar contra la unión conyugal con el divorcio; en la facilidad legal y económica para practicar el aborto, en fomentar las relaciones sexuales desligadas de la procreación, en la pornografía. Las describió brevemente Juan Pablo II en la primera parte de su exhortación apostólica *Familiaris consortio*; y volvió sobre este punto en otras muchas ocasiones, denunciando la difusión de una «cultura de muerte», que intenta suplantar la cultura del amor y de la estimación que la vida merece siempre.

Sin desconocer que, detrás de esas manifestaciones, se esconden muchas veces intereses económicos privados, hay que admitir que están sostenidas por teorías que consideran la ética sexual un tabú que se ha de superar. No es ningún misterio que, desde años atrás, las ideologías dominantes en muchos sitios, abonan una indiscriminada indiferencia ante la conducta sexual: se trata de «una cultura —con palabras de Juan Pablo II— que "banaliza" en gran parte la sexualidad humana, porque la interpreta y la vive de manera reductiva y

---

[8] San Máximo de Turín, *Homilía* 23.

empobrecida, relacionándola únicamente con el cuerpo y el placer egoísta»[9].

Cristo fue a las bodas para santificarlas; y como signo de su alegría ante la belleza del amor humano, obró el primero de sus grandes milagros: convirtió una gran cantidad de agua en vino de la mejor calidad, al decir del maestresala; y aseguró la alegría a los novios y a sus invitados.

La pequeñez humana, en cambio, parece dispuesta a realizar el prodigio opuesto: convertir el vino generoso en agua —en agua sucia— y robar la alegría a los corazones jóvenes, enfangándolos o apuntando a la deslealtad. Así lo dan a entender algunas disposiciones legales y bastantes actitudes prácticas que van surgiendo en numerosas regiones del orbe. No es aspecto de importancia secundaria; cuando una sociedad carece de las firmes las pilastras de la confianza mutua, del amor que sabe darse y sacrificarse por la persona amada, y de la admiración y el respeto por la vida, se está ya derrumbando. Y no digamos cuando se intentan legalizar convivencias de hecho entre dos personas, o incluso llamar matrimonio a uniones aberrantes, claramente opuestas a la misma naturaleza.

Juan Pablo II habló repetidamente de la ayuda que la fe cristiana puede y debe prestar a la ciencia en este momento, cuando el escepticismo empuja al hombre —en amplios sectores de la investigación y de la cultura— a dudar de su capacidad para alcanzar la verdad[10]. Parafraseando esa afirmación, podemos decir que la vida de los cristianos, en no pocas zonas del mundo, está en condiciones de transmitir nuevo vigor a la sociedad y a la cultura, precisamente reno-

---

[9] Juan Pablo II, Exhortación apostólica *Familiaris consortio*, 22-XI-1981, n. 37.
[10] Cfr. Juan Pablo II, Carta encíclica *Fides et ratio*, 14-IX-1998, nn. 45-48.

vando la esperanza en el amor humano noble y en la apuesta por la vida.

Los cristianos no son los únicos que advierten el riesgo tremendo, que atraviesa la sociedad occidental tecnológicamente avanzada, a causa de la «cultura de la muerte»; pero ciertamente les afecta una especial responsabilidad —por la fe y el amor sobrenaturales que la gracia de Cristo les otorga— para contribuir a la solución de esos males, que son especialmente graves cuando muchos no los consideran tales. Las iniciativas que pueden desarrollar —y que de hecho ya desarrollan, trabajando codo con codo junto a muchos otros hombres y mujeres conscientes de la silenciosa tragedia que tantas naciones sufren— son muchas y además muy variadas.

Pero estas actividades, aun siendo importantes y necesarias, no son lo definitivo. Lo verdaderamente decisivo para que los cristianos contribuyan a sanear la cultura y la sociedad, en este punto y en muchos otros, se concreta en su ejemplo personal, enterizo y alegre. Lo sugería el mismo Juan Pablo II: «Es la alianza con la Sabiduría divina la que debe ser más profundamente reconstituida en la cultura actual. De tal Sabiduría todo hombre ha sido hecho partícipe por el mismo gesto creador de Dios. Y es únicamente en la fidelidad a esta alianza como las familias de hoy estarán en condiciones de influir positivamente en la construcción de un mundo más justo y fraterno»[11]. En particular, se hace necesario difundir «una cultura sexual que sea verdadera y plenamente personal. En efecto, la sexualidad es una riqueza de toda la persona —cuerpo, sentimiento y espíritu— y manifiesta su significado íntimo al llevar la persona hacia el don de sí misma en el amor»[12].

---

[11] Juan Pablo II, Exhortación apostólica *Familiaris consortio*, n. 8.
[12] *Ibid.*, n. 37.

Alimentar la vida limpia del cónyuge y de los hijos

El Maestro, en Caná, contó con la colaboración de los sirvientes: ellos llenaron las seis hidrias de agua limpia que Él convirtió en vino (cfr. Jn 2, 11). Hoy, no cabe duda, el Señor quiere servirse de sus discípulos para realizar nuevos milagros; y podemos pensar que desea empezar —como entonces— por convertir de nuevo el agua limpia en vino: transformar la belleza del amor humano en la maravillosa realidad del amor cristiano que Él trajo a la tierra. Pero no debe faltar la generosa colaboración de los sirvientes: entonces se fatigaron con fe para colmar de agua hasta el borde aquellas vasijas (cfr. Jn 2, 7); hoy pide a los suyos el trabajo de cultivar un amor limpio, apasionado y sacrificado a la vez, que respete el orden que Él en su sabiduría ha dispuesto; un amor fiel y puro que sea a la vez atractivo y convincente.

Resulta apasionante el desafío que se propone a las generaciones cristianas: vivir con garbo la sacralidad del amor y de la vida, reconociendo su esplendor y su grandeza como dones de Dios a sus hijos. Constituye un desafío para todos los cristianos, no exclusivamente para los jóvenes o únicamente para los casados, ni sólo para los hombres o sólo para las mujeres: cada uno desempeña su propia parte en este milagro, todos deben colaborar.

El prodigio cristiano presenta todas las características de lo extraordinario en lo ordinario: hacer lo natural y normal —lo que resulta asequible a todos en cada una de sus exigencias—, pero que se transforma en heroico cuando se acaba con perfección y se afrontan bien las muchas dificultades que surgen: si ciertamente la mayoría no pasan de pequeñeces y sólo alguna se presenta un poco más grande, también queda patente que todas juntas piden una respuesta heroica a la gracia de Dios. No parece difícil un día o una vez dominar el malhumor ante lo imprevisto, contener la impaciencia ante los repetidos retrasos, estar presente a la hora de arrimar el hombro en las necesidades del hogar (arreglos de cosas que no funcionan, preguntas de los hijos), dedicar tiempo al descanso con el otro cónyuge y con los hijos, no dejarse absorber por el trabajo profesional... Pero afrontar cada una de esas vicisitudes —cuando el trabajo profesional va bien y cuando se complica, cuando los hijos no dan guerra y cuando plantean problemas, cuando la salud acompaña y cuando la enfermedad aparece—, requiere visión sobrenatural, mucho amor al cónyuge y a los hijos; exige mucho dominio de sí y mucha virtud. El matrimonio cristiano asume las características de «un gran misterio» (Ef 5, 32) cuando se vive con plena fidelidad a Dios y a la otra parte, porque marca un camino de gracia y de santidad que introduce en el trasunto de Cielo que la alianza de Dios comunica a los hombres y a las mujeres que lo acogen.

Lógicamente, son los cristianos unidos en matrimonio quienes llevan en este desafío la voz cantante. A ellos les toca mostrar a los demás, con su conducta concreta, cuáles son el modo recto y las verdaderas soluciones a los problemas que se presentan; cómo debe alimentarse constantemente el amor al propio cónyuge y a los hijos para asegurarles una conducta limpia y feliz, con la relativa felicidad que es posible alcanzar en esta tierra. Son criterios de comportamiento que todos conocen, pero que se necesita contemplar en la realidad de la existencia de alguien para convencerse de su eficacia.

Uno de esos criterios, quizá el más general, dice que las cosas del amor familiar —y todas las que de un modo u otro se ventilan en el matrimonio y en el hogar, lo son— no se resuelven basándose en reglamentos y normas prefijadas. Si parece razonable que en una casa no falte un cierto horario y un estilo de vida, también se ve oportuno que la flexibilidad forme parte de los seres de carne y hueso, mientras no se verifica en las criaturas de piedra o de metal. Por eso, las soluciones reclaman en ocasiones un poco de «negociación», proponer una alternativa, sugerir ajustes: unas vacaciones más cortas o más largas, renunciar a un nuevo vehículo o comprar uno más barato, no adquirir un traje nuevo, distraerse con un programa de televisión o de cine en lugar de otro.

De esa manera se hace frente a lo que económicamente no admite otra salida y a lo que quizá significa un daño para la vida espiritual, todo sin descuidar las necesidades materiales y espirituales de las personas. El amor anima a esforzarse para descubrir modos de descansar amenos y eficaces, para encontrar una alternativa simpática a las irremediables renuncias. Nada más lejos de una buena norma que contentarse con un seco decir «eso no es posible» o «no iremos allí»; de ordinario, hay que escuchar mucho, comentar amablemente, ofrecer salidas positivas que resuelvan las necesidades de las personas que amamos, de manera que las puedan entender, y aceptar las soluciones o propuestas por razones humanas y cristianas.

Centrar el matrimonio y la familia en el misterio de fe y amor de la Eucaristía

La inserción del matrimonio cristiano en el misterio de Cristo y la Iglesia, permite comprender que la Eucaristía, que renueva la donación de Cristo a su Iglesia dándole vida y configuración, es fuente, asimismo, de la realidad y del desarrollo del matrimonio contraído en Cristo y en la Iglesia.

La Eucaristía, un misterio de fe y de amor, encierra una grande y eterna alianza: Jesús —movido por su caridad perfecta— se queda con nosotros para siempre, reclamando nuestra fe. Ahondando con fe en ese amor, en la entrega eucarística de Jesús, tan al alcance de los ojos y del corazón, los esposos cristianos descubrirán la belleza y la grandeza de su propio amor mutuo bendecido por Cristo.

Aprenderán a quererse más y mejor, contemplando el cariño incondicional del Señor inerme en la Eucaristía. Del amor eucarístico de Jesús se nutrirá la vida teologal de cada uno de los cónyuges, que encontrará su primer campo de manifestación en el ámbito de sus relaciones, como enseñaba san Josemaría: «La fe y la esperanza se han de manifestar en el sosiego con que se enfocan los problemas, pequeños o grandes, que en todos los hogares ocurren, en la ilusión con que se persevera en el cumplimiento del propio deber. La caridad lo llenará así todo, y llevará a compartir las alegrías y los posibles sinsabores; a saber sonreír, olvidándose de las propias preocupaciones para atender a los demás; a escuchar al otro cónyuge o a los hijos, mostrándoles que de verdad se les quiere y comprende; a pasar por alto menudos roces sin importancia que el egoísmo podría convertir en montañas; a poner un gran amor en los pequeños servicios de que está compuesta la convivencia diaria»[13].

La alianza de Dios en Cristo pervive, actualizándose continuamente en la Eucaristía, en la efusión sacramental e incruenta de la sangre que sella tal pacto. Comprendemos, pues, que el pacto matrimonial se mantiene actual y joven si se nutre de ese Cuerpo y de esa Sangre que están en su origen y en su fundamento. Los esposos redescubrirán la categoría y el valor de la fidelidad en la entrega del uno al otro y a los hijos, acudiendo al Señor sacramentado, que no se ausenta; que está siempre esperando en el Sagrario; que de nuevo se entrega por nosotros, cuando sobre el altar se hace presente de modo incruento su sacrificio. Siendo almas de Eucaristía, comprenderán la hermosura de la fecundidad del sacrificio escondido del grano de trigo: muere y produce mucho fruto; y sabrán ser esposos fieles y fecundos. Conocerán que dispondrán siempre de ese pan de vida; y que, cuando el vino

---

[13] San Josemaría Escrivá de Balaguer, *Es Cristo que pasa*, n. 23.

parezca que se acaba, en la Eucaristía encontrarán siempre a Aquel que bajó a la tierra para añadir vino bueno al amor humano; comprobarán que Jesús se ha quedado para que no desfallezca el cariño, para que la fiesta no se interrumpa.

La alianza matrimonial no se reduce a algo externo y meramente legal, tampoco a un pacto limitado a una transacción concreta; alcanza lo más íntimo de las personas, es totalizante: porque la propia vida se pone en las manos de la otra parte. Se entrega el propio cuerpo; y también la propia sangre, que viene a significar todo el aliento y todo el sacrificio que supone la comunión de vida instaurada con el matrimonio. Los esposos saborearán la trascendencia de su amor, mirándose en el amor de Cristo y de la Iglesia: enraizándose en el Sacrificio de la Misa y comulgando con el Cuerpo y la Sangre del Señor. De ahí, de la entrega de Cristo en la Eucaristía, sacarán fuerzas y luces para asumir también ellos esa donación mutua que compone su propio misterio de fe y amor. Y su entrega, alimentada por la del Señor a través del Santísimo Sacramento, será bendecida: la glorificación del Padre, la edificación y la santidad de la Iglesia.

Releamos estas palabras de Juan Pablo II: «El deber de santificación de la familia cristiana tiene su primera raíz en el bautismo y su expresión máxima en la Eucaristía, a la que está íntimamente unido el matrimonio cristiano. El Concilio Vaticano II ha querido poner de relieve la especial relación existente entre la Eucaristía y el matrimonio, pidiendo que habitualmente éste se celebre "dentro de la Misa". Volver a encontrar y profundizar tal relación es del todo necesario, si se quiere comprender y vivir con mayor intensidad la gracia y las responsabilidades del matrimonio y de la familia cristiana.

»La Eucaristía es la fuente misma del matrimonio cristiano. En efecto, el sacrificio eucarístico representa la alianza de amor de Cristo con la Iglesia, en cuanto sellada con la sangre de la cruz. Y en este sacrificio de la Nueva y Eterna

Alianza, los cónyuges cristianos encuentran la raíz de la que brota su alianza conyugal, a la que configura interiormente y vivifica desde dentro. En cuanto representación del sacrificio de amor de Cristo por su Iglesia, la Eucaristía es manantial de caridad. Y en el don eucarístico de la caridad, la familia cristiana halla el fundamento y el alma de su "comunión" y de su "misión", ya que el pan eucarístico hace de los diversos miembros de la comunidad familiar un único cuerpo, revelación y participación de la más amplia unidad de la Iglesia; además, la participación en el cuerpo "entregado" y en la sangre "derramada" de Cristo se hace fuente inagotable del dinamismo misionero y apostólico de la familia cristiana»[14].

Nazaret y Belén: con Cristo en el propio hogar

La comunión de vida que instaura el matrimonio encuentra su centro fundamental en el Misterio eucarístico. Jesús continúa entregándose a su Esposa en el Sacrificio de la Misa; y, a través de la Eucaristía, continúa dando a los esposos la luz y la fuerza para que se amen como Él ha amado a su Iglesia, para que den a su Padre nuevos hijos por medio de su amor fiel y fecundo. Para los esposos cristianos, el Sagrario se yergue siempre como la referencia emblemática de su amor.

Cuando los esposos fundamentan su comunión de vida en la Eucaristía, su hogar reproduce espiritualmente la casa de Belén, el hogar de Nazaret. No supone osadía afirmar que se incorporan sobrenaturalmente a la familia de Jesús en esta tierra. María y José vivían centrados en Jesús y unidos por Él. Sus afanes, sus pensamientos, sus ilusiones, sus alegrías, sus dolores pasaban por aquel Hijo que Dios les confió. Las narraciones evangélicas nos relatan cómo Cristo llegó al seno

---

[14] Juan Pablo II, Exhortación apostólica *Familiaris consortio*, n. 57.

purísimo de María, cuando Ella había descartado la maternidad física, ofreciendo al Señor su virginidad. Mateo nos transmite también cómo Jesús entró en la vida de José, cuando el Patriarca pensaba, ante aquel misterio que le excedía, abandonar en secreto a su esposa, para no difamarla. María y José, que ya estaban desposados, ven reforzado su vínculo santo de amor por la irrupción del Padre que, enviando su Espíritu sobre María, hace nacer de Ella virginalmente a su Verbo según la naturaleza humana.

Cristo une, no separa. Al mismo tiempo, la caridad y el cariño añaden categoría al respeto por el otro y valoran sabiamente sus necesidades, de modo que el propio comportamiento espiritual no suponga un peso; evita, por ejemplo, apartarse para rezar cuando lo que urge es reparar una puerta que no cierra, atender una visita, o preparar la cena, puesto que estas mismas actividades se transforman en ocasión de encuentro con Dios, es decir, pueden convertirse en oración.

Lo que separa a los hombres entre sí, lo que lleva un matrimonio al naufragio, suele proceder de la soberbia que pretende enrocarse en «su» razón, y de este modo resiste al don de Dios y aísla al interesado de los demás. He aquí un consejo de san Josemaría a los esposos: «Evitad la soberbia, que es el mayor enemigo de vuestro trato conyugal: en vuestras pequeñas reyertas, ninguno de los dos tiene razón. El que está más sereno ha de decir una palabra, que contenga el mal humor hasta más tarde. Y más tarde —a solas— reñid, que ya haréis en seguida las paces»[15].

Jesús sacramentado une a los esposos cristianos. Lo hace cuando cada uno por su cuenta se centra en la Eucaristía; y además, de modo muy específico cuando los dos participan juntos en algunas manifestaciones principales de la piedad eucarística. Se difundió hace muchos años el lema: «La familia

---

[15] San Josemaría Escrivá de Balaguer, *Es Cristo que pasa*, n. 26.

que reza unida, permanece unida»; y la historia lo ha confirmado. El lema encontraba muchas aplicaciones: bendecir la mesa, rezar en común el Rosario, asistir con el cónyuge y los hijos los domingos a la Misa, y otras devociones más esporádicas. Comprendemos que de todas las manifestaciones, la eucarística precede con mucho al resto; aunque en ocasiones no falten las dificultades de orden logístico.

La importancia de participar juntos en la Santa Misa radica en la presencia de Cristo y de su Sacrificio: es poner a Jesús entre los dos, para que refuerce el vínculo de fe y amor que les une; es poner su entrega entre los dos, para que alimente la entrega de cada uno al otro. Considerar la Misa dominical como un momento esencial de la semana ayuda a centrar la comunión de vida matrimonial y de la entera familia en el Señor; es tener a Jesús y colocar su entrega en el puesto de honor, por encima de todo; es vivir de Él y por Él y con Él, aunque materialmente el templo esté alejado y no se pueda acudir allí todos los días.

Centrarse en la Eucaristía equivale a meter a Jesús en casa, a entrar en comunión espiritual con la Sagrada Familia que nos lleva como de la mano a la Trinidad Santísima. Vienen bien aquí unos versos de Lope de Vega al final del segundo acto de su obra de teatro sobre San Isidro: «Cristo, cuando acá vivía, / con Josef y con María / eran Trinidad del suelo, / figurando la del Cielo / pues que sólo un Dios había». El hogar cristiano radicado en la Eucaristía, se beneficia del hogar de Jesús, María y José, en el que cada uno pensaba en los demás, y donde el mayor estaba sujeto a los otros dos, a la vez que la esclava del Señor obedecía a quien se consideraba indigno de estar a su lado, porque la humildad sustentaba el verdadero humus del cariño y de la entrega de cada uno.

Cuando los esposos se afanan en que su fe y su amor se desarrollen con los ritmos del amor de Jesús a su Iglesia, tan manifiesto en la Eucaristía, se ajusta ya su hogar a lo que constituye un anticipo del cielo, sin que por este motivo se pierdan la sencillez y limitación que caracterizan las cosas de esta tierra. Lo notaba ya Tertuliano: «¿Cómo describiré la felicidad de ese matrimonio que la Iglesia une, que la entrega confirma, que la bendición sella, que los ángeles proclaman, y al que Dios Padre tiene por celebrado? (...). Ambos esposos son como hermanos, siervos el uno del otro, sin que se dé entre ellos separación alguna, ni en la carne ni en el espíritu. Porque verdaderamente son dos en una sola carne, y donde hay una sola carne debe haber un solo espíritu (...). Al contemplar esos hogares, Cristo se alegra, y les envía su paz; donde están dos, allí está también Él, y donde Él está no puede haber nada malo»[16].

El apostolado de la mesa

Otro momento capital de todo hogar es la reunión para comer, una o dos veces al día, según las costumbres del lugar y las circunstancias concretas de cada familia.

Ya antes, a propósito de la última Cena, considerábamos que el hecho de comer juntos va más allá, trasciende la mera materialidad, para constituir un encuentro interpersonal que manifiesta y fortalece la comunión entre los comensales. La Eucaristía, instituida como banquete sacrificial, se nos entrega como sacramento de la unidad, porque une a los discípulos con el Maestro y de esa manera los une también entre sí: los hace un cuerpo cuya cabeza es Cristo (cfr. 1 Cor 10, 17). «Efecto de este sacramento es la unidad del cuerpo místico»[17], recuerda santo Tomás. La Eucaristía conduce a los cristianos a tener los mismos sentimientos del Señor (cfr. Flp 2, 5), a tener

---

[16] Tertuliano, *A la esposa*, I, 2, 9.
[17] Santo Tomás de Aquino, *Suma teológica*, III, q. 73, a. 3.

«todos un mismo pensar y un mismo sentir» (cfr. 1 Cor 1, 10): a moverse en sintonía de intenciones, criterios y afectos. La participación de los cónyuges en el banquete eucarístico obrará también en ellos ese efecto de unidad, que sustentará y reforzará la unión profunda —humana y divina— causada por el vínculo conyugal, sellado por el sacramento del Matrimonio. Obrará ese efecto acrecentando también los efectos de aquellos elementos humanos que causan a su vez la concordia feliz de los cónyuges entre sí y de la entera familia.

Todos sabemos que un componente muy importante, por su eficacia, en orden a promover y asegurar la unidad de los cónyuges y de la familia, es justamente la coincidencia de todos para comer reunidos. Buen momento para demostrar la comunión y, simultáneamente, para crearla por medio de muchos detalles, especialmente con la conversación que se entabla y con la participación de los mismos alimentos. El interés por lo que cada uno dice, por sus gustos, por su reacción ante lo que los demás comentan, evidencian pruebas de cariño que abre puertas a la confianza; así resultará más espontáneo que todos hablen sencillamente de lo que piensan, de lo que han hecho, de lo que les preocupa, de sus proyectos. La corrección en el modo de presentarse a la mesa y de comer, la puntualidad a esa reunión, el detalle y cuidado con que se han preparado y se presentan los alimentos, aunque sean sencillos y económicos, apuntan la medida del respeto y del aprecio a los demás. En la mesa, cada comensal puede aprender mucho y enterarse de tantas cosas; sobre todo, puede aprender a amar en concreto.

Si a todo esto añadimos la memoria actualizada de la presencia de Jesús en medio de los suyos, con sus amigos, comprenderemos que un apostolado muy importante de los cónyuges —cada uno con la otra parte y con los hijos— consiste precisamente en valorar esta reunión, que se transforma en un momento entrañable por su hondo contenido humano y sobrenatural. El Señor ha dicho: «Os aseguro también que si dos de vosotros se ponen de acuerdo en la tierra sobre cualquier cosa que quieran pedir, mi Padre que está en los Cielos se lo concederá. Pues donde hay dos o tres reunidos en mi nombre, allí estoy yo en medio de ellos» (Mt 18, 19-20). Marido y mujer están entonces reunidos y lo están en nombre de Jesús, que ha bendecido su amor por medio de la Iglesia, y lo ha incorporado al que Él profesa a su Esposa.

Viene a la mente el encuentro de Emaús: aquellos dos discípulos invitaron a Jesús a entrar con ellos y a cenar. Lo habían encontrado antes, no querían perder su compañía. Como los esposos cristianos: se han encontrado en el camino de esta vida y han decidido seguir juntos con Jesús, lo han acogido en su casa y en su vida; y Él ha aceptado la invitación y también permanece con ellos mientras comen. Hay que abrir los ojos y descubrir al Maestro. La participación en la Mesa eucarística ayudará a ver al Señor en la mesa común: cada uno en el otro cónyuge, en los hijos (cfr. Mt 25, 40) y surgirá espontáneo el afecto que se convierte en disponibilidad y servicio, en palabra comprensiva y estimulante que disipa la tristeza y el cansancio que quizá se han acumulado durante la jornada de trabajo.

Transmitir la vida y la fe

Dios ha querido aliarse con los hombres para darnos su vida. Y ha dispuesto también que la vida humana se transmita a través de una alianza enamorada, que refleja —porque participa de ese bien— la gran alianza que Él instaura con todos.

El misterio de fe y de amor que entraña la alianza matrimonial se relaciona con la vida y con su transmisión: crea una comunión vigorosa que es fuego y hogar, donde nuevos seres encuentran pan y casa. También encuentran fe y amor; y esta adición adquiere suma importancia, porque los padres colaboran en la transmisión de la vida natural y también de la vida sobrenatural. Se admita o no, los hijos son hijos de su cuerpo y también de su alma: de sus convicciones, de sus afectos, del sentido que dan a la vida, de su cultura, de sus ambiciones humanas, de su proyecto existencial.

Algunos invocan la libertad para reducir los aspectos educativos de su misión respecto a los hijos. Ciertamente, se ha de respetar la libertad de los hijos; pero eso no significa que los esposos puedan desentenderse de lo que los hijos hacen o dejan de hacer. Justamente la educación consiste en enseñarles qué deben y qué no deben hacer, exponiéndoles siempre las razones para que ellos comprendan por sí mismos —saquen de su interior: de su inteligencia y de su voluntad— el porqué de sus deberes y de sus derechos.

Educar se identifica con enseñar, acompañar, ir delante, ayudar a abrir camino; y a veces, lo contrario: detenerse para ponderar más despacio una cosa; ir detrás para comprobar cómo ellos se orientan en el camino; callar para que ellos manifiesten lo que piensan y quieren; permitirles una cierta autonomía para que aprendan a desenvolverse con sus propias fuerzas, aun a riesgo de recibir algún golpe. Se ha repetido de mil modos que educar es ciencia y también arte; es también obra de fe y de amor.

Obra de fe de los padres en los hijos, para creerles cuanto dicen, aunque alguna vez se les escape alguna mentirijilla; enseñándoles así la virtud importantísima de la sinceridad que hace a los hombres verdaderamente hombres (a las mujeres, mujeres de verdad), porque los asemeja a Dios que no engaña nunca, ni puede engañar; que comprendan que el demonio se ha aliado con la mentira y la posee como hija (cfr. Jn 8, 44). Fe para confiar en ellos, encargándoles la realización de pequeñas tareas; aguardando a que maduren y logren poco a poco aprender a acabar bien las cosas, sin pretender que las realicen perfectamente y enseguida; renovando esa confianza cada vez que se equivocan, cuando sufren un traspiés en el estudio o en la relación con los demás.

Obra de amor a los hijos. Para pensar en ellos, para estudiar sus gestos y sus reacciones, sus palabras y sus preferencias, y disponerse así a comprenderlos, a descubrir sus verdaderos problemas y orientarles hacia la solución oportuna. Para perdonarles cuando desobedezcan o se muestren algo rebeldes. Para insistir con afecto y con la energía necesaria (que es muestra de verdadero amor), cuando observan que no se corrigen, imitando también en esto al Padre de todos (cfr. Hb 12, 5-12). Para dedicarles el tiempo que necesitan, con frecuencia más del que nos parece.

«Dejad que los niños se acerquen a mí» (Mc 10, 14). Jesús dijo estas palabras a los Apóstoles, cuando rechazaron a varios pequeñuelos que le llevaban para que los bendijera. Las dirige a todos los cristianos; por eso ha querido que fueran recogidas en el Evangelio. «...porque de éstos —los que son como niños— es el Reino de Dios» (*ibid.*). Quizá los discípulos pensaban que el Maestro no debía perder tiempo con esas criaturas, que convenía ocuparse de asuntos más importantes.

Jesús aprovecha una vez más para poner las cosas en su sitio, y atribuye «a los que son como niños» el premio que ha preparado a los pobres de espíritu y a los perseguidos por causa de la justicia, en la primera y en la última de las Bienaventuranzas, como para puntualizar que todos los demás premios anunciados en ese Sermón (ver a Dios, ser consolados, ser saciados, poseer la tierra, ser llamados hijos de Dios) les corresponden también. Jesús enseña que todo el secreto consiste en hacerse niños, en tener sus disposiciones de fe, de confianza indiscutida, de abandono radical, de ilusión constante, de sencilla sinceridad. Y remacha: «Quien no reciba el

Reino de Dios como un niño, no entrará en él» (Mc. 10, 15). Hay, pues, que volverse pequeños; pero no en la discreción y en el juicio, sino en la malicia y en el engaño. Al Maestro no le importaba estar con los niños y a nosotros no nos ha de importar tampoco estar con ellos y dedicarles tiempo, porque así aprenderemos de nuevo la sencillez sincera, la piedad profunda, la rectitud inocente, la confianza segura y el abandono feliz.

Desde el Sagrario, Jesús continúa invitándonos, a entregarnos indefensos a la Voluntad del Padre y a la utilidad humana y sobrenatural de nuestros hermanos. El Verbo que todo lo ha creado, en la Hostia y en el Cáliz se deja llevar de acá para allá, se deja partir y trocear y comer... En el silencio y la disponibilidad del Señor Sacramentado, resuenan hoy aquellas palabras suyas: «El que no reciba el Reino de Dios como un niño...»; pero resuenan como una constante invitación con ejemplo persuasivo.

Enseñar a honrar a Dios y a luchar por agradarle

Aprender de los niños es aprender del Maestro, que tomó carne de Niño por amor nuestro. La Sabiduría increada se abajó a nuestro modo de conocer, ínfimo y sujeto a lo sensible; se avino a las leyes de nuestro razonar y discurrir, lento y progresivo; aceptó crecer en edad, sabiduría y gracia como todos los hombres, que nacen en la debilidad, inermes (cfr. Lc 2, 52). Pero a diferencia de los hombres, el Maestro, en la plenitud perfecta de la madurez humana, siguió siendo Niño: ante su Padre eterno (cfr. Hch 4, 27) y ante nosotros, pues aceptó ser pobre y ser tratado como un cordero manso llevado al matadero, como una oveja que permanece muda ante el trasquilador (cfr. Is 53, 7).

Enseñaba san Máximo de Turín: «Esto dice el Señor a los Apóstoles: "Si no os hacéis semejantes a este niño"... No les dice: como estos niños; sino: como este niño. Elige uno, propone sólo a uno como modelo. ¿Cuál es este discípulo que pone como ejemplo a sus discípulos? No creo que un chiquillo del pueblo, uno de la masa de los hombres, sea propuesto como modelo de santidad a los Apóstoles y al mundo entero. No creo que este niño venga de la tierra, sino del Cielo. Es aquél de quien habla el profeta Isaías: "Un Niño nos ha nacido, un Hijo se nos ha dado" (Is 9, 5). Este es el chiquillo inocente que no sabe responder al insulto con el insulto, a los golpes con el golpe. Mucho más aún: en plena agonía reza por sus enemigos: "Padre, perdónales, porque no saben lo que hacen" (Lc 23, 24). De este modo, en su profunda gracia, el Señor rebosa de esta sencillez que la naturaleza reserva a los niños. Este niño es el que pide a los pequeños que le imiten y le sigan: "Toma tu cruz y sígueme" (Mt 16, 24)»[18].

«Aprended de mí, que soy manso y humilde de corazón» (Mt 11, 29). También en el lavatorio de los pies nuestro Maestro se pone explícitamente de modelo, de ejemplo en la mansedumbre y en la humildad, que son virtudes que especialmente nos cuesta vivir, porque quizá son las que entendemos menos.

El Maestro humilde y manso insiste: dejad que ellos vengan a mí, aprended vosotros de mí. La alianza de los cónyuges, injertada en la de Cristo con su Iglesia, lleva a esta conclusión: los esposos hacen las veces de Jesús ante los hijos. Dios se ha servido de los esposos —de su capacidad de engendrar, que es como una participación en el poder creador[19]— para dar la vida a nuevas criaturas humanas; y Cristo también quiere servirse de ellos para que les orienten y eduquen como Él —nuestro Maestro y modelo— desea. Por eso, no basta que los esposos enseñen, además deben dar ejemplo. Han de repetir lo que Cristo ha dicho y vivir como Él.

---

[18] San Máximo de Turín, *Homilía* 54.
[19] Cfr. San Josemaría Escrivá de Balaguer, *Es Cristo que pasa*, n. 24.

«En la obra educativa, y especialmente en la educación en la fe, que es la cumbre de la formación de la persona y su horizonte más adecuado, es central en concreto la figura del testigo: se transforma en punto de referencia precisamente porque sabe dar razón de la esperanza que sostiene su vida (cfr. 1 Pe 3, 15), está personalmente comprometido con la verdad que propone. El testigo, por otra parte, no remite nunca a sí mismo, sino a algo, o mejor, a Alguien más grande que él, a quien ha encontrado y cuya bondad, digna de confianza, ha experimentado. Así, para todo educador y testigo, el modelo insuperable es Jesucristo, el gran testigo del Padre, que no decía nada por sí mismo, sino que hablaba como el Padre le había enseñado (cfr. Jn 8, 28).

»Por este motivo, en la base de la formación de la persona cristiana y de la transmisión de la fe está necesariamente la oración, la amistad personal con Cristo y la contemplación en Él del rostro del Padre. Y lo mismo vale, evidentemente, para todo nuestro compromiso misionero, en particular para la pastoral familiar. Así pues, la Familia de Nazaret ha de ser para nuestras familias y para nuestras comunidades objeto de oración constante y confiada, además de modelo de vida»[20].

Las palabras que no van seguidas de una conducta coherente, pueden tener alguna eficacia al principio, después terminan cayendo sistemáticamente en el vacío, porque carecen de credibilidad. En cambio, ¡qué elocuentes las palabras cortas que se traducen en obras consecuentes! Naturalmente, no se trata de vivir como en un escaparate, ni rígidamente atentos a no equivocarse, a no contradecirse. Aprender de Cristo es lo más opuesto a perder espontaneidad: significa ciertamente permanecer atentos a obrar bien, pero a la vez significa obrar con sencillez. No las miremos como cosas incom-

---

[20] Benedicto XVI, *Discurso en la apertura de la asamblea eclesial de la diócesis de Roma*, 6-VI-2005.

patibles, porque precisamente permite unirlas la capacidad de rectificar, de corregirse. ¡No pueden olvidar los padres que —si su conducta ha carecido de coherencia y la familia lo ha presenciado— aleccionan también a los hijos cuando rectifican delante de ellos, cuando reconocen que se han equivocado y se corrigen! Ese comportamiento encierra una gran lección: la lección de su lucha sincera por actuar bien, sin hipocresías. ¡Qué contento estará el Maestro con esos padres, tan distintos de aquellos fariseos que le apenaban porque no querían ni buscaban convertirse! (cfr. Mt 23).

Mostrar el amor paterno de Dios: educar en la libertad y responsabilidad de los hijos de Dios

La educación cristiana de los hijos reviste una importancia muy particular en un punto: mostrar que Dios es Padre y exponer adecuadamente a los propios hijos que son hijos de Dios y como tales deben comportarse. «La filiación divina —predicó incansablemente san Josemaría— es una verdad gozosa, un misterio consolador. La filiación divina llena toda nuestra vida espiritual, porque nos enseña a tratar, a conocer, a amar a nuestro Padre del Cielo, y así colma de esperanza nuestra lucha interior, y nos da la sencillez confiada de los hijos pequeños. Más aún: precisamente porque somos hijos de Dios, esa realidad nos lleva también a contemplar con amor y con admiración todas las cosas que han salido de las manos de Dios Padre Creador. Y de este modo somos contemplativos en medio del mundo, amando al mundo»[21].

Con el amor paterno y materno que sienten por sus hijos, incondicional y abnegado, dispuesto siempre al perdón, comprensivo y gratuito, los esposos cristianos transparentan

---

[21] San Josemaría Escrivá de Balaguer, *Es Cristo que pasa*, n. 65.

de algún modo el amor paterno de Dios. ¡Qué motivo especialísimo de gratitud hacia nuestros padres, por esa transparencia, recae sobre nosotros! Pero, por desgracia, existe también el contraste de las dificultades de quienes no han gozado de una mediación tan clara, y sufren las nieblas de una comprensión defectuosa de la paternidad celeste. Sólo Dios puede juzgar lo hondo de la conciencia humana, sólo Él sabe hasta qué punto algunos han carecido de elementos preciosos e imprescindibles para no extraviarse por las sendas del odio y de la desesperación. ¡Cuán verdadera la prohibición del Señor, que nos manda no juzgar a nadie! A la vez, ¡cuánta responsabilidad la de quienes con sus disposiciones legales, políticas, sanitarias; o con su conducta ligera, sensual, superficial, han cerrado a muchas personas el camino humano hacia la Paternidad divina! Los cristianos pedimos que les perdone —y que nos perdone a nosotros— y que nos otorgue la valentía y la claridad de ideas, para prestar con perseverancia el gran servicio de intentar remediar esos males.

Experimentar la realidad del amor paterno/materno es algo que los hijos precisan pero, como resulta obvio, no es suficiente para que ellos descubran su filiación divina. Se requiere la fe y una educación religiosa atenta. De nuevo, la conciencia y el ejemplo de los padres debe ir por delante: son ellos los primeros que han de saberse y sentirse hijos de Dios, y comportarse como tales. Desde otro punto de vista, aflora de nuevo la urgencia de la lucha del padre o de la madre consigo mismo; en este caso, para crecer en la propia acogida y en el personal cultivo diario de este don de la filiación divina. Y de nuevo también nos encontramos con la necesidad de centrar la propia vida personal y la conyugal en la Eucaristía, donde Jesús alimenta y acrecienta la maravilla de nuestra condición filial.

Entonces los gestos cotidianos de la vida empaparán, como por ósmosis, el alma de los pequeños —tan sensible y tan dócil al ejemplo y a la palabra de los padres— con ese sentido filial en relación a Dios. Y así les enseñarán con los consejos y con la conducta a dar gracias al Señor por todo lo que tenemos y recibimos: desde un nuevo hermano o hermana, hasta el alimento, el vestido, el regalo que llega, el pastel de la fiesta, el juguete...; a suplicarle perdón por las ofensas pequeñas o grandes: un enfado, una desobediencia, una mentirota, una reacción de orgullo...; a pedirle ayuda para todo: la curación de una persona querida, la conversión de las gentes alejadas de Cristo, la solución de una catástrofe, superar un examen...

Les enseñarán, de modo especial, a alabar a Dios, honrarle, respetarle, obedecerle, someterse a Él con la disponibilidad de un siervo, con el amor y la confianza de un hijo. Esto requiere educarles en el uso de la libertad, que, como bien consta a todos, comporta muchas cosas concretas, desde el uso del dinero —teniéndolos cortos, para que aprendan a administrarlo, a saber lo que vale, cómo se gasta— hasta el uso del tiempo; hasta el sentido de responsabilidad, para que con valentía asuman las consecuencias de sus acciones y aprendan a preverlas, sin escudarse en falsas ignorancias, que en realidad celan imprudencias de muchos tipos; e igualmente orientarles a la sinceridad y a la sencillez, que son características del Hijo de Dios, que se ha hecho Niño para venir a este mundo y dar testimonio de la Verdad; animarles también a que cultiven la alegría sana, fruto de saberse cerca de Dios, visto como Padre omnipotente y misericordioso; y recordarles la necesidad de la lucha contra el pecado y el esfuerzo por obrar lo que Él quiere hasta en sus mandamientos más pequeños (cfr. Mt 5, 17-19).

En este contexto, y a partir de aquí, se les pueden transmitir las prácticas de piedad propias del cristiano, porque las entenderán con lógica naturalidad, como expresión de su relación filial con Dios: las oraciones vocales, empezando por el Padrenuestro, aprendido poco a poco, y por el Avemaría; la práctica de la confesión sacramental y de algunas devociones eucarísticas, como por ejemplo, la visita al Santísimo Sacramento, donde brevemente hablan a Jesús, que les escucha en el Sagrario.

Habrá que conceder un cuidado especial a inculcarles la infinita misericordia de Dios, de modo que no tengan ninguna vergüenza para volver a Él si alguna vez se alejaran por el pecado mortal. La formación de su conciencia, que debe llegar a apreciar claramente lo que se acomoda a la Voluntad de Dios y lo que la contraría gravemente, debe estar perseverantemente templada por la noticia clara de la disposición divina a perdonar todo, siempre y enseguida: no hay pecado que sea más grande que su corazón (cfr. 1 Jn 3, 20). Se les ha de ayudar a asimilar «lo que significa para el hombre apartarse de Dios. Pero esta conclusión no es la última palabra. La última palabra la dice Dios, y es la palabra de su amor salvador y misericordioso y, por tanto, la palabra de nuestra filiación divina»[22].

El primer mandamiento de la Iglesia

Consideremos, en fin, la formación eucarística de los hijos; sin este aspecto de la educación, bien enseñado teórica y prácticamente, la fe no quedaría plenamente transmitida a los pequeños. No se requieren grandes discursos ni graves ejercicios ascéticos. Asume gran relevancia, en cambio, dejarles claro que la Santa Misa es la gran devoción cristiana: lo que más agrada a Dios; lo que más alaba y lo que a nosotros nos reporta mayores y copiosos beneficios; el mejor modo de agradecerle todos sus dones, de donde viene precisamente su

---

[22] *Ibid.*, n. 66.

nombre (*eucharistia*, en griego, acción de gracias). En consecuencia, ellos entenderán que se hace presente lo más importante que ha sucedido —y se renueva— en esta tierra, la acción más grande y trascendente en que pueden participar.

Precede y acompaña todo esto la explicación precisa de que, en la Eucaristía, difiere lo que perciben los sentidos externos de lo que realmente se opera y sucede en la Santa Misa. Así como los primeros rezos pueden enseñarse a los niños en la más tierna infancia; la formación eucarística, en cambio, debe esperar a que llegue el momento en el que cuenten con el suficiente uso de razón para distinguir entre realidad y apariencia. No les supondrá dificultad, entonces, para comprender que en un crucifijo no está el Señor, aunque lo represente con un gran parecido; y saber con la fe que en la Hostia consagrada se encuentra realmente Jesús, aunque parezca pan.

Pero la educación eucarística no se limita a estas explicaciones catequéticas y otras semejantes; tampoco ha de reducirse a enseñar oraciones. Además de todo eso, es preciso iniciar al niño y a la niña en los símbolos litúrgicos y en los ritos eucarísticos, para que poco a poco los vayan entendiendo y asimilando, de modo que efectivamente *participen* en la Misa y no se queden en simples espectadores. No se les hace justicia cuando se piensa que no estarán en condiciones de ese «entender», que es demasiado complicado para lo que pueden admitir. Ciertamente, esta iniciación debe seguir un plano inclinado; pero, domingo tras domingo, una cosa detrás de otra, por medio de las hojas dominicales o con ayuda de un pequeño misal, los hijos irán penetrando en lo que la Iglesia dice y hace. Es decisivo el ejemplo y la formación de los padres: ellos desempeñan el papel de los principales educadores de la fe, a quienes corresponde llevar los niños a Jesús sacramentado, como aquellas personas que presentaban sus pequeños a Cristo para que les impusiera las manos.

La Iglesia manda, con obligación grave, la asistencia a Misa todos los domingos y fiestas de guardar. Edificar la Iglesia, ser Iglesia doméstica implica, de modo muy principal transmitir, también este mandato, acogerlo y ponerlo en práctica. Acogerlo, porque no basta cumplirlo y transmitirlo mecánicamente, hay que aceptarlo por lo que es: un mandato que nace del amor y pide amor, un mandato cuya sustancia contiene el cariño del Hijo de Dios a los hijos de los hombres; que genera en nosotros y a nuestro alrededor fraternidad y confianza, que asegura y alimenta nuestra condición de hijos de Dios, y nos convierte en sembradores de paz y de alegría allí donde nos encontremos.

La Carta a los Hebreos advertía ya de la importancia de la Pascua semanal, como hoy la llamamos[23]: «Fijémonos los unos en los otros para estímulo de la caridad y las buenas obras, sin abandonar vuestra propia asamblea, como algunos hacen» (Hb 10, 24-25). No lo dudemos: necesitamos este encuentro semanal con Cristo resucitado que nos muestra sus llagas, como hiciera con Tomás aquella tarde, pensando también en nosotros. «Respondió Tomás y le dijo: ¡Señor mío y Dios mío! Jesús contestó: Porque me has visto has creído; bienaventurados los que sin haber visto han creído» (Jn 20, 28-29). Tomás retornó al Maestro y a la compañía de los otros Apóstoles; nosotros, si acaso estuviésemos en circunstancias semejantes a las suyas, también sabremos retornar a Jesús en la Eucaristía pasando antes —si es necesario— por el sacramento de la Penitencia.

La experiencia cristiana, que se remonta al principio mismo de la Iglesia, enseña que la participación semanal en el Sacrificio eucarístico, lleva al hijo de Dios a recorrer fielmente el camino hasta la identificación plena con Jesucristo.

---

[23] Cfr. Juan Pablo II, Carta apostólica *Dies Domini*, 31-V-1988, nn. 19 y 75.

¡Cuántos cristianos han coronado victoriosamente su paso por la tierra, gracias a la asistencia perseverante y fiel a la Misa dominical! Quizá sus obligaciones familiares o de trabajo, tal vez la distancia, o la escasez de sacerdotes en la región les impedía frecuentar más asiduamente la Eucaristía. Pero les ha bastado ese encuentro semanal para llegar hasta el final, sin desfallecer en el camino: han permanecido unidos a Jesús y así han alcanzado la verdad y la vida en la visión del Padre.

«Haced esto en memoria mía», «perseverad en mi amor». En torno a la Mesa eucarística madura —a imagen del amor entre Cristo y su Iglesia— el amor de los esposos y de los hijos, que se manifiesta en obras de cariño —grandes y pequeñas— en el acontecer cotidiano. También las familias de los hijos de Dios reproducen, en sus hogares, el ambiente y el estilo humano y divino de aquella primera comunidad, que se inspiraba constantemente en la enseñanza de los Apóstoles, rezaba y vivía unida, tenía su fundamento en la «fracción del pan» (Hch 2, 42).

V. La Eucaristía y el trabajo de los hijos de Dios

«Bendito seas, Señor, (...) por este pan, fruto de la tierra y del trabajo del hombre (...) por este vino, fruto de la vid y del trabajo del hombre, que recibimos de tu generosidad y ahora te presentamos» (*Misal Romano*, Ordinario de la Misa, Ofertorio).

La fórmula del Ofertorio de la Misa pone de relieve la presencia del trabajo humano, en las ofrendas que serán transustanciadas en el Cuerpo y en la Sangre de Cristo. Los Padres de la Iglesia se detuvieron en su dimensión colectiva: el pan presupone la recolección de muchos granos y el vino nace de muchos racimos. Veían en esto una alusión a la unidad de la Iglesia, compuesta también de muchos miembros reunidos en el único cuerpo místico de Cristo. Baste recordar el testimonio de uno de los escritos más antiguos del cristianismo, que se suele datar antes del final del siglo I, donde se recoge una fórmula de acción de gracias por la Eucaristía: «Te damos gracias, Padre nuestro, por la vida y el conocimiento que nos diste a conocer por medio de Jesús, tu siervo. A ti la gloria por los siglos. Así como este trozo estaba disperso por los montes y reunido se ha hecho uno, así también reúne a tu Iglesia de los confines de la tierra en tu reino. Porque tuya es la gloria y el poder por los siglos por medio de Jesucristo»[1].

Esta perspectiva se enriquece, si consideramos que la Eucaristía se sirve también de nuestro trabajo humano, no sólo de la fe que nos reúne en un solo cuerpo, y que afecta a nuestro quehacer profesional, dándole altura sobrenatural.

Dar proyección divina al trabajo humano

Dios, después de haber creado a su imagen y semejanza al hombre y a la mujer, los bendijo así: «Sed fecundos y multiplicaos, y llenad la tierra y sometedla, dominad en los peces del mar, en las aves del cielo y en todo animal que serpea sobre la tierra» (Gn 1, 28). El Señor bendice al hombre y a la mujer concediéndoles una participación en su poder creador; y a la vez les manda que hagan rendir esa capacidad que les otorga: que su amor sea fecundo y que trabajen. Podemos decir que estamos ante el primer mandamiento divino, recibido cuando el hombre estaba aún en el Edén, es decir, cuando se hallaba en el estado de justicia original; mandamiento que contiene bendición y don, que se refiere a la transmisión de la vida humana y al dominio y al uso del universo visible para bien físico y espiritual de la humanidad.

El trabajo del hombre se rige también por miras temporales, que le son necesarias para caminar en la historia; pero debe apuntar además a horizontes más altos y duraderos, debe ordenarse a la vida eterna, a la que Dios nos convoca por puro efecto de su bondad. A esta meta llega la criatura, tanto a través de las primeras aspiraciones temporales; como a través del sentido sobrenatural que ha de poner, pues antes se vive sobre la tierra y luego en el cielo. El orden sobrenatural

---

[1] *Didaché* o *Doctrina de los Doce Apóstoles*, IX.

al que hemos sido llamados, y en el que nos constituye el Bautismo, «no sólo no destruye ni merma el orden natural (...), sino que lo eleva y perfecciona, y ambos órdenes se prestan mutua ayuda y como complemento respectivamente proporcionado a la naturaleza de cada uno, precisamente porque uno y otro proceden de Dios, el cual no se puede contradecir: "Perfectas son las obras de Dios y rectos todos sus caminos"»[2]. La certeza de que esa meta definitiva se alcance después no significa que quepa descuidarse aquí abajo: marginarla mientras se camina por la tierra, significaría reducir el ser humano a lo efímero de la existencia temporal. Por eso, valorar como es debido la dimensión histórica del trabajo humano no significa prescindir ni entorpecer su proyección en la eternidad; como tampoco el justo aprecio de la dimensión sobrenatural de esa tarea laboral conduce a subestimar sus exigencias terrenas y sus logros temporales.

Dios, que nos ha querido colaboradores suyos, para embellecer y perfeccionar lo que Él crea (cfr. Gn 1, 28-30; 2, 5.15), desea también servirse del trabajo —recapitulado en la elaboración del pan y en el cultivo del vino, que resumen lo necesario para la sustentación de los hombres— para confeccionar el sacramento del Cuerpo y de la Sangre de Cristo. De este modo, se nos recuerda en la Misa que con nuestro quehacer —vivificado sobrenaturalmente por la fe que obra por medio de la caridad— edificamos el cuerpo místico de Cristo, la Iglesia.

Trabajar pensando en el Pan que viene del Cielo

En la sinagoga de Cafarnaún, Cristo dijo a los que había alimentado el día anterior multiplicando los panes y los peces: «Trabajad no por el alimento perecedero, sino por el ali-

---

[2] Pío XI, Carta encíclica *Divini illius Magistri*, 31-XII-1929.

mento que permanece para la vida eterna» (Jn 6, 27). Ellos le habían buscado hasta encontrarlo de nuevo en aquel pueblo, quizá porque les parecía estupendo ese modo de resolver su necesidad de comer: sin trabajar. Cristo les invita a levantar la mirada por encima de lo inmediato, a sobrepasar el apremio de la vida material y descubrir las obras de Dios (cfr. Jn 6, 28), el poder divino de vivificar eternamente; les llama a creer en Él como Salvador.

Las palabras de Cristo son siempre actuales: siguen proponiendo al hombre de hoy que no encierre el horizonte de su trabajo en la provisión de los elementos necesarios para la subsistencia corporal; que piense en su tarea —la que le corresponda— como un medio para buscar también alimento para su alma. El Maestro recuerda a los hombres de entonces, y a los de hoy, el deber de trabajar por sustentar el cuerpo y el espíritu, por alcanzar el fin temporal y el fin eterno.

San Juan Crisóstomo comenta que quien trabaje atento exclusivamente a las necesidades de este mundo conseguirá sólo eso, un pan que pasa y se seca, que no dura siempre[3]. San Agustín entiende que Cristo ha dicho expresamente en la sinagoga de Cafarnaún: trabajad no pensando de modo exclusivo en el provecho material, trabajad también pensando en mí[4]. Es preciso, pues, trabajar para conseguir el pan de la tierra y el pan del cielo; construir la propia casa aquí abajo y preparar también la mansión celeste; acabarlo bien, con la mente en Dios y en los demás, y no deteniéndose pobremente en el propio yo terreno; hemos de tender a resolver nuestras propias necesidades y, a la vez, servir a Dios y a los otros, como advierte san Pablo a los de Éfeso (cfr. Ef 4, 28).

En su comprensión de la cuarta petición del Padrenuestro —«danos hoy nuestro pan de cada día» (Mt 6, 11)—, la Tra-

---

[3] Cfr. San Juan Crisóstomo, *Homilías sobre el Evangelio de San Juan*, 43.
[4] Cfr. San Agustín, *Tratados sobre el Evangelio de San Juan*, 25.

dición cristiana considera que se refiere al pan que alimenta el cuerpo, y que se aplica también a Aquel que confiere la vida eterna. En este doble significado podemos descubrir también el mensaje, extraordinariamente importante, de que el trabajo sirve para nuestro paso por la tierra y para el premio eterno, si al esfuerzo humano se añade el deseo de cumplir la voluntad de Dios. El Padre, escribe san Gregorio Magno, bendice nuestros campos y nuestros esfuerzos con los frutos que producen; y nos bendice también con su Hijo que es pan de vida eterna[5].

Comprendemos bien que pedimos uno y otro, porque los dos nos hacen falta para recorrer el camino en este mundo. El pan corporal sirve al celestial: es la materia sobre la que se pronuncian las palabras del sacerdote en la Consagración eucarística; y le sirve también porque nuestra condición terrena pide primero satisfacer las imprescindibles exigencias corporales, para poder desarrollar las actividades propias del espíritu. Por su parte, el pan celestial da razón última y sentido definitivo al caminar humano y, por tanto, al comer, al beber y a todo lo que constituye el trabajo. El hombre tiene hambre de pan material, pero esa hambre se sacia pronto; queda siempre por saciar la otra hambre, la del pan que da vida eterna, la del alimento que nos nutre hasta llegar a Aquel que ansía nuestro corazón inquieto, como señalaba san Agustín[6].

Una tentación acecha al hombre de todos los tiempos, también hoy; la de presentar como incompatibles el pan temporal y el celeste: considerar que la finalidad temporal y la trascendente del trabajo no admiten conciliación; o simplemente conceder tanto espacio del día y esfuerzo a la prosecución del aspecto intramundano, para juzgar que ya no quedan ganas ni fuerzas para pensar en fines sobrenaturales.

---

[5] Cfr. San Gregorio Magno, *Morales sobre Job*, 7.
[6] Cfr. San Agustín, *Confesiones*, I, 1, 1.

En el primer caso, se acepta una antropología cerrada a la trascendencia, como si la negación de la relación de la criatura con su Creador se diese como la condición imprescindible de su propia afirmación; en el otro, no se pone coto a la búsqueda de logros terrenos —en la práctica, se afronta la existencia como si no hubiera una vida perdurable—, y así se excluyen el modo y las horas para alimentarse del pan que ha bajado del cielo y nos espera en la Eucaristía.

Si cae en esa tentación, el caminar terreno no produce fruto sobrenatural (cfr. Jn 6, 53). En última instancia, esas conductas adquieren la exclusiva orientación del alimento que ansían. Quien sólo planea procurarse el pan que se agosta, desgraciadamente terminará sus días consumidos en la sequedad de lo efímero; en cambio, quien ansíe y coma el pan de vida eterna, verá florecer sus días en la esperanza de la juventud eterna de Dios.

Comprendemos la urgencia de la cuarta petición del Padrenuestro, en perfecta sintonía con las tres anteriores y con las tres que le siguen, como si articulara las primeras con las segundas. Alimentado con el pan celeste, el hijo de Dios glorifica al Padre, trabaja por su reino, cumple su Voluntad; ese mismo alimento le facilita extender a los demás el perdón que él mismo ha recibido antes de acoger el cuerpo del Señor, le defiende en las tentaciones y le libra del maligno. Con ese alimento sagrado, el cristiano saborea cada vez con más fuerza y con más hondura lo que significa llamar Padre a Dios, lo que significa ser y llamarse hijo del Altísimo.

Prolongar la Misa en el trabajo

El trabajo, tras la caída del primer hombre, resulta costoso. Decimos que algo es trabajoso cuando supone dificultad, fatiga, cansancio. Ciertamente, al inicio fue una bendición —¡nada menos que invitación del mismo Dios para colaborar en la obra de la creación!—, pero se cargó de peso como castigo del pecado original: «Comerás el pan con el sudor de tu frente» (Gn 3,19). Cuidar del jardín de Edén era inicialmente agradable; después del pecado, labrar la tierra, cultivarla, resulta penoso. También hoy, para ganar el sustento hay que esforzarse: responde a la ley impuesta al hombre, tal como aparece en el Génesis y san Pablo recuerda a quienes intentaban escamotearla (cfr. 2 Ts 3, 10). Pero esto no significa que el trabajo en sí mismo se identifique con un castigo; esa condición se refiere solamente a la fatiga que comporta, como solía recordar san Josemaría[7].

El esfuerzo que exige cualquier tarea empuja en muchas ocasiones a quitar el hombro, a recortar el tiempo que se debe dedicar a una ocupación para terminarla bien; a reducir el empeño a lo imprescindible, a lo aparente, a lo que los otros perciben. Por comodidad o por superficialidad, no se estudian todos los aspectos que un encargo profesional encierra; por prisa o precipitación, se consideran terminadas las ocupaciones que aún requerirían ulterior atención; por orgullo o vanidad, no se acogen consejos ni se busca la sugerencia de otros con mayor experiencia. La lista de los enemigos del trabajo bien realizado se alarga como el elenco de los enemigos de una vida recta y virtuosa, porque en el planteamiento y en el cumplimiento de ese deber —en sus diversas formas y expresiones— está presente la orientación que el hombre intenta poner en su vida.

El progreso de la humanidad en asegurarse alimento y refugio, ha mejorado mucho las condiciones y la eficacia del trabajo, pero no ha cancelado —ni parece que lo cancelará jamás— ese elemento de fatiga y sacrificio. Hoy nos beneficiamos —aunque no todos, ni todos por igual— de los esfuerzos

---

[7] Cfr. San Josemaría Escrivá de Balaguer, *Es Cristo que pasa*, n. 48.

de tantos hombres y mujeres que sacrificaron comodidad, posibilidades, incluso encontraron la muerte, para obtener mejoras notables en el modo de vivir y en la situación laboral. Todos procuramos, en la medida de nuestras posibilidades, contribuir con nuestro esfuerzo a ese grandioso proyecto colectivo por dominar la tierra y sojuzgarla, por sacar rendimiento en beneficio físico y espiritual del hombre. Y, al considerar el progreso en la historia, nuestra vista encuentra al Hijo del hombre clavado en la Cruz, causa de nuestra liberación del pecado, de la muerte y del poder del maligno.

Su pasión y su muerte fueron los grandes «trabajos» de Cristo, para traer a la humanidad una condición de vida nueva, que prevaleciera sobre las esclavitudes que la aplastaban contra la tierra. Esos trabajos suyos han cambiado radicalmente la perspectiva del quehacer humano, recuperando la dimensión trascendente que el pecado ocultaba e impedía. Un sábado, en la sinagoga, Jesús encontró a una mujer que llevaba enferma «dieciocho años: estaba encorvada y no podía en modo alguno enderezarse» (Lc 13, 11). Esa mujer simbolizaba la situación de la humanidad entera, abocada a la solución de sus problemas de supervivencia sin poder mirar al cielo, sin conocer el sentido divino de sus fatigas. El Señor «trabajó»: le dijo que quedaba libre de su enfermedad, le impuso las manos, y la mujer se enderezó y glorificaba a Dios (cfr. Lc 13, 13-14).

Los trabajos de Cristo sanan los nuestros: los enderezan a miras sobrenaturales, permiten que glorifiquen a Dios en vez de glorificarnos sólo a nosotros mismos, mirando exclusivamente a la tierra. Pero la criatura precisa acercarse a Cristo, ponerse a su vista, al alcance de su mano bienhechora, obedecer a sus palabras. El trabajo humano queda sanado cuando el cristiano se acerca a la Cruz, cuando se une al sacrificio de Cristo que se hace presente en el sacramento de la Eucaristía. Allí la intención del trabajador se endereza hacia

Dios; en la fatiga descubre un nuevo sentido, porque se une al sufrimiento del Redentor; allí el faenar humano alcanza valor divino.

«No ofreceréis nada defectuoso»: trabajar bien

«Os exhorto, hermanos, por la misericordia de Dios, a que ofrezcáis vuestros cuerpos como una víctima viva, santa, agradable a Dios: tal será vuestro culto espiritual» (Rm 12, 1). Cada uno debe considerar cómo pone en práctica esa exhortación, cómo puede concretar en su jornada la invitación divina a conformarse con Cristo, que se entrega por amor al Padre y a nosotros. En muchos casos, ofrecer el propio cuerpo como víctima espiritual puede concretarse, sencillamente, en trabajar bien cara a Dios y cara a los hombres, sin miedo al cansancio.

La ofrenda a Dios —así lo recuerda muchas veces la Escritura— ha de ser perfecta: no podemos ofrecerle nada defectuoso; debe ser pura, santa (cfr. Ex 12, 5; Lv 1, 3). Una tarea bien realizada, con perfección humana y con rectitud sobrenatural, sin defectos ni chapuzas, se convierte en una ofrenda grata a Dios porque equivale a ofrecer las propias capacidades. Se puede presentar ante el altar de Dios el trabajo debidamente terminado porque el empeño sabe ya de sacrificio; se alza como retazo de la propia existencia, y cabe presentarlo al Señor para que lo acoja como expresión de nosotros mismos. Cualquier lugar —el taller, la mesa de estudio, la cocina, la besana, el quirófano, el cuidado del hogar...— se transforma en sitio digno para esta ofrenda, porque se ofrenda con esa tarea el propio corazón: es decir, la fe y el amor que la informan y que se manifiestan en el sacrificio de sí mismo, propio del tesón por acabar bien las cosas.

Hablar de sacrificio a un cristiano equivale —si quiere conducirse con coherencia— a hablarle de su participación en el sacrificio de Cristo y, por tanto, de su sacerdocio real, de su participación —recibida en el Bautismo— en el sacerdocio eterno de Cristo. Es instar a su alma sacerdotal a que se decida a participar con Cristo en la salvación de los demás y a dignificar su labor profesional —la que sea— como ofrenda a Dios, capaz de no desentonar con la de Cristo en la Cruz; con el gozo real de juntar su oblación a la de Cristo, ante el Padre como «hostia pura, santa, inmaculada»[8]. Se pide entonces al cristiano que actualice su alma eucarística, que ordene sus trabajos a la Misa y en el altar enraíce su labor y se alimente.

Trabajo y amor

Aunque el trabajo comporte fatiga, nada más equivocado que pintarlo con negras tintas: guarda un rico y hermoso tesoro, ya que participa especialmente en esa creatividad que Dios ha concedido al hombre, en esa capacidad de modelar la propia existencia y la historia de la comunidad humana en que uno se desenvuelve. Sin detenernos ahora en las maravillas que el trabajo humano encierra, fijémonos en que el secreto de su grandeza y belleza radica en el amor con que se realiza.

Muchas veces el hombre no percibe esta estupenda realidad; o, al menos, no se la valora ni se le concede explícitamente la importancia que merece. Otros aspectos —la eficiencia, el resultado en términos económicos, la perfección técnica...— atraen más la atención. De ahí se sigue que, con demasiada frecuencia, no se sepa amar con el trabajo, y que la labor brote mermada por un defecto fundamental. Hoy, más que nunca, urge recordar la breve y profunda enseñanza de san Josemaría: «El hombre no debe limitarse a hacer cosas,

---

[8] Misal Romano, Plegaria eucarística I.

a construir objetos. El trabajo nace del amor, manifiesta el amor, se ordena al amor»[9].

El sentido y la categoría de las ocupaciones humanas han sido objeto de reflexión en el último siglo por parte de muchos pensadores; también el Magisterio de la Iglesia se ha ocupado repetidas veces de este punto de importancia decisiva. Juan Pablo II, especialmente, llamó la atención sobre las graves consecuencias que se derivan de una visión deformada del hombre y de su trabajo. Consideró que muchos de los problemas, que han caracterizado los avatares de la sociedad occidental en los últimos siglos, tienen su raíz en el olvido o la negación de alguna de las dos finalidades del trabajo. Unos han sostenido sólo su utilidad temporal, y han llevado a la persona a una visión materialista de la propia existencia; otros han puesto el acento en su trascendencia espiritual, pero sin reconocer el valor intramundano de la tarea profesional. En ambos casos, el defecto estriba en no conjugar armónicamente los dos fines. «El trabajo humano es una clave —escribía Juan Pablo II—, probablemente la clave esencial, de toda la cuestión social, si procuramos considerarla desde el punto de vista del bien del hombre»[10].

La finalidad principal del trabajo, insistía este Romano Pontífice, no se mide por la cosa producida sino por el sujeto que la produce; el objetivo primordial del trabajo no se queda en fabricar objetos, sino en edificar la persona, porque el origen y el fin de todo empleo laboral se encuentran en el hombre. Lo principal no se centra en la materialidad de lo que se hace, sino en la realidad de que responde a una actuación de la criatura humana; por tanto, aparecen como prioritarios el cómo y el fin de su obrar. Con esto, no se quiere negar el valor objetivo del producto ni el rendimiento

---

[9] San Josemaría Escrivá de Balaguer, *Es Cristo que pasa*, n. 48.
[10] Juan Pablo II, Carta encíclica *Laborem exercens*, 14-IX-1981, n. 3.

material del trabajo; se pretende, en cambio, valorarlos al máximo pero según el recto orden, esto es, no de manera absoluta sino por su relación con la persona[11].

En principio, nadie niega que el buen trabajo presta al mismo sujeto que lo cumple el gran servicio de enseñarle y de ayudarle a amar a los demás. A fin de cuentas, la sustancia de la felicidad se cristaliza en amar y ser amado; y de la calidad de ese amor, se deduce la calidad de la felicidad alcanzada. En este contexto del amor debemos encuadrar el trabajo humano.

¿Cómo no descubrir que, con esa ocupación se está ayudando a los demás, por ejemplo, a trasladarse de un sitio a otro; a progresar en su preparación cultural; a moverse en un ambiente más limpio, ordenado y agradable, a disponer con facilidad y seguridad de alimentos y ropa; a encontrar habitación y confort en su propio domicilio? La enumeración nos llenaría páginas y páginas, porque el trabajo humano se traduce siempre en un servicio más o menos inmediato a los demás. Por eso, encierra íntimamente la capacidad de expresar amor y de provocar amor.

El orgullo, la ambición, la prepotencia, la frivolidad y la ligereza, la superficialidad, la prisa y otros enemigos del amor que lo destruyen poco a poco o de golpe, se levantan también como adversarios dispuestos a cegar nuestros ojos para que, en el trabajo, nos detengamos tan solo ante el cansancio que produce y no veamos el servicio que presta; quieren reducir nuestra intención a la realización de lo que nos place, sin atender a lo que necesitan las demás personas; nos arguyen para esclavizar nuestro ánimo, de modo que se enrede con enfados, recelos, resentimientos, envidias, atropellos, precipitaciones.

Los adversarios del amor coinciden con los que se oponen la perfección humana del trabajo. Por eso, aprender a trabajar

---

[11] Cfr. *ibid.*, 7.

significa —siempre y a la vez— aprender a amar; así madura el carácter del interesado y así se edifican las personas a quienes su trabajo alcanza. ¿Cómo podría considerarse digno de la sociedad el ejercicio de una actividad comercial donde quien vende supiese que está engañando a quien compra? ¿Cómo se salvaría la dignidad de la persona, cuando la colaboración en el trabajo no se apoyase en una lealtad sincera y ordenada entre los colegas? Si faltan la rectitud, la justicia y la lealtad entre quienes se relacionan por medio de un trabajo, ¿cómo progresará la sociedad, cómo se desarrollarán armónicamente los individuos?

La sociedad, sin una operatividad basada en esas virtudes, basadas en el amor y en la confianza, se convierte en campo de batalla donde prevalece el más hábil, el más astuto o el más cruel. Esto no es camino: hemos de ocuparnos de los menos dotados y ayudarles, no toleremos que se avasalle a las minorías. La madurez del trabajo, entendido como servicio y expresión de amor, no ha de considerarse como desprecio de la dinámica que le caracteriza y que se manifiesta en calidad técnica, en rendimiento económico, en progreso social, etc.; más aún, a esa dinámica pertenece también —y no de modo secundario— el vínculo que liga el trabajo con el amor.

Imitar el trabajo del Hijo de Dios, desde Nazaret hasta su culminación en la Cruz

Al asumir nuestra naturaleza con todas sus características e implicaciones, excluido el pecado, el Hijo de Dios ha tomado también nuestra capacidad de trabajar; de hecho se ha aplicado a fondo, con totalidad, pensando en los demás y en diálogo con su Padre. Su trabajo también ha sido labor redentora.

Los Padres de la Iglesia han insistido tenazmente en la verdad de la Encarnación redentora, defendiéndola de los diversos reduccionismos que se han propuesto a lo largo de la historia. Han creído y enseñado siempre que Jesús ha redimido y sanado lo que ha asumido: si algo del hombre hubiera quedado fuera de esa asunción, no nos habría sido salvado. Sin embargo, durante siglos, el trabajo humano no ha sido suficientemente apreciado, sobre todo en su relación con la vida cristiana. A san Josemaría Escrivá de Balaguer se le ha reconocido como precursor del Concilio Vaticano II, por recordar a todos la llamada universal a la santidad y, muy concretamente, ha proclamado y enseñado el valor santificable y santificador de la tarea profesional ordinaria. Refiriéndose, por ejemplo, a los años de Cristo en Nazaret, explicaba:

«Esos años ocultos del Señor no son algo sin significado, ni tampoco una simple preparación de los años que vendrían después: los de su vida pública. Desde 1928 comprendí con claridad que Dios desea que los cristianos tomen ejemplo de toda la vida del Señor. Entendí especialmente su vida escondida, su vida de trabajo corriente en medio de los hombres: el Señor quiere que muchas almas encuentren su camino en los años de vida callada y sin brillo (...).

»Sueño —y el sueño se ha hecho realidad— con muchedumbres de hijos de Dios, santificándose en su vida de ciudadanos corrientes, compartiendo afanes, ilusiones y esfuerzos con las demás criaturas. Necesito gritarles esta verdad divina: si permanecéis en medio del mundo, no es porque Dios se haya olvidado de vosotros, no es porque el Señor no os haya llamado. Os ha invitado a que continuéis en las actividades y en las ansiedades de la tierra, porque os ha hecho saber que vuestra vocación humana, vuestra profesión, vuestras cualidades, no sólo no son ajenas a sus designios divinos, sino que Él las ha santificado como ofrenda gratísima al Padre»[12].

---

[12] San Josemaría Escrivá de Balaguer, *Es Cristo que pasa*, n. 20.

Hablando de la figura y del mensaje del Fundador del Opus Dei, en la ceremonia de beatificación, Juan Pablo II afirmó que «con sobrenatural intuición (...) predicó incansablemente la llamada universal a la santidad y al apostolado. Cristo convoca a todos a santificarse en la realidad de la vida cotidiana; por ello, *el trabajo es también medio de santificación personal y de apostolado* cuando se vive en unión con Jesucristo, pues el Hijo de Dios, al encarnarse, se ha unido en cierto modo a toda la realidad del hombre y a toda la creación (cfr. *Dominum et vivificantem*, 50). En una sociedad en la que el afán desenfrenado de poseer cosas materiales las convierte en un ídolo y motivo de alejamiento de Dios, el nuevo beato nos recuerda que estas mismas realidades, criaturas de Dios y del ingenio humano, si se usan rectamente para gloria del Creador y al servicio de los hermanos, *pueden ser camino para el encuentro de los hombres con Cristo*»[13].

El trabajo se convierte en servicio a Cristo, instaurando una relación íntima con Él, si se une al que Él realizó para redimirnos. La entrega, el auxilio, el trabajo de Jesús no se limitan a lo que sufrió en su pasión y muerte; en realidad, en aquellos momentos alcanzaba su cima la obra de toda su vida: la de aquellos años junto a José en el taller de Nazaret y la de los tres años predicando la Buena Nueva.

Aprender a amar a Dios con la propia ocupación entraña, por tanto, aprender a trabajar como Cristo lo hizo. Los evangelistas no han puesto por escrito detalles sobre el modo de llevarlo a cabo durante aquellos lustros en Nazaret; en cambio, nos han transmitido bastantes indicaciones sobre su labor durante los tres años de vida pública. Y así, en los evangelios contemplamos cómo demanda la colaboración de los discípulos antes de la multiplicación de los panes y los peces;

---

[13] Juan Pablo II, *Homilía en la beatificación de Josemaría Escrivá de Balaguer*, 17-V-1992.

y, después del milagro, ordena recoger en canastos lo que ha sobrado. En el episodio de la pesca milagrosa, no excluye del beneficio a quienes iban en la otra barca. Paga los impuestos, aunque esté exento. En sus parábolas, da muestra de conocer bien cómo se realizan los oficios más corrientes en el ambiente rural donde habitó. Conoce las Escrituras y cumple una detrás de otra; pregunta inteligentemente a los sabios y les responde con sabiduría...

No podemos dudar de que trabajó bien quien mereció aquella alabanza del pueblo: «Todo lo ha hecho bien» (Mc 7, 37). Y trabajó mucho, pues no les quedaba —ni a Él ni a sus discípulos— tiempo para comer, hasta el punto de que algunos de sus parientes consideraban que se había vuelto loco (cfr. Mc 3, 20-21). Ciertamente, actuó pensando en el bien eterno de los hombres y en continua conversación con su Padre. Característica esencial que debemos aprender nosotros: realizar una tarea abundante y, en la medida de nuestras posibilidades, perfecta, útil a los demás, y con el esfuerzo de transformarla en oración. Con esta lección bien aprendida y puesta en práctica, ayudaremos a Cristo en la salvación del mundo.

El cristiano ha de asimilar esta enseñanza, poniéndola en práctica, también, porque la teoría es muy sencilla; la riqueza de sus implicaciones se descubre justamente al aplicarla al propio obrar. Se aprende, por ejemplo, que siempre cabe trabajar mejor; tener más presentes a los demás al plantear y realizar nuestras tareas; estar más atentos a lo que Dios espera de nosotros en nuestro quehacer. Siempre podemos hablar más con Él —muchas veces sin palabras—, mientras nos ocupamos de nuestra labor. El *más* —en este caso, como en el de todas las virtudes— es inevitable, porque aquí se trata de amar a Dios con el trabajo; y amar a Dios supone un acto de la virtud teologal de la caridad, con la formidable capacidad de crecer indefinidamente. Esta posibilidad de mejora en el quehacer laboral, justamente porque es cuestión de amor, no deprime ni cansa; al contrario, enciende —en la misma tarea cotidiana— lumbres nuevas, y la convierte en una competición de cariño que trae al alma una perenne juventud interior.

Se aprende también que, así como Cristo culminó su vida de trabajo en el Gólgota, el discípulo debe llegar en la suya al exceso en el amor a Dios y, por Él, a los demás: exceso que se concreta en abrazar con garbo la cruz de cada día —una cruz no inventada, sino real—, sin esquivar el deber y el sacrificio que ese cumplimiento lleva consigo, aunque en ocasiones falte el entusiasmo sensible. De este modo, el cristiano sabrá encajar —sin tragedias— incomprensiones y desatenciones de los otros en su tarea; aceptará con una sonrisa los imprevistos, molestias y fatigas del trabajo, sin decir basta a la ejecución de las propias obligaciones. En definitiva, aprenderá a realizar lo que hay que hacer —y a hacerlo bien— todos los días, por amor de Dios.

Unidad de vida: una Misa de 24 horas

Para que los hijos de Dios se empeñaran efectivamente en trabajar como Él y unidos a Él, el Hijo de Dios se quedó entre nosotros. Considerábamos antes que Jesús en la Eucaristía instruye al hombre sobre cómo amar a Dios y a los demás, sobre cómo sacrificarse por ellos y servirles; ahora comprendemos que la Comunión frecuente y el recurso al Señor en el Sagrario también orienta y ayuda a trabajar como Jesús: convertir la tarea profesional en un servicio de amor, un sacrificio dirigido a la salvación de las almas.

El defecto de no saber amar con el trabajo se origina por el vicio de atender a lo intramundano, excluyendo lo trascendente; por encorvarse hacia las cosas de la tierra, sin elevar la mirada al cielo. El trato asiduo y confiado con Jesús en la Eucaristía se nos revela como el gran remedio para no desear sólo el pan del suelo, para no trabajar sólo con miras temporales. Se prescinde del alimento material cuando uno se sacia; pero el alimento eucarístico sacia sin saciar: quien come y bebe el Cuerpo y la Sangre del Señor, siente que aumenta su hambre y su sed: «Los que comen de mí aún tendrán más hambre, y los que de mí beben, aún sentirán más sed» (Sir 24, 29). La experiencia interior del pan divino, que produce el Espíritu Santo —fruto de la Cruz y de la Eucaristía— en el cristiano, lo introduce progresivamente en un vértigo de amor al Señor. Un vértigo suave, no violento, que se insinúa con la fuerza irresistible y amable de Dios. El alma, alimentada con esa Carne gloriosa y embriagada por esa Sangre triunfante, empieza a girar en la órbita de los deseos divinos, siente sed de amor de Dios, sed de almas como Cristo en la Cruz, y busca su compañía.

Otro obstáculo, ya apuntado, que impide amar con el trabajo, es el miedo al dolor, el rechazo del sacrificio. Cuando cede a ese enemigo, la persona busca en su ocupación profesional la solución menos exigente, aunque sea menos eficaz o queden sin resolver algunos aspectos; se afana en disminuir sus obligaciones, recurriendo, si es el caso, a hermenéuticas reductivas; descarga en otros lo que a él le compete, llegando incluso a acusarles injustamente porque un ataque —piensa— se demuestra siempre la mejor defensa. Todo su esfuerzo se orienta no a trabajar bien y lo mejor posible, sino a defender su comodidad, su pequeño prestigio, su componenda laboral. Qué alegría, en cambio, cuando se afrontan las dificultades sin temor, cuando se emprenden batallas grandes y arduas, porque se ama a Dios y se desea servir, por amor, a los demás.

En la participación frecuente y piadosa en el Sacrificio de la Misa, al identificarnos con la entrega de Cristo, se nos concede la gracia de querer y de inmolarnos para salvar a las almas y glorificar al Padre celestial (cfr. Mt 5, 16). Nos facilita el esfuerzo por ser diligentes y premurosos en el trabajo, atentos, cuidadosos y obedientes. Como observa san Agustín, nos hallaremos en condiciones de donar de lo que recibamos: si comemos de la mesa de los fuertes, esto es, del cuerpo y de la sangre del que dio su vida por sus amigos, también nosotros podremos dar nuestra vida por nuestro Señor, por nuestros hermanos, como hicieron los mártires[14].

El cristiano que actúa así, sabe repetir con Cristo: «Esto es mi cuerpo, que es entregado por vosotros»; y lo pronuncia con su Señor, no sólo de boca sino con las obras, pues lo traduce en hechos concretos que están a su alcance en la vida cotidiana, sin esperar ocasiones extraordinarias. Son obras que quizá pasen inadvertidas a quien no vigila: ese entregarse con Él a los demás en el trabajo; la determinación de superar el propio cansancio para ayudar a los demás en su labor; el afán de cuidar del prójimo, que es en primer lugar —junto con los parientes y amigos más íntimos— cada uno de los colegas con los que trata diariamente; o bien dejarse «complicar» la vida, para descomplicar los enredos que el trabajo mal hecho ha introducido en las vidas de otros. Con la fuerza de la gracia que procede de la Misa, el cristiano imita a Jesús también en lo de parecer pan: se deja comer, triturar, llevar de aquí para allá —según la disponibilidad que sus obligaciones le consienten—, para socorrer la necesidad material y espiritual de otras personas.

Y comprende, por decirlo con palabras de san Josemaría, que «el trabajo profesional es también apostolado, ocasión de entrega a los demás hombres, para revelarles a Cristo y llevarles hacia Dios Padre, consecuencia de la caridad que el Espíritu Santo derrama en las almas. Entre las indicaciones, que San Pablo hace a los de Éfeso, sobre cómo debe manifestarse

---

[14] Cfr. San Agustín, *Sermón* 84, 1-2.

el cambio que ha supuesto en ellos su conversión, su llamada al cristianismo, encontramos ésta: *el que hurtaba, no hurte ya, antes bien trabaje, ocupándose con sus manos en alguna tarea honesta, para tener con qué ayudar a quien tiene necesidad* (Ef 4, 28). Los hombres tienen necesidad del pan de la tierra que sostenga sus vidas, y también del pan del cielo que ilumine y dé calor a sus corazones. Con vuestro trabajo mismo, con las iniciativas que se promuevan a partir de esa tarea, en vuestras conversaciones, en vuestro trato, podéis y debéis concretar ese precepto apostólico (...).

»En vuestra ocupación profesional, ordinaria y corriente, encontraréis la materia —real, consistente, valiosa— para realizar toda la vida cristiana, para actualizar la gracia que nos viene de Cristo»[15].

El trabajo se revela entonces como otro modo y otro medio de anunciar a Cristo, de llevar a los hombres el pan del cielo mientras se gastan por conseguir el pan de la tierra. Y el discípulo del Maestro entiende, con nuevas razones, que no puede ir sólo tras de sí: su labor profesional no ha de quedar empequeñecida en las estrechas miras de un provecho temporal; sino abierta a favorecer fruto sobrenatural de almas. No basta siquiera que su tarea le ayude a él personalmente a tratar a Dios, a unirse al sacrificio de Cristo; si de veras ofrece su trabajo a Dios en el Sacrificio eucarístico, la gracia le iluminará para comprender que sus colegas no son seres extraños con los que mantiene una relación externa y superficial; los mira como a sus hermanos, como personas con las que entabla una amistad sincera y leal, que se desarrolla más o menos, según las posibilidades de cada uno.

La Eucaristía nos habla del Señor del Cielo, inerme en el altar y en el tabernáculo por amor nuestro; nos enseña a ser amigos de verdad, no de una o de dos personas, no de quienes

---

[15] San Josemaría Escrivá de Balaguer, *Es Cristo que pasa*, n. 49.

nos resultan simpáticos y afines por motivos de paisanaje, cultura, aficiones, carácter; sino de todos los que encontramos de manera habitual en el camino de su vida, en la medida que también ellos lo permiten, pues la amistad requiere reciprocidad. En la Eucaristía, Jesús nos muestra que la amistad está compuesta de momentos gozosos de comunicación alegre, y también de gestos de sacrificio, de compañía silenciosa, de comprensión callada.

Jesús es siempre Modelo y Maestro. En la Eucaristía nos recuerda y ayuda a no separar la búsqueda de la santidad personal, del esfuerzo por colaborar con Él en la santificación de los demás. Nos impulsa a realizar ambas cosas en la actividad cotidiana, sin esperar a tiempos especiales o a ocasiones extraordinarias; y nos invita a buscar una y otra en el trabajo de cada día. Incorporándolo a su sacrificio por medio de la Eucaristía, Jesús asocia al cristiano a su misma vida y le va concediendo el gozo y la gloria de rememorar en toda circunstancia la misión que el Padre señala a cada uno. El hijo de Dios vive entonces una «misa» que dura la entera jornada, como afirmó tantas veces san Josemaría: «Todas las obras de los hombres se hacen como en un altar, y cada uno de vosotros, en esa unión de almas contemplativas que es vuestra jornada, dice de algún modo *su misa*, que dura veinticuatro horas, en espera de la misa siguiente, que durará otras veinticuatro horas, y así hasta el fin de nuestra vida»[16].

Dar culto a Dios en todos los ambientes: Cristo en la cumbre

Identificado con Jesús por la recepción de los sacramentos y por medio del trabajo unido al sacrificio de Cristo en la

---

[16] San Josemaría Escrivá de Balaguer, Apuntes tomados de una meditación, 19-III-1968.

Eucaristía, el discípulo del Maestro lleva la Cruz consigo por doquier y siempre: las veinticuatro horas del día. Es portador de Cristo porque también en su trabajo quiere participar —con la gracia que le viene de la Misa— de su Cruz. Se convierte en *cristóforo*, en portador de Cristo, porque la Eucaristía le hace «concorpóreo y consanguíneo» de Cristo, como dice san Cirilo de Jerusalén[17].

El hijo adoptivo de Dios camina así con el Hijo (con mayúscula) de Dios por todos los ambientes. Y procede con tanta eficacia y naturalidad que los demás palpan la cercanía del Señor sin necesidad de signos especiales: ese cristiano lo anuncia con su conducta, con su afecto sincero, con su servicio alegre. Así lo recomendaba san Josemaría: «Hemos de conducirnos de tal manera, que los demás puedan decir, al vernos: éste es cristiano, porque no odia, porque sabe comprender, porque no es fanático, porque está por encima de los instintos, porque es sacrificado, porque manifiesta sentimientos de paz, porque ama»[18].

La presencia del Maestro, a través de sus discípulos, en todos los lugares del trabajo humano, es un modo de exaltarlo. Jesús fue injuriado en la Cruz con humillaciones y sufrimientos de todo tipo. Pero fue exaltado por su amor, que prevaleció sobre todas las provocaciones de la envidia y del odio desencadenados contra Él, como había profetizado: «Y Yo, cuando sea levantado de la tierra, atraeré a todos hacia mí» (Jn 12, 32).

En 1963, el Fundador del Opus Dei, rememoraba este pasaje vívidamente: «Cuando un día, en la quietud de una iglesia madrileña, yo me sentía ¡nada! —no poca cosa, poca cosa hubiera sido aún algo—, pensaba: ¿tú quieres, Señor, que haga toda esta maravilla? Y alzaba la Sagrada Hostia, sin

---

[17] San Cirilo de Jerusalén, *Catequesis*, 23, 1.
[18] San Josemaría Escrivá de Balaguer, *Es Cristo que pasa*, n. 122.

distracción, a lo divino... Y allá, en el fondo del alma, entendí con un sentido nuevo, pleno, aquellas palabras de la Escritura: *et ego, si exaltatus fuero a terra, omnia traham ad meipsum* (Jn 12, 32). Lo entendí perfectamente. El Señor nos decía: si vosotros me ponéis en la entraña de todas las actividades de la tierra, cumpliendo el deber de cada momento, siendo mi testimonio en lo que parece grande y en lo que parece pequeño..., entonces *omnia traham ad meipsum!* ¡Mi reino entre vosotros será una realidad!»[19].

La exaltación de Cristo por el trabajo profesional de sus discípulos no emprende la senda de una tarea mediocre, mal acabada, que no merezca sino vituperio, e incluso castigo por las injusticias que haya provocado al realizarlo. Ha de atenerse al ejemplo de Jesucristo mientras residía en Nazaret, cuando predicaba el reino de Dios, o cuando culminó la misión que tenía encomendada. Si la tarea profesional de un cristiano imita el quehacer de Cristo, glorificará a su Maestro, lo exaltará al colocarlo en la cumbre de su tarea, por la perfección humana y sobrenatural con que la habrá realizado. Entonces, a través del discípulo y desde esa cumbre, Cristo podrá atraer a Sí, con su ejemplo y su doctrina, a otras personas hambrientas de verdad y de justicia.

Ciertamente la exaltación de Cristo por el trabajo no debe entenderse como si, sobre esta tierra, no existiera otra cosa que la labor profesional, con una dedicación tan absorbente que no encuentre tiempo ni para Dios, ni para la propia familia, ni para los demás. Tampoco ha de entenderse como la realización genial y perfecta del trabajo, desde un punto de vista técnico-material. Si se tratara de eso, la casi totalidad de los hombres se movería en la imposibilidad de exaltar a Cristo con su profesión, porque la mayor parte de la gente,

---

[19] San Josemaría Escrivá de Balaguer, Apuntes tomados de una meditación, 27-X-1963.

aunque realice responsablemente bien su trabajo, no alcanza una cumbre máxima desde ese punto de vista técnico y material. En cambio, todos los hombres y las mujeres normales estamos en condiciones de operar con la suficiente calidad profesional y con rectitud moral y lealtad; además, los que conocen su condición de hijo de Dios, pueden con el auxilio de la gracia imitar el trabajo de Cristo. Esa «cumbre» sí está al alcance de todos, y ahí quiere ser exaltado el Señor.

Esa cima es cristianamente asequible, pues el Padre que está en los cielos no hace acepción de personas, y a todos concede su luz y su sal para que le glorifiquen con sus obras buenas (cfr. Mt 5, 16). ¡Causa pena que muchos discípulos del Maestro no valoren esta dimensión de su vida como parte de su vocación cristiana, y no glorifiquen a Dios con su ocupación diaria como Él desea! Porque, aun realizándola con competencia y rectitud, no se preocupan de imitar al Verbo encarnado en sus años de trabajo en Nazaret, porque no dan a su tarea una proyección ascética y apostólica.

Aquí se centra uno de los puntos fundamentales del espíritu que Dios entregó a san Josemaría Escrivá de Balaguer, para que lo hiciera fructificar. Como escribió su primer sucesor al frente del Opus Dei, hace ya treinta años, gracias a ese mensaje espiritual «todas las aguas de este suelo —todas las profesiones, todos los ambientes, todas las situaciones sociales honradas— han quedado removidas por los Ángeles de Dios, como las aguas de aquella piscina Probática recordada en el Evangelio (cfr. Jn 5, 2 y ss., Vg), y han adquirido fuerza medicinal. De ahí (...) la obligación de animar a otros, que por sí mismos no se valen, y que están al alcance de nuestra mano —parientes, amigos, compañeros—, a arrojarse sin miedo a las aguas que sanan.

»Si en la tierra abundan manantiales amargos, agriados por los sembradores del odio, no olvidéis que, con el espíritu de la Obra, hasta de las piedras más áridas e insospechadas han brotado torrentes medicinales. El trabajo humano bien terminado se ha hecho colirio, para descubrir a Dios en todas las circunstancias de la vida, en todas las cosas. Y ha ocurrido precisamente en nuestro tiempo, cuando el materialismo se empeña en convertir el trabajo en un barro que ciega a los hombres, y les impide mirar a Dios»[20].

Impregnar de espíritu cristiano la cultura y la sociedad

La eficacia humana y sobrenatural de cualquier ocupación profesional no queda nunca encerrada en el ámbito de la persona que la realiza; la historia y la razón nos convencen fácilmente de lo contrario. Y otro tanto sucede en el orden sobrenatural, como apuntaba antes hablando de esa «misa» de veinticuatro horas que cada cristiano puede vivir. Esa eficacia tiene incidencia social: tanto en la configuración del ambiente y de la cultura general de una comunidad humana, como en sus estructuras e instituciones, en su estilo de vida y en las manifestaciones del espíritu humano, en los varios campos de la ciencia y del arte.

El trabajo santificado colabora —sin ruido pero con eficacia— a inculturar la fe, precisamente porque supone un ejercicio vivo y profundo de las virtudes teologales; y porque el cristiano lo ejercita en los mil diversos ámbitos y situaciones en que se desenvuelve, codo a codo con los demás hombres y mujeres.

También a ese nivel de influjo social benéfico en lo humano, la fe y el trato con Jesucristo en la Eucaristía resultan decisivos. Me he referido ya al poder transformador del Santísimo Sacramento sobre la vida de las personas. De modo análogo a como las palabras de Cristo, que el sacerdote pro-

---

[20] Mons. Álvaro del Portillo, *Carta*, 30-IX-1975, n. 20.

nuncia en la Consagración, obran la maravillosa conversión del pan y del vino en el Cuerpo y en la Sangre del Redentor; el efecto de este sacramento se manifiesta en la maravillosa transformación interior de quienes lo reciben asiduamente, que afecta a su comportamiento según sus disposiciones interiores, es decir, según la calidad espiritual de su participación en la Eucaristía.

Lo mismo cabría decir, refiriéndolo al nivel social. El hombre que lleva a Cristo, porque es concorpóreo y consanguíneo suyo, ejerce un influjo —que debe atribuirse al Señor y no al siervo— en el sitio donde se dedica a su actividad profesional, en el ambiente familiar en el que vive, y en general en todos los lugares que frecuenta. Esa incidencia sobre el ambiente, dando sentido cristiano a las manifestaciones culturales y sociales, ayuda a entender que las almas eucarísticas transformarán el mundo mediante un trabajo realizado con perfección humana y sobrenatural —imitando a Cristo, unidas a Él— gracias a la participación en el sacrificio de Cristo, actualizado en la Misa. «Vamos, pues, a pedir al Señor que nos conceda ser almas de Eucaristía, que nuestro trato personal con Él se exprese en alegría, en serenidad, en afán de justicia. Y facilitaremos a los demás la tarea de reconocer a Cristo, contribuiremos a ponerlo en la cumbre de todas las actividades humanas. Se cumplirá la promesa de Jesús: *Yo, cuando sea exaltado sobre la tierra, todo lo atraeré hacia mí* (Jn 12, 32:Vg)»[21].

Valor salvífico del trabajo realizado con sentido eucarístico

Atravesamos unos momentos singulares en la historia de la humanidad. Esta afirmación resulta válida para todas las

---

[21] San Josemaría Escrivá de Balaguer, *Es Cristo que pasa*, n. 156.

épocas, pero especialmente hoy, en estos años de principios del milenio, caracterizados por una situación social y económica notablemente diversa de la que existía cincuenta años atrás, con una realidad cultural y demográfica que ha presenciado grandes cambios en poquísimo tiempo. Hoy se presentan, a la Iglesia y a la sociedad, problemas particulares y nuevos, que requieren soluciones también nuevas. Signo claro de estos tiempos cambiantes es que el último Concilio ecuménico Vaticano II abordó precisamente con gran atención el progreso y las variaciones en muchos órdenes de la sociedad humana[22].

Evidentemente, no existen recetas prefabricadas ni fórmulas unívocas. Hemos de pensar y actuar para encontrar esas soluciones; y no aisladamente, sino colaborando con otros muchos. Se trata de una aventura apasionante, que exige a los hombres y a las mujeres colaborar con lo mejor de sí mismos en el uso de los numerosos talentos recibidos del Creador. Si, además, queremos que resulten útiles a la persona no sólo para un momento o una situación, sino para toda su existencia, incluida la que buscamos tras esta vida terrena, deberemos trabajar juntos o individualmente con perfección humana y también sobrenatural. Aquí reside una gran responsabilidad de los cristianos, de cara a las futuras generaciones.

Me viene a la memoria la fe viva y la fuerte esperanza de san Josemaría cuando afrontaba los problemas que aquejaban entonces a la humanidad de sus tiempos. Aun doliéndose, al contemplar las situaciones de injusticia y de penuria en las que se movían tantas personas y poblaciones, no se lamentaba inactivamente, no se resignaba: actuaba e impulsaba eficazmente a trabajar para descubrir remedios, promoviendo estudios e iniciativas de diferentes tipos. En el trabajo

---

[22] Cfr. Const. past. *Gaudium et spes* sobre la Iglesia en el mundo actual.

estaba y está la solución para solventar los mil problemas planteados, de orden material y espiritual. Por eso, con el optimismo que le caracterizaba, escribió: «Esto es realizable, no es un sueño inútil. ¡Si los hombres nos decidiésemos a albergar en nuestros corazones el amor de Dios! Cristo, Señor Nuestro, fue crucificado y, desde la altura de la Cruz, redimió al mundo, restableciendo la paz entre Dios y los hombres. Jesucristo recuerda a todos: *et ego, si exaltatus fuero a terra, omnia traham ad meipsum* (Jn 12, 32:Vg), si vosotros me colocáis en la cumbre de todas las actividades de la tierra, cumpliendo el deber de cada momento, siendo mi testimonio en lo que parece grande y en lo que parece pequeño, *omnia traham ad meipsum*, todo lo atraeré hacia mí. ¡Mi reino entre vosotros será una realidad!»[23].

Éste es el desafío que recae hoy sobre los cristianos: saber trabajar como su Señor y así, con Él, convertir el mundo, hacerlo mejor, influir sobre la sociedad, de modo que todas las personas encuentren lo necesario para subsistir materialmente, crecer culturalmente y espiritualmente. Trabajar así, con esa eficacia, es posible porque Dios ayuda. Pero es preciso trabajar bien, cara a Dios y cara a los hombres. La unión con Jesús en la Eucaristía se demuestra un requisito determinante y decisivo, por su fuerza de transformación radical.

Siendo «alma de Eucaristía», llevando consigo a Jesús, el cristiano porta «en procesión» a Jesús por dondequiera que va, de manera semejante a como el sacerdote «lo pasea» por la ciudad una vez al año, en la solemnidad del Corpus Christi. El Papa Benedicto XVI, en su primera procesión eucarística por las calles de Roma, afirmaba: «La procesión del *Corpus Christi* responde de modo simbólico al mandato del Resucitado: voy delante de vosotros a Galilea. Id hasta los confines del mundo, llevad el Evangelio al mundo.

---

[23] San Josemaría Escrivá de Balaguer, *Es Cristo que pasa*, n. 183.

»Ciertamente, la Eucaristía, para la fe, es un misterio de intimidad. El Señor instituyó el sacramento en el Cenáculo, rodeado por su nueva familia, por los doce Apóstoles, prefiguración y anticipación de la Iglesia de todos los tiempos. Por eso, en la liturgia de la Iglesia antigua, la distribución de la santa comunión se introducía con las palabras: *Sancta sanctis*, el don santo está destinado a quienes han sido santificados. De este modo, se respondía a la exhortación de san Pablo a los Corintios: "Examínese, pues, cada cual, y coma así este pan y beba de este cáliz" (1 Cor 11, 28). Sin embargo, partiendo de esta intimidad, que es don personalísimo del Señor, la fuerza del sacramento de la Eucaristía va más allá de las paredes de nuestras iglesias. En este sacramento el Señor está siempre en camino hacia el mundo. Este aspecto universal de la presencia eucarística se aprecia en la procesión de nuestra fiesta. Llevamos a Cristo, presente en la figura del pan, por las calles de nuestra ciudad. Encomendamos estas calles, estas casas, nuestra vida diaria, a su bondad.

»Que nuestras calles sean calles de Jesús. Que nuestras casas sean casas para Él y con Él. Que nuestra vida de cada día esté impregnada de su presencia. Con este gesto, ponemos ante sus ojos los sufrimientos de los enfermos, la soledad de los jóvenes y los ancianos, las tentaciones, los miedos, toda nuestra vida. La procesión quiere ser una gran bendición pública para nuestra ciudad: Cristo es, en persona, la bendición divina para el mundo. Que su bendición descienda sobre todos nosotros»[24].

Con el Cuerpo y la Sangre de Cristo en nuestros cuerpos y en nuestras almas, hechos *cristóforos* por la unión vivificante y operativa con Él, andaremos el camino de la historia dejando huella, a pesar de nuestra personal poquedad, cambiando en

---

[24] Benedicto XVI, *Homilía en la solemnidad del Corpus Christi*, 26-V-2005.

mejor el mundo, la sociedad, las personas. Lo conseguiremos —conviene repetírnoslo— encumbrando a Cristo en todas las actividades humanas con nuestro trabajo: así, personas y pueblos quedarán iluminados por su luz y su gracia. Cotidianamente «debe estar la procesión callada y sencilla, de la vida corriente de cada cristiano, hombre entre los hombres, pero con la dicha de haber recibido la fe y la misión divina de conducirse de tal modo que renueve el mensaje del Señor en la tierra. No nos faltan errores, miserias, pecados. Pero Dios está con los hombres, y hemos de disponernos para que se sirva de nosotros y se haga continuo su tránsito entre las criaturas»[25].

Seguir la doctrina y el ejemplo de Jesús en la conducta personal y social no significa retraso ni oscurantismo, como algunos piensan. Los convenceremos con nuestros hechos: con nuestro ejemplo de una actuación coherente con la fe que profesamos; con nuestro trabajo técnicamente bien realizado, atractivo por su rectitud, por la justicia y el amor y espíritu de servicio que lo inspiran. Los convenceremos de su error no peleando, sino trabajando como Cristo, con amor y por amor, gracias a la Eucaristía, que preserva de corrupción las almas y los cuerpos (cfr. Jn 6, 54).

---

[25] San Josemaría Escrivá de Balaguer, *Es Cristo que pasa*, n. 156.

VI. La Eucaristía y el descanso de los hijos de Dios

«Todo tiene su momento, y hay un tiempo para cada cosa bajo el cielo: tiempo de nacer y tiempo de morir, tiempo de plantar y tiempo de arrancar lo plantado (...), tiempo de destruir y tiempo de construir, tiempo de llorar y tiempo de reír (...)» (Qo 3, 1-4).

A la ley del trabajo humano sirve de contrapunto la necesidad del descanso. Se ha hecho notar que, en la música, tan importantes son los momentos ocupados por los sonidos como los reservados a las pausas. Algo parecido sucede en nuestra vida: es armónica si sabe distribuir con buen ritmo los tiempos de esfuerzo y los de reposo. Por eso, después de considerar la importancia del trabajo en la vida de un hijo de Dios, y de la relación que guarda con el alma eucarística, conviene recordar también cómo el descanso informa la conducta de un hijo de Dios y puede expresar su amor a Jesús sacramentado.

Dar a cada cosa su tiempo supone dar a cada tiempo su propia tarea. Es preciso ordenar las diversas actividades, si queremos que nuestro día produzca mucho fruto. Las personas necesitan reponer las fuerzas gastadas —físicas, psíquicas, espirituales— por la dedicación intensa al trabajo, y también resulta muy conveniente reservar algún espacio de la jornada o de la semana a actividades distintas de la habitual ocupación profesional, imprescindibles para atender debidamente a la familia, cultivar la amistad con otras personas, acrecentar la propia cultura; sin olvidar que los momentos de distensión permiten además pensar con calma y profundidad en el futuro —personal y de las personas queridas—, en el sentido de la vida presente, en lo que viene después de la existencia terrena. También interesa cambiar de vez en cuando las circunstancias en las que el hombre o la mujer se desenvuelven —en dependencia de las reales posibilidades de cada uno— acudiendo unas horas, o unos días, a otro lugar o a otro ambiente, para volver, renovados, a la situación corriente.

Resulta claro que no cabe vivir según todas las buenas y verdaderas exigencias de la persona humana, si se mantiene un ritmo frenético en la actividad profesional. Aprender a descansar con mesura articula de suyo una obligación que requiere tanta generosidad como la exigida por el trabajo y, a veces, incluso más, pues en ocasiones pide un especial desprendimiento de los propios programas y una mayor disponibilidad para los planes y necesidades de los otros. Saber descansar, sin caer en el ocio, es ciencia que tiene mucho de sabiduría.

No quiero detenerme en consideraciones de carácter físico o psicológico, que un buen médico puede comentar mucho mejor; pero no paso adelante sin recordar algo que, aunque parece bien conocido, a veces se descuida. En bastantes ocasiones, la conducta o las reacciones inadecuadas de una persona que crea una situación familiar o laboral que llega al límite de lo soportable, se resuelve logrando que duerma lo suficiente, que siga un cierto orden en las comidas, que se asegure un poco más de distracción y recurra —si es preciso— a la oportuna medicación. Una vez mencionado esto, me detengo en las implicaciones espirituales del descanso humano, que tantas veces son las que más pesan y las que menos atención reciben, quizá porque no se afrontan, con valentía y sentido común, las dificultades concretas que se presentan.

Descansar en Dios: abandonar en Él nuestras preocupaciones

Jesucristo ha hablado mucho del descanso, y nada resulta más lógico, porque Él ha venido a traer paz a nuestra alma con su gracia, y salud definitiva a nuestro cuerpo en la resurrección final, de la que contemplamos el modelo y la causa en su resurrección gloriosa. Ha bajado a la tierra para librarnos de los fardos que nos pesan y de las preocupaciones que nos atenazan: los pecados, el miedo a la muerte, las asechanzas del demonio, la hinchazón de la soberbia, las punzadas de la envidia, los arrebatos de la ira; y también para despertar en nosotros tantos buenos deseos y la mucha capacidad que alberga nuestro corazón.

El Señor se refirió al descanso desde el primer instante de su predicación. San Lucas caracteriza el anuncio público comienzo de la buena nueva con ese tema. «Llegó a Nazaret, donde se había criado, y según su costumbre entró en la sinagoga el sábado, y se levantó para leer. Entonces le entregaron el libro del profeta Isaías y, abriendo el libro, encontró el lugar donde estaba escrito: "El Espíritu del Señor está sobre mí, por lo cual me ha ungido para evangelizar a los pobres, me ha enviado para anunciar la redención a los cautivos y devolver la vista a los ciegos, para poner en libertad a los oprimidos, y para promulgar el año de gracia del Señor". Y enrollando el libro se lo devolvió al ministro, y se sentó. Todos en la sinagoga tenían fijos en él los ojos. Y comenzó a decirles: Hoy se ha cumplido esta Escritura que acabáis de oír» (Lc 4, 16-21). Jesús redime a los hombres del peso de una conciencia culpable, porque perdona nuestros pecados; porque nos libra de la esclavitud del príncipe de este mundo, pues vence al maligno y porque nos ayuda a entender la carga de la pobreza, al declararla bienaventurada. Suprime toda opresión y ofrece a todos un tiempo de paz y de descanso, un tiempo jubilar.

También san Mateo pone muy pronto este argumento en los labios del Maestro. El primero de los largos discursos que recoge en su evangelio, se abre con las bienaventuranzas, en las que Jesús afronta todos los motivos de lamentación que amargan, o al menos nublan, la existencia de las personas: por una parte, la preocupación desordenada por la riqueza, por la alimentación y el vestido, por los conflictos con algunas personas; por otra, la preocupación general por la real consistencia de esta vida y la relación con los demás. Una y otra las resuelve el Señor, al denominar «feliz» la situación de quien es pobre de espíritu, de quien sufre persecución por la justicia, de quien es manso y casto, etc.

En el mismo discurso, como volviendo sobre esas realidades desde otro punto de vista, Jesús enseña a cuantos le oyen que no anden ansiosos tras la comida, el vestido o la casa; a todos nos exhorta a descansar en nuestro Padre que está en los cielos, a abandonar en su providencia apuros y preocupaciones, bien convencidos de que Él no se olvidará jamás de sus hijos ni los maltratará, tampoco en las cosas más materiales. Releamos, una vez más, sus palabras:

«No estéis preocupados por vuestra vida: qué vais a comer; o por vuestro cuerpo: con qué os vais a vestir. ¿Es que no vale más la vida que el alimento, y el cuerpo más que el vestido? Mirad las aves del cielo: no siembran, ni siegan, ni almacenan en graneros, y vuestro Padre celestial las alimenta. ¿Es que no valéis vosotros mucho más que ellas? ¿Quién de vosotros, por mucho que cavile, puede añadir un solo codo a su estatura? Y sobre el vestir, ¿por qué os preocupáis? Fijaos en los lirios del campo, cómo crecen; no se fatigan ni hilan, y yo os digo que ni Salomón en toda su gloria pudo vestirse como uno de ellos. Y si a la hierba del campo, que hoy es y mañana se echa al horno, Dios la viste así, ¿cuánto más a vosotros, hombres de poca fe? Así pues, no andéis preocupados diciendo: ¿qué vamos a comer, qué vamos a beber, con qué nos vamos a vestir? Por todas esas cosas se afanan los paganos. Bien sabe vuestro Padre celestial que de todo eso estáis necesitados» (Mt 6, 25-32).

Descanso y filiación divina: la enseñanza de Jesús

Al hablar del descanso auténtico, Jesús nos está enseñando a conducirnos como hijos de Dios. Lo mismo que un padre de la tierra se preocupa de la alimentación, del vestido, del desarrollo armónico de sus hijos, así Dios obra con nosotros; o, para expresarlo de modo más exacto, la paternidad en la tierra es un reflejo de la paternidad divina. Nos encontramos ante un aspecto de capital importancia para entender quién es nuestro Padre Dios y cómo nos trata. En grave error se caería al imaginarlo como un ser tremendo y lejano, que habita en el cielo infinito, desentendido de las criaturas que Él mismo ha puesto en la existencia. A pesar de que deseamos sinceramente comportarnos como cristianos, ese peligro nos ronda. «Es preciso convencerse de que Dios está junto a nosotros de continuo. —Vivimos como si el Señor estuviera allá lejos, donde brillan las estrellas, y no consideramos que también está siempre a nuestro lado.

»Y está como un Padre amoroso —a cada uno de nosotros nos quiere más que todas las madres del mundo pueden querer a sus hijos—, ayudándonos, inspirándonos, bendiciendo... y perdonando»[1].

---

[1] San Josemaría Escrivá de Balaguer, *Camino*, n. 267.

Dios, que ha llamado a los hombres a la vida, continúa ocupándose de ellos, los sigue amorosamente, interviene constantemente para conducirlos al fin que se ha propuesto: acogerlos en la intimidad de su vida eterna, respetando su libertad y las otras características de su naturaleza, con que Él mismo ha decidido dotarles.

Las personas tendemos a resolver, exclusivamente por nuestra cuenta, los pequeños o grandes problemas diarios, si consideramos que su solución se halla a nuestro alcance. Nuestro sentido de responsabilidad —sin excluir quizá nuestro orgullo, nuestro deseo de afirmación personal— nos empuja a apretar los dientes y a esforzarnos para dejar todo bien resuelto; nos cuesta pedir ayuda a otros y sólo lo hacemos cuando no nos queda más remedio, alguna vez con vergüenza.

No recurramos a Dios sólo cuando la indigencia se demuestra demasiado grande: ante un peligro de muerte, en una enfermedad seria, cuando llega un verdadero descalabro económico, cuando sobreviene una catástrofe natural o un conflicto bélico. Acudamos al Padre celestial también en lo pequeño, en lo de cada día. Así, nuestras jornadas no se llenarán de preocupaciones y rencillas por cosas nimias, porque no estarán vacías de Dios, porque le habremos dejado entrar en nuestra existencia concreta y viviremos con Él nuestra aventura cotidiana: circunstancias todas que nos apuntan el modo de vivir como hijos suyos y de descansar en el Padre.

Un buen hijo trata con su padre de todo aquello que le preocupa a él y de todo aquello que interesa a su padre. Jesús nos invita a intercambiar con Dios las preocupaciones, porque así descansaremos: pasar de «estar encerrados en lo nuestro» (sepultados por las pequeñeces materiales y relacionales de cada día) a «estar en las cosas del Padre»; trocar la búsqueda de nuestra justificación, a toda costa y en todo lo que hacemos, por la búsqueda prioritaria del reino de Dios y de su justicia (cfr. Mt 6, 33). San Josemaría, basándose en su experiencia pastoral, empujaba a realizar ese trueque santo: «Es a veces corriente, incluso entre almas buenas, provocarse conflictos personales, que llegan a producir serias preocupaciones, pero que carecen de base objetiva alguna. Su origen radica en la falta de propio conocimiento, que conduce a la soberbia: el desear convertirse en el centro de la atención y de la estimación de todos, la inclinación a no quedar mal, el no resignarse a hacer el bien y desaparecer, el afán de seguridad personal. Y así muchas almas que podrían gozar de una paz maravillosa, que podrían gustar de un júbilo inmenso, por orgullo y presunción se transforman en desgraciadas e infecundas»[2].

Descansar en Dios: pedirle perdón como Zaqueo y perdonar

«Descarga en Yahveh tu peso, y Él te sustentará; no dejará que para siempre zozobre el justo» (Sal 54, 23). Se zozobra con el desequilibrio de los pecados no perdonados, activos aún en el alma. Por eso, para descansar de veras, hay que mostrarse enteramente sinceros con Dios y pedirle perdón en el sacramento de la Reconciliación, que devuelve la tranquilidad y la paz del alma.

Las palabras del salmista se aplican, sin duda, a las pesadumbres y angustias por subsistir, por ir adelante; pero antes y más a fondo se refieren a las ofensas contra Dios, que roban la paz de la conciencia y sumen al alma en ansia por una felicidad entorpecida. A eso mismo nos exhortó Jesús en un momento de exultación en el Espíritu Santo, contemplando a su lado a las gentes sencillas y humildes; y viendo a distancia, con actitud de reserva, a los sabios y prudentes. «Venid a mí —dice— todos los fatigados y agobiados, y Yo os aliviaré.

---

[2] San Josemaría Escrivá de Balaguer, *Es Cristo que pasa*, n. 18.

Tomad mi yugo sobre vosotros y aprended de mí, que soy manso y humilde de corazón, y encontraréis descanso para vuestras almas» (Mt 11, 28-29).

Nos propone un intercambio: darle lo que nos pesa y tomar nosotros su carga. Saldremos ganando, «porque mi yugo es suave y mi carga ligera» (Mt 11, 30). Nos mueve a abandonar en Él nuestra soberbia, que tantas fatigas nos procura, y a revestirnos su humildad, que permite considerar las cuestiones en su verdadera dimensión, sin exagerar las dificultades. A mudar nuestra ira y nuestra arrogancia, por su mansedumbre. Siempre un cambio a nuestro favor: cargamos sobre Él la opresión que nuestros vicios y pecados merecen, y conseguimos las virtudes y la paz que Él nos trae. Nos llama a canjear el desordenado amor propio, por ese amor de Dios que se entrega a todos; y entonces desaparece la fatiga del trabajo; o bien, si continúa, la criatura ahí precisamente se deleita, como resumió san Agustín con frase admirable: *in eo quod amatur, aut non laboratur, aut et labor amatur*[3], cuando se ama de verdad, el trabajo no cuesta; y si cuesta, se ama. Lo experimentó Zaqueo, cuando acogió al Señor en su casa: cambió su riqueza material por la cercanía de Jesús. Prefirió recibirlo en el alma a continuar recogiendo dinero y defraudando a los pobres. Y llenó su vida de alegría y de paz (cfr. Lc 19, 1-10).

Las palabras del salmista y las que pronunció Jesús se refieren, además, a los pesos que con frecuencia llevamos dentro y que llamamos resentimientos, rencores, afanes de venganza. También esas cargas hay que abandonarlas en el Señor, porque fatigan al alma y la paralizan en su camino hacia Dios: quitemos esa mole de encima de nuestros hombros, perdonando de corazón a los que nos hayan agraviado. «En realidad, el perdón es ante todo una decisión personal, una

---

[3] San Agustín, *Sobre el bien de la viudez* 21, 26.

opción del corazón que va contra el instinto espontáneo de devolver mal por mal. Dicha opción tiene su punto de referencia en el amor de Dios, que nos acoge a pesar de nuestro pecado y, como modelo supremo, el perdón de Cristo, el cual invocó desde la cruz: "Padre, perdónales, porque no saben lo que hacen" (Lc 23, 34).

»Así pues, el perdón tiene una raíz y una dimensión divinas. No obstante, esto no excluye que su valor pueda entenderse también a la luz de consideraciones basadas en razones humanas. La primera entre todas, es la que se refiere a la experiencia vivida por el ser humano cuando comete el mal. Entonces se da cuenta de su fragilidad y desea que los otros sean indulgentes con él. Por tanto, ¿por qué no tratar a los demás como uno desea ser tratado? Todo ser humano abriga en sí la esperanza de poder reemprender un camino de vida y no quedar para siempre prisionero de sus propios errores y de sus propias culpas. Sueña con poder levantar de nuevo la mirada hacia el futuro, para descubrir aún una perspectiva de confianza y compromiso»[4].

Perdonar coincide siempre con descansar. Pero perdonar a veces no resulta fácil; en rigor, hemos de reconocer que los hombres con frecuencia no sabemos hacerlo; sólo Dios se muestra indulgente de modo perfecto, porque perdona todo y siempre a quien implora su gracia: manifiesta su omnipotencia justamente con su misericordia hacia nosotros. Se ha hecho habitual, desgraciadamente, la postura de que se debe perdonar, pero que no se debe olvidar. Sin negar lo evidente —el valor de la experiencia—, hemos de exigirnos con sinceridad para no excusarnos y continuar con el alma cargada de viejas pendencias, de listas de agravios, que impiden volar alto hacia Dios.

---

[4] Juan Pablo II, *Mensaje para la jornada mundial de la paz 2002*, 8-XII-2001, n. 8.

Jesús, desde el principio de su predicación, en el sermón del monte que nos transmite san Mateo, enseña claramente que un hijo de Dios perdona a quienes le han ofendido. Su ser y su sentido de la filiación divina están estrechamente ligados a la certeza de la misericordia con que Dios le trata, y le impulsa, en consecuencia, otorgar gustosamente el perdón a los demás.

Para que nos quedara claro este punto, Jesús afrontó el escándalo de los fariseos cuando perdonó al paralítico sus pecados (cfr. Mt 9, 1-8) y cuando se sentó a comer con los pecadores en casa de Leví (cfr. Mt 9, 10-13). Dijo a Pedro y a los otros Apóstoles que tendrían que perdonar siempre a sus hermanos, y les explicó la razón: más debe cada uno de vosotros a Dios, más os ha sido perdonado (cfr. Mt 18, 21-35). Declaró bienaventurados a los misericordiosos porque alcanzarán misericordia, yendo así contracorriente en un ambiente vengativo y duro con los débiles y los derrotados (cfr. Mt 5, 7).

El Señor insistió reiteradamente en este punto. Insistió, porque conocía la dificultad del hombre para entenderlo, para asimilarlo; y porque resulta fundamental para acoger el don de la filiación divina, íntimamente vinculado con el de la fraternidad sobrenatural. Explica san Agustín que no recibirá la herencia del Señor quien rechace el testamento de la paz; no puede estar en concordia con Cristo quien se obstina en permanecer en discordia con el cristiano[5]. Perdona quien se siente hijo y se sabe perdonado; quien mira al otro como a un hermano, otro hijo del mismo Padre. Lo había enseñado claramente el apóstol Juan: «Si alguno dice: "Amo a Dios", y aborrece a su hermano, es un mentiroso; pues el que no ama a su hermano, a quien ve, no puede amar a Dios, a quien no ve. Y hemos recibido de Él este mandamiento: quien ama a Dios, que ame también a su hermano» (1 Jn 4, 20-21).

---

[5] Cfr. San Agustín, *Sermón* 59.

Cristo no se cansó de inculcar la misericordia y el perdón, hasta el punto de equiparar la perfección espiritual, la santidad, con la capacidad de perdonar y usar misericordia con los demás. «Sed misericordiosos como vuestro Padre es misericordioso. No juzguéis y no seréis juzgados; no condenéis y no seréis condenados. Perdonad y seréis perdonados; dad y se os dará; echarán en vuestro regazo una buena medida, apretada, colmada, rebosante: porque con la misma medida que midáis, seréis medidos» (Lc 6, 36-38). De ese modo nos anima a que no cerremos ni endurezcamos nuestro corazón ante las imperfecciones y defectos ajenos. «Nadie podrá dar nada a nadie, si antes no lo ha dado a sí mismo. Así, tras haber obtenido misericordia y abundancia de justicia, el cristiano empieza a tener compasión de los infelices y empieza a rezar por los pecadores. Se vuelve misericordioso incluso hacia sus enemigos. Se prepara, con esta bondad, una buena reserva de misericordia para la llegada del Señor»[6].

Descansar con Dios: entrar en su lógica de amor y comprensión

En la dificultad para la comprensión y la compasión, influye también la ignorancia de las propias culpas: cuando no se reconocen los pecados personales, se descubren sólo las faltas de los demás y se les acusa sin piedad, como quedó patente en el episodio de la mujer adúltera (cfr. Jn 8, 1-11). Únicamente el Hijo de Dios, inocente, se compadeció de aquella desgraciada y la perdonó, diciéndole que no pecara más. Explicaba un Padre de la Iglesia: «Si tú, hombre, no puedes vivir sin pecado y por eso buscas el perdón, perdona siempre; perdona en la medida y cuantas veces quieras ser

---

[6] San Cromacio de Aquileya, *Sermón* 41.

perdonado. Ya que deseas serlo totalmente, perdona todo y piensa que, perdonando a los demás, a ti mismo te perdonas»[7].

En cambio, en la facilidad para perdonar, para comprender, influye el amor. Quien sabe querer de verdad está inclinado a perdonar a quienes ama. La ciencia de la caridad es ciencia de perdón; y viceversa. San Josemaría lo explicó muy frecuentemente con frase lapidaria, que impresiona por su sencillez y transparencia, vibrante de sinceridad: «Yo no he necesitado aprender a perdonar, porque Dios me ha enseñado a querer»[8]. Lo conocen bien y lo han experimentado los padres que quieren muy a fondo a sus hijos: no necesitan esforzarse por perdonar, después de alguna fechoría, o cuando regresan a casa tras haberse alejado. Como el padre de la parábola narrada por Jesús, se adelantan a abrazarlos, a hablar con ellos, a hacer fiesta por el retorno del hijo que se había perdido (cfr. Lc 15, 21-24).

Muy expresiva al respecto es también la segunda parte de la parábola. El hijo mayor no entiende el gozo de su padre y no quiere participar en la fiesta, porque no sabe perdonar. Su corazón guarda rencor y desprecio al hermano que se había marchado, y además manifiesta cierto resentimiento hacia su padre; lo considera reo de no haberle regalado un cabrito para organizar fiestas con sus amigos. Cabe afirmar que no se siente de verdad ni hijo ni hermano, conserva en su corazón agravios —falsos agravios, en este caso— que le impiden sumarse al festejo, al descanso en la casa paterna.

Descansar en Dios significa, ni más ni menos, participar del descanso del Señor: ahí se halla el verdadero reposo de los hijos de Dios. Y entraña también descansar con Dios, reposar en la casa paterna: entrar en su gozo, llenarse de su alegría.

---

[7] San Pedro Crisólogo, *Sermón* 67.
[8] San Josemaría Escrivá de Balaguer, Apuntes tomados de la predicación (AGP, P01, 1976, p. 34).

El discípulo llegará a esa plenitud al final de su paso fiel por esta tierra, después de gastar sus días con un trabajo realizado por amor, poniendo todo su ingenio y todo su esfuerzo en el servicio de los intereses de su Señor, que es al mismo tiempo su Padre y le espera (cfr. Mt 25, 21 y 23); pero esto no supone que aquí abajo no se presente ya ese don, pues la misma historia humana demuestra que los hombres y mujeres que caminan en paz con su Señor, gustan ya del gozo y la paz que el mundo no puede ofrecer.

Descansar con Dios es un regalo inmerecido; por eso, hay que pedirlo. Jesús nos ha enseñado a solicitarlo en la quinta petición del Padrenuestro, cuando decimos a Dios que nos perdone y nos ayude a perdonar. Pero también cabe suplicarlo de otro modo; por ejemplo, relacionando este descanso con la paz que nos prepara el Señor, como rezaba san Agustín. «Señor Dios, danos la paz, puesto que nos has dado todas las cosas; la paz del descanso, la paz del sábado, la paz sin tarde. Porque todo este orden hermosísimo de "cosas muy buenas", concluidos sus modos, ha de pasar: por eso se hizo en ellas "mañana y tarde". Mas el día séptimo no tiene "tarde", ni ocaso, porque lo santificaste para que durase eternamente, a fin de que así como tú descansaste el día séptimo después de tantas obras "sumamente buenas" como hiciste (...), también nosotros, después de nuestras obras "muy buenas", porque Tú nos las has donado, descansaremos en ti el sábado de la vida eterna»[9].

La paz, perfección del descanso, fruto del trabajo

La verdadera paz define la perfección del descanso: con la superación de la lucha entre el hombre viejo y el hombre

---

[9] San Agustín, *Confesiones*, XIII, 35-36.

nuevo; con el orden en la tensión entre lo interior y lo exterior de la persona; con la falta de tristeza al comprobar nuestras limitaciones; con no abatirse por la fatiga en la actividad y en la prosecución del bien. San Agustín la presenta como «serenidad de mente, tranquilidad de ánimo, sencillez de corazón, vínculo de amor, consorcio de caridad»[10]. Efectivamente todos ansiamos, y es lógico, no tener que guerrear ni librar más batallas contra nada ni contra nadie; llegar a una paz completa, estable, eterna; una paz a la que no escape la consecución de las rectas exigencias, y en la que ningún temor inquiete y ningún enemigo amenace.

Pero un descanso así no se alcanza en este mundo, como bien explica santo Tomás: «La verdadera paz es doble. Una es la paz perfecta, que consiste en el gozo del Sumo Bien, cuando todas las inclinaciones se funden aquietándose en un único objeto; y éste es el fin último del hombre. Y hay una paz imperfecta, que es la única posible en este mundo, pues incluso cuando todos los movimientos del alma se dirigen a Dios, se dan siempre otros elementos que turban esa paz dentro y fuera»[11]; también para que anhelemos más, siempre y en todo, la posesión definitiva del Señor.

Mientras la historia siga su curso, habrá que pelear siempre: ninguna virtud se puede dar por definitivamente conquistada, siempre habrá que velar por la concordia adquirida. La vida del hombre en la tierra, como advirtió Job, es milicia, nuestros días evolucionan como los del jornalero (cfr. Job 7, 1); la paz interior y la exterior requieren siempre cuidado y esfuerzo.

Muchos autores espirituales han comentado la parábola evangélica del hombre cuyos negocios iban muy bien. Imaginó que había alcanzado gran bienestar, que podía prescindir

---

[10] San Agustín, *Sermón* 59.
[11] Santo Tomás de Aquino, *Suma teológica*, II-II, q. 29, a. 2 ad 4.

completamente del trabajo y abandonarse al ocio, y se preguntaba: «¿Qué haré, pues no tengo donde guardar mi cosecha? Y dijo: esto haré: voy a destruir mis graneros, y construiré otros mayores, y allí guardaré todo mi trigo y mis bienes. Entonces diré a mi alma: alma, ya tienes muchos bienes almacenados para muchos años. Descansa, come, bebe, pásalo bien. Pero Dios le dijo: Insensato, esta misma noche te reclaman el alma; lo que has preparado, ¿para quién será? Así ocurre al que atesora para sí y no es rico ante Dios» (Lc 12, 17-21).

El pecado de este hombre no es sólo de poltronería: proyecta, hace cálculos, piensa en construir nuevos graneros para almacenar la abundante cosecha. Pero no para los demás, sólo para sí; desconoce el agradecimiento al Cielo y la necesidad fraterna de socorrer a los indigentes, atento exclusivamente a satisfacer su pereza y su afán de goces. San Ambrosio comenta el pasaje con estas palabras: «En vano congrega medios que no sabe si usará; no son nuestras las cosas que no podemos llevar con nosotros: sólo la virtud es compañera de los difuntos; sólo la misericordia viene con nosotros, ella es la que compra para los difuntos las estancias eternas»[12].

La paz de aquí abajo se construye mediante el trabajo rectamente ordenado. A propósito de la séptima bienaventuranza, san Jerónimo observa que la paz se alcanza si se trabaja por conseguirla: el hombre recibe este don de Dios cuando lo busca, no sólo con palabras, sino con obras; cuando lo persigue primero en sí mismo, luego con los demás[13]. Dios bendice con su gracia el esfuerzo para mantener la concordia y la paz entre todos, o para recomponerla; y también bendice el trabajo en toda su amplitud, cuando está ordenado a su gloria y al bienestar del prójimo, cuando se realiza por amor y

---

[12] San Ambrosio, *Comentario al Evangelio de San Lucas*, 7.
[13] Cfr. San Jerónimo, *Homilías sobre el Evangelio de San Mateo*, comentando Mt 5, 7.

con amor. Una tarea así es camino eficaz para dar paz a cada persona y a la comunidad humana; en realidad, podríamos decir que abre el único camino, la vía necesaria para vivificar la existencia personal y los ambientes. En este sentido dice el profeta que «la paz es fruto de la justicia» (Is 32, 17), del trabajo realizado con perfección humana y sobrenatural.

La paz, don de Dios

La paz es un don divino; siempre y en todas las religiones se han elevado rogativas a la divinidad para que otorgara este bien. Y, al repasar la Historia, fácilmente se comprende que la paz se queda en una mera utopía, si la hacemos depender de nuestra conducta y de nuestras fuerzas. Cuando no se permite la intervención de Dios, no se alcanza ni personal ni socialmente la verdadera «relativa» paz que se puede gozar en este mundo, preparatoria de la que se nos reserva en el «más allá», cuando el Señor, por su misericordia, nos introducirá en su eterno reposo.

Todo esto nos consta por la revelación divina. Pero Jesús no se ha limitado a decirnos dónde podemos encontrar el descanso y cómo; ya ahora nos concede participar de su paz con su Filiación divina, que nos ha ganado con su sacrificio redentor, identificándose con la voluntad de su Padre. Nos la entregó —en los Apóstoles— la última noche antes de morir en la Cruz, cuando señaló: «La paz os dejo, mi paz os doy; no os la doy como la da el mundo. No se turbe vuestro corazón ni se acobarde» (Jn 14, 27). Y en la línea de la explicación de san Agustín, podemos entender en estas palabras que el Señor nos *deja la paz*, porque permanece con nosotros en el mundo —sobre todo, en la Eucaristía— pues «Él es nuestra paz» (Ef 2, 14). Permanece con nosotros, como paz nuestra, para fortalecernos en la pelea contra los enemigos y dificultades interiores y exteriores; y nos *da su paz*, porque ya nos ofrece su amistad, de la que gozaremos plenamente en la gloria, cuando Dios mismo «enjugará toda lágrima de sus ojos; y no habrá muerte, ni llanto, ni lamento, ni fatiga, porque todo lo anterior ya pasó» (Ap 21, 4)[14].

La paz de su victoria en la Cruz, nos la transmitió al resucitar. Así saludó a los Apóstoles al aparecerse a ellos: «La paz sea con vosotros» (Jn 20, 21). Les anuncia la paz de su perdón incondicional a las flaquezas de los discípulos; la paz de su gracia y de su amistad, que supera toda distancia y toda distinción, pues Él la concede sin acepción alguna de personas; la paz de su amor de Hijo, que nos llega a través de ese hacerse presente, en la Eucaristía, sacrificio de la paz y de la liberación del pecado.

También nos ha entregado la paz del Paráclito, cuando manifestó aquel mismo día a los Apóstoles: «Recibid el Espíritu Santo; a quienes les perdonéis los pecados, les son perdonados; a quienes se los retengáis, les son retenidos» (Jn 20, 22-23); paz del consuelo que, desde entonces, ha acompañado siempre a los discípulos del Maestro en medio de tantas aflicciones y dificultades.

Hijos del Dios de la paz

El Dios y Padre de nuestro Señor Jesucristo es el Dios de la paz. Para evitar malentendidos y equívocos, Jesús lo predicó desde el primer momento, en la séptima bienaventuranza: «Bienaventurados los pacíficos, porque ellos serán llamados hijos de Dios» (Mt 5, 9). Con los Padres de la Iglesia, también nosotros nos podemos preguntar qué relación existe entre la paz y la filiación divina. Ellos nos ofrecen dos tipos de respuesta.

---

[14] Cfr. San Agustín, *Tratados sobre el Evangelio de San Juan*, 77.

San Cromacio de Aquileya la explica así: «Grande es la dignidad de cuantos se afanan por la paz, pues son considerados hijos de Dios. Es un bien seguro restablecer la paz entre hermanos que se llaman a juicio por cuestiones de interés, de vanagloria o de rivalidad. Pero esto no merece más que una modesta recompensa (...). Hemos de darnos cuenta de que existe una obra de paz de mejor calidad y más sublime: me refiero a la que, mediante una asidua enseñanza, lleva la paz a los paganos, enemigos de Dios; la que corrige a los pecadores y, mediante la penitencia, los reconcilia con Dios (...). Tales obradores de paz no son sólo bienaventurados, sino bien dignos de ser llamados hijos de Dios. Por haber imitado al mismo Hijo de Dios, Cristo, al que el Apóstol llama "nuestra paz y nuestra reconciliación" (Ef 2, 14-16; 2 Cor 5, 18-19), se les concede participar de su nombre»[15]. San Juan Crisóstomo también considera que es lógico y justo llamar hijos de Dios a cuantos no sólo procuran la amistad de sus hermanos, sino que también se esfuerzan por convocar los enemistados a la paz entre sí, pues así actuó el Unigénito cuando vino a esta tierra: unir lo que estaba separado, congregar lo disperso[16].

Esta primera explicación considera a los pacíficos en su actividad exterior: son hijos de Dios porque trabajan por la paz, siembran la paz, como hizo sobre esta tierra el Hijo de Dios encarnado.

San Agustín sigue otra línea: en paz está lo que no repugna a la Voluntad de Dios; por eso, son llamados hijos de Dios aquellos que quieren siempre lo que quiere Dios, sin resistir a su Voluntad[17]. Esta explicación pone de relieve que la

---

[15] San Cromacio de Aquileya, *Sermón* 41.
[16] Cfr. San Juan Crisóstomo, *Homilías sobre el Evangelio de San Mateo*, 15.
[17] Cfr. San Agustín, *Sobre el sermón de la montaña*, lib. I, 2.

plena identificación con la Voluntad de Dios, que causa la paz del cristiano, avanza íntimamente relacionada con su participación en la Filiación divina de Jesús. La conducta filial de Cristo se manifestaba en obras de obediencia y unión a Dios Padre. La relación filial de Jesús con su Padre contenía una relación de constante referencia, de mutuo mirarse unificante, que se reflejaba en todo su comportamiento. La voluntad de su Padre le movía en todo momento y motivaba radicalmente sus acciones: «Mi juicio es justo porque no busco mi voluntad, sino la Voluntad del que me ha enviado» (Jn 5, 30).

Esta segunda respuesta pone de relieve que los hijos de Dios son pacíficos porque obedecen a su Padre, se identifican con lo que Él quiere; saben que «todo concurre al bien de los que le aman» (Rm 8, 28); por eso, todo cuanto sucede les sirve para acrecentar su amor a Dios y a los demás por Dios; y lo desean, precisamente porque a eso apunta la Voluntad divina.

Las dos respuestas son conciliables; resaltan aspectos complementarios porque, efectivamente, el cristiano tiene paz cuando trabaja por la paz, pues desempeña su labor pensando en Dios y en los demás; por eso mismo, puede recibir la paz y darla a otros. Su descanso espiritual, su estar en armonía con Dios, le convierte en sembrador de paz.

Vivir la paz y sembrar la paz: así cabe resumir la vida de un buen hijo de Dios. Se muestran como hijos de Dios los que imitan a su Padre, el Dios de la paz, fuente eterna de infinita paz; se conforman con Cristo, el príncipe de la paz; y acogen al Espíritu Santo, vínculo de unión y de paz. Viven y transmiten una paz que crece junto a su regeneración espiritual, a su intimidad con la Santísima Trinidad; y la recuperan —cuando la han perdido— acudiendo al sacramento de la Reconciliación con Dios y con la Iglesia. Esta paz aumenta en sus almas y la difunden a su alrededor en la medida en que se identifican con Jesucristo realmente presente en la Eucaristía.

Descansar junto al Sagrario como Jesús en Betania

El Maestro se preocupa de nuestro descanso y de nuestra paz, porque nos ama. También ahora, desde el Sagrario, se propone como buen pastor que ofrece reposo a nuestra alma y a nuestro cuerpo —en la medida señalada por la providencia—, de modo análogo a como se interesaba por el descanso espiritual y físico de los discípulos durante su paso por la tierra.

Narra san Marcos que, al regresar de su primera misión, «reunidos los Apóstoles con Jesús, le contaron todo lo que habían hecho y enseñado. Y les dice: "Venid vosotros solos a un lugar apartado, y descansad un poco". Porque eran muchos los que iban y venían, y ni siquiera tenían tiempo para comer. Se marcharon, pues, en la barca a un lugar apartado ellos solos» (Mc 6, 30-32).

Vemos aquí otra manifestación más de la preocupación de Cristo por quienes le siguen; en esta ocasión, por su descanso físico. La ocasión, sin embargo, le sirve para enseñar un detalle muy importante: para descansar, no basta abandonar filialmente nuestros cuidados en el Padre, ni sabernos perdonados y perdonar; para gustar la paz profunda es necesario permanecer físicamente cerca de Jesús.

También nosotros, muchas veces, necesitaremos descansar gustando de la presencia real del Señor en el tabernáculo, distanciándonos (unas horas, algunos días) de las ocupaciones habituales para hablar más tranquilamente con Él, como los Apóstoles en aquella ocasión. Nos acercaremos al Sagrario, donde Él se ha quedado a nuestra disposición, para satisfacer esa urgencia de conversar más a solas con el Maestro en el sosiego de su cariño, en su comprensión, en su palabra. A este propósito, el Papa Juan Pablo II escribía: «Es hermoso estar con Él y, reclinados sobre su pecho como el discípulo predilecto (cfr. Jn 13, 25), palpar el amor infinito de su corazón. Si el cristianismo ha de distinguirse en nuestro tiempo sobre todo por el "arte de la oración", ¿cómo no sentir una renovada necesidad de estar largos ratos en conversación espiritual, en adoración silenciosa, en actitud de amor, ante Cristo presente en el Santísimo Sacramento? ¡Cuántas veces, mis queridos hermanos y hermanas, he hecho esta experiencia y en ella he encontrado fuerza, consuelo y apoyo!»[18].

¡Con qué frecuencia convendrá que dejemos la comodidad de nuestra casa para pasar un rato físicamente cerca de Jesús en una iglesia, quizá fría en invierno, o calurosa en verano! O bien alargar el trayecto de regreso al hogar, después del trabajo, para saludar sin prisa al Santísimo Sacramento. Quizá sean pocos minutos, porque nuestros deberes no nos permiten permanecer más tiempo. Pero esos breves instantes bastan para que el alma abandone en el Corazón de Jesús las preocupaciones que arrastra, y se realice de nuevo ese maravilloso intercambio de caridad en el que siempre salimos ganando. Nos levantaremos más ligeros y alegres, con paz para nosotros mismos y para los demás.

De ordinario, miramos a Dios como fuente y contenido de nuestra paz: consideración verdadera, pero no exhaustiva. No solemos pensar, por ejemplo, que también nosotros «podemos» consolar y ofrecer descanso a Dios. Así han procedido los santos; como muchas personas procedieron con Jesús —Dios y Hombre— mientras estuvo sobre esta tierra. Juan Pablo II recoge en su carta *Dies Domini* un texto de san Ambrosio, donde —de forma indirecta— alude al consuelo y descanso de Dios en la criatura: «Gracias pues a Dios Nuestro Señor que hizo una obra en la que pudiera encontrar descanso. Hizo el cielo, pero no leo que allí haya descansado; hizo las estrellas, la luna, el sol, y ni tan siquiera ahí leo que haya descansado en ellos. Leo, sin embargo, que hizo al hom-

---

[18] Juan Pablo II, Carta encíclica *Ecclesia de Eucharistia*, 17-IV-2003, n. 25.

bre y que entonces descansó, teniendo en él uno al cual podía perdonar los pecados»[19].

Evidentemente, con nuestra devoción y nuestra piedad eucarística, tratamos al Maestro como amigo, le acogemos en el alma. Una escena evangélica ayuda a reflexionar sobre esta espléndida realidad de amor. En Betania, seis días antes de la Pascua, ofrecieron una cena a Jesús. «Marta servía, y Lázaro era uno de los que estaban a la mesa con él. María, tomando una libra de perfume muy caro, de nardo puro, ungió los pies de Jesús y los secó con sus cabellos. La casa se llenó de la fragancia del perfume» (Jn 12, 2-3).

Tres hermanos pendientes del Señor: uno a su lado, comensal de la misma mesa; una, sirviéndole; otra, ungiéndole. Compañía, servicio, amor. Este pasaje resume las coordenadas de nuestra devoción eucarística. Bajo el velo de las especies eucarísticas, Jesús se halla encerrado en el tabernáculo: «Cuando te acercas al Sagrario —escribe san Josemaría— piensa que ¡Él!... te espera desde hace veinte siglos»[20]. Con nuestros detalles de cariño, con nuestras visitas al Santísimo, podemos lograr que se sienta acompañado, lo mismo que cuando conversaba con Lázaro; que se sienta servido con los cuidados de Marta, que dedicaba al Maestro toda su competencia profesional de ama de casa; que se sienta amado con la esplendidez de María, que no reparó en gastos ni en farisaicos escándalos. Agradezcamos más esta posibilidad de ofrecer a Jesús sacramentado nuestro corazón y nuestra Iglesia como una Betania constante, porque cultivemos nosotros las disposiciones y las obras de aquellos tres hermanos.

No hay aquí asomo de utopías, porque el Cristo del Sagrario es el mismo que caminó por Palestina y que aquella tarde acudió a la mesa de Lázaro en Betania. Con palabras de

---

[19] San Ambrosio, *Comentarios al Hexameron*, VI, 10, 76.
[20] San Josemaría Escrivá de Balaguer, *Camino*, n. 537.

san Josemaría: «Para mí el Sagrario ha sido siempre Betania, el lugar tranquilo y apacible donde está Cristo, donde podemos contarle nuestras preocupaciones, nuestros sufrimientos, nuestras ilusiones y nuestras alegrías, con la misma sencillez y naturalidad con que le hablaban aquellos amigos suyos, Marta, María y Lázaro. Por eso, al recorrer las calles de alguna ciudad o de algún pueblo, me da alegría descubrir, aunque sea de lejos, la silueta de una iglesia; es un nuevo Sagrario, una ocasión más de dejar que el alma se escape para estar con el deseo junto al Señor Sacramentado»[21].

Descansar con Cristo en la Misa, como los discípulos de Emaús

La palabra pascua, en hebreo, significa tránsito. En el evangelio de san Juan (cfr. Jn 13, 1) alude a la hora de la pasión, muerte y glorificación del Señor. Jesús dejaba su presencia sensible en la tierra, dejaba la compañía de los suyos, y *pasaba* con su Humanidad Santísima a la derecha del Padre (cfr. Mc 16, 19). Dejaba la vida mortal para resucitar, tres días después, con una existencia nueva, gloriosa y eterna. Su Pascua contiene su paso del dolor hacia el gozo glorioso, de su trabajo a su descanso. Como afirma san Juan Damasceno, recorre el tránsito de la tribulación de la cruz a la paz de la resurrección[22].

Nosotros hemos de seguirle en ese itinerario, que se incoa durante la existencia terrena y madura al final, cuando todo el camino ha sido una «pascua» vivida con el Señor. Ir de este mundo al Padre admite muchas significaciones concretas: depende de la situación espiritual de cada uno, de la senda

---

[21] San Josemaría Escrivá de Balaguer, *Es Cristo que pasa*, n. 154.
[22] Cfr. San Juan Damasceno, *Sobre la fe ortodoxa* IV, 11.

que haya afrontado y de lo que le falte aún por andar. San Máximo de Turín explica que la Pascua del Señor —su muerte, su resurrección y su ascensión— suscita un movimiento ascendente de las criaturas hacia Dios, que convierte al infiel hacia la fe, al pecador hacia la gracia, al justo hacia la santidad, a los muertos hacia la vida, a los santos hacia la gloria[23]. En definitiva, significa siempre dar un nuevo paso en la identificación plena con el Hijo de Dios crucificado y resucitado por nosotros, un paso más hacia la casa del Padre.

¿Cómo prepararnos para ir con Cristo de este mundo al Padre? Participando con intensa piedad en el Sacrificio de la Misa, sacramento de la Pascua del Señor que comunica esa misma Pascua a quienes participan. La Santa Misa nos consigue siempre impulsos y luces sobrenaturales para avanzar en el camino de la fidelidad y del amor. Con esta participación en el Sacrificio del altar —Pascua del Señor y pascua nuestra— buscamos acompañar a Cristo en su muerte y resurrección: nos esforzamos en obtener la gracia de morir con Él a nuestro yo, por la penitencia y el sacrificio, para resucitar con Él por la gracia y las virtudes; queremos convertirnos en almas que se ocupan de las cosas suyas, no de las nuestras, y llegar así —cuando el Señor nos llame a su presencia— a dar el salto definitivo y sentarnos con Él a la diestra del Padre.

Por estos motivos, celebrar o participar en la Misa nos hace entrar en el descanso de Cristo; descansar con Él después de haber trabajado por Él; recuperar fuerzas y volver con nuevo empuje a la lucha interior, al trabajo, a hablar de Cristo a otros. Como sucedió con aquellos dos que iban camino de Emaús (cfr. Lc, 24, 13-35). Tras haber acompañado a Jesús durante su predicación, y tras el «fracaso» de la Cruz, retornaban cansados a su casa, renunciaban a ser

---

[23] Cfr. San Máximo de Turín, *Sermones* 53 y 54.

apóstoles. Pero invitan a Jesús, caminante desconocido en esos momentos, a quedarse con ellos y descansar de la fatiga de una jornada de camino.

«"Quédate con nosotros, Señor, porque atardece y el día va de caída" (cfr. Lc 24, 29). Ésta fue la invitación apremiante que, la tarde misma del día de la resurrección, los dos discípulos que se dirigían hacia Emaús hicieron al Caminante que a lo largo del trayecto se había unido a ellos. Abrumados por tristes pensamientos, no se imaginaban que aquel desconocido fuera precisamente su Maestro, ya resucitado. No obstante, habían experimentado cómo "ardía" su corazón (cfr. *ibid*. 32) mientras Él les hablaba "explicando" las Escrituras. La luz de la Palabra ablandaba la dureza de su corazón y "se les abrieron los ojos" (cfr. *ibid*. 31). Entre la penumbra del crepúsculo y el ánimo sombrío que les embargaba, aquel Caminante era un rayo de luz que despertaba la esperanza y abría su espíritu al deseo de la plena luz. "Quédate con nosotros", suplicaron, y Él aceptó. Poco después el rostro de Jesús desaparecería, pero el Maestro se había quedado veladamente en el "pan partido", ante el cual se habían abierto sus ojos»[24].

Así escribía Juan Pablo II en la carta apostólica con la que proclamaba un tiempo de especial culto eucarístico en la Iglesia. Y añadía: «El icono de los discípulos de Emaús viene bien para orientar un Año en que la Iglesia estará dedicada especialmente a vivir el misterio de la Santísima Eucaristía. En el camino de nuestras dudas e inquietudes, y a veces de nuestras amargas desilusiones, el divino Caminante sigue haciéndose nuestro compañero para introducirnos, con la interpretación de las Escrituras, en la comprensión de los misterios de Dios. Cuando el encuentro llega a su plenitud, a la luz de la Palabra se añade la que

---

[24] Juan Pablo II, Carta apostólica *Mane nobiscum*, 7-X-2004, n. 1.

brota del "Pan de vida", con el cual Cristo cumple a la perfección su promesa de "estar con nosotros todos los días hasta el fin del mundo" (cfr. Mt 28, 20)»[25].

La Iglesia, Madre que conoce el corazón de los hombres, sabe bien que necesitamos participar en la Pascua del Señor, para pasar de la muerte a la vida, del cansancio de la lucha y de la fatiga del trabajo al descanso y felicidad eternos. Por eso ha dispuesto piadosamente que esa participación en la Misa sea obligatoria los domingos, el día de la semana en que Jesús entró en su descanso. La pascua semanal ayuda a no detenerse en la senda, pues ese parón podría ser preludio de desfallecimiento; a no desorientarse confiriendo a las cosas de este mundo una importancia de la que carecen, y negándosela en cambio a «las cosas del Padre». Con este programa sencillo y eficaz la Iglesia nos proporciona el reposo más profundo y radical: detenerse haciendo camino; y nos evita caer en el espejismo de los reposos vanos.

Ese interés de la Esposa de Cristo por la fidelidad de sus hijos, para que cuiden y amen el paso del Señor por su existencia y avancen con Él, se manifiesta incluso en las oraciones de las Misas dominicales, en las que ruega instantemente al Señor por su perseverancia, para que no dejen de discernir lo que aparta del Maestro y se apliquen a lo que Él les pide. En los domingos del Tiempo Ordinario, por ejemplo, suplica a Dios para sus hijos:

—«Luz para conocer tu voluntad y la fuerza necesaria para cumplirla»;

—«Una vida según tu voluntad, para que podamos dar en abundancia frutos de buenas obras en nombre de tu Hijo predilecto»;

—«Vivir por tu gracia de tal manera que merezcamos tenerte siempre con nosotros»;

---

[25] *Ibid.*, 2.

—«Vivir fuera de las tinieblas del error y permanecer siempre en el esplendor de la verdad»;

—«La verdadera alegría, para que quienes han sido librados de la esclavitud del pecado alcancen también la felicidad eterna»;

—«La luz de tu verdad a los que andan extraviados para que puedan volver al buen camino»;

—«Los dones de tu gracia, para que, encendidos de fe, esperanza y caridad, perseveren fielmente en el cumplimiento de tu ley»;

—«Los signos de tu misericordia para que, bajo tu guía providente, de tal modo nos sirvamos de los bienes pasajeros que podamos adherirnos a los eternos»;

—«Aumento en los corazones del espíritu filial, para que merezcamos alcanzar la herencia prometida»;

—«Tu amor en nuestros corazones, para que, amándote en todo y sobre todas las cosas, consigamos alcanzar tus promesas, que superan todo deseo»;

—«El amor a tus preceptos y la esperanza en tus promesas, para que, en medio de las vicisitudes del mundo, nuestros corazones estén firmes en la verdadera alegría»;

—«El amor de tu nombre, para que, haciendo más religiosa nuestra vida, acrecientes el bien en nosotros y con solicitud amorosa lo conserves»;

—«Tu gracia, para que, deseando lo que nos prometes, consigamos los bienes del cielo»;

—«Vivir siempre alegres en tu servicio, porque en servirte a ti, creador de todo bien, consiste el gozo pleno y verdadero»[26].

En definitiva, la Iglesia urge a Dios para que no abandone a sus hijos, que nos mire, que nos ayude constantemente, y que lleguemos hasta el final con Él: «Señor, Tú que te has

---

[26] Cfr. Misal Romano, Colectas de los domingos I, III, VI, XIII, XIV XV, XVI, XVII, XIX, XX, XXI, XXII, XXVI y XXXIII del Tiempo ordinario.

dignado redimirnos y has querido hacernos hijos tuyos, míranos siempre con amor de padre y haz que cuantos creemos en Cristo, tu Hijo, alcancemos la libertad verdadera y la herencia eterna»[27].

Vivir las fiestas y los domingos con Dios

Pasar el domingo con Dios significa ofrecerle también el tiempo del descanso. Otra paradoja: que nuestra pobre generosidad le brinde consuelo.

Muchas personas tienen tanto quehacer —así piensan, al menos— que no encuentran tiempo para asistir a la Misa dominical. En nuestra época, éste parece el principal obstáculo para pasar con Dios los domingos y las fiestas de la Iglesia.

Descansar supone cambiar de ocupación, de ambiente, de circunstancias relacionales, de esfuerzo. En nuestro caso, significa también cambiar lo poco nuestro con lo mucho de Dios: confiarle nuestras miserias y nuestras pequeñeces, para recibir sus dones —el Cuerpo y la Sangre de Cristo, el Espíritu Santo— causa infinita de alegría y de paz. Ofrecerle nuestro tiempo para recibir su eternidad, que un día nos alcanzará.

Ha escrito Juan Pablo II: «Éste es un día que constituye el centro mismo de la vida cristiana. Si desde el principio de mi Pontificado no me ha cansado de repetir: "¡No temáis! ¡Abrid, más todavía, abrid de par en par las puertas a Cristo!", en esta misma línea quisiera hoy invitar a todos con fuerza a descubrir de nuevo el domingo: *¡No tengáis miedo de dar vuestro tiempo a Cristo!* Sí, abramos nuestro tiempo a Cristo para que él lo pueda iluminar y dirigir. Él es quien conoce el secreto del tiempo y el secreto de la eternidad, y nos entrega "su día" como un don siempre nuevo de su amor.

---

[27] Misal Romano, Colecta del Domingo XXIII del Tiempo ordinario.

El descubrimiento de este día es una gracia que se ha de pedir, no sólo para vivir en plenitud las exigencias propias de la fe, sino también para dar una respuesta concreta a los anhelos íntimos y auténticos de cada ser humano. El tiempo ofrecido a Cristo nunca es un tiempo perdido, sino más bien ganado para la humanización profunda de nuestras relaciones y de nuestra vida»[28].

Sí, salimos siempre ganando cuando damos al Señor los yugos nuestros y aceptamos el que de Él nos viene. ¡Ojalá cada cristiano fuera consciente de que no puede vivir sin el domingo! Esta expresión, recordaba Benedicto XVI, «nos remite al año 304, cuando el emperador Diocleciano prohibió a los cristianos, bajo pena de muerte, poseer las Escrituras, reunirse el domingo para celebrar la Eucaristía y construir lugares para sus asambleas. En Abitina, pequeña localidad de la actual Túnez, 49 cristianos fueron sorprendidos un domingo mientras, reunidos en la casa de Octavio Félix, celebraban la Eucaristía desafiando así las prohibiciones imperiales. Tras ser arrestados fueron llevados a Cartago para ser interrogados por el procónsul Anulino. Fue significativa, entre otras, la respuesta que un cierto Emérito dio al procónsul que le preguntaba por qué habían transgredido la severa orden del emperador. Respondió: *"Sine dominico non possumus"*; es decir, sin reunirnos en asamblea el domingo para celebrar la Eucaristía no podemos vivir. Nos faltarían las fuerzas para afrontar las dificultades diarias y no sucumbir. Después de atroces torturas, estos 49 mártires de Abitina fueron asesinados. Así, con la efusión de la sangre, confirmaron su fe. Murieron, pero vencieron; ahora los recordamos en la gloria de Cristo resucitado.

»Sobre la experiencia de los mártires de Abitina debemos reflexionar también nosotros, cristianos del siglo XXI. Ni si-

---

[28] Juan Pablo II, Carta apostólica *Dies Domini*, 31-V-1998, n. 7.

quiera para nosotros es fácil vivir como cristianos, aunque no existan esas prohibiciones del emperador. Pero, desde un punto de vista espiritual, el mundo en el que vivimos, marcado a menudo por el consumismo desenfrenado, por la indiferencia religiosa y por un secularismo cerrado a la trascendencia, puede parecer un desierto no menos inhóspito que aquel "inmenso y terrible" (Dt 8, 15) del que nos ha hablado la primera lectura, tomada del libro del Deuteronomio. En ese desierto, Dios acudió con el don del maná en ayuda del pueblo hebreo en dificultad, para hacerle comprender que "no sólo de pan vive el hombre, sino que el hombre vive de todo lo que sale de la boca del Señor" (Dt 8, 3). En el evangelio de hoy, Jesús nos ha explicado para qué pan Dios quería preparar al pueblo de la nueva alianza mediante el don del maná. Aludiendo a la Eucaristía, ha dicho: "Este es el pan que ha bajado del cielo; no como el de vuestros padres, que lo comieron y murieron: el que come este pan vivirá para siempre" (Jn 6, 58). El Hijo de Dios, habiéndose hecho carne, podía convertirse en pan, y así ser alimento para su pueblo, para nosotros, que estamos en camino en este mundo hacia la tierra prometida del cielo.

»Necesitamos este pan para afrontar la fatiga y el cansancio del viaje. El domingo, día del Señor, es la ocasión propicia para sacar fuerzas de él, que es el Señor de la vida. Por tanto, el precepto festivo no es un deber impuesto desde afuera, un peso sobre nuestros hombros. Al contrario, participar en la celebración dominical, alimentarse del Pan eucarístico y experimentar la comunión de los hermanos y las hermanas en Cristo, es una necesidad para el cristiano; es una alegría; así el cristiano puede encontrar la energía necesaria para el camino que debemos recorrer cada semana. Por lo demás, no es un camino arbitrario: el camino que Dios nos indica con su palabra va en la dirección inscrita en la esencia misma del hombre. La palabra de Dios y la razón van juntas. Seguir la palabra de Dios, estar con Cristo, significa para el hombre realizarse a sí mismo; perderlo equivale a perderse a sí mismo.

»El Señor no nos deja solos en este camino. Está con nosotros; más aún, desea compartir nuestra suerte hasta identificarse con nosotros. En el coloquio que acaba de referirnos el evangelio, dice: "El que come mi carne y bebe mi sangre habita en mí y yo en él" (Jn 6, 56). ¿Cómo no alegrarse por esa promesa?»[29].

Pasar cristianamente el domingo, con Cristo Señor nuestro, asegura al descanso su dimensión festiva: no se queda en simple reposo de una fatiga física, sino que asume el valor de conmemoración de acontecimientos que se sitúan en la propia vida como origen de la felicidad actual. La creación, la alianza, la liberación de la esclavitud, la ley, la resurrección gloriosa, Pentecostés... ¡Qué larga y amable resulta la serie de maravillas divinas, de las que reavivamos la memoria en el *«Día del Señor»*! Resuena entonces en el corazón del cristiano su amorosa petición en aquella noche última: «Haced esto en memoria mía» (Lc 22, 19. Nosotros realizamos un nuevo trueque y le decimos: «No te olvides de mí, Señor, cuando venga mi hora, la hora de mi dolor y de mi tribulación; mi hora de pasar de este mundo a la eternidad, cuando venga el último día, Día tremendo (cfr. Is 13, 6.9; Mal 4, 1; Jl 2, 2; So 1, 15). Acuérdate de mí, Señor, que tantas veces te he recibido en la Sagrada Comunión, que te he acompañado junto al Sagrario, y admíteme en tu reino "para que coma y beba a tu mesa" (Lc 22, 29)».

Cristo, glorioso en el Santísimo Sacramento, escuchará nuestras plegarias, irá llenando de paz y de alegría nuestros corazones, también en vistas de aquel trance, como llenó de gozo y de serenidad a los Apóstoles el día de su resurrección: «¡La paz con vosotros!» (Jn 20, 19. 21).

---

[29] Benedicto XVI, *Homilía en la clausura del Congreso Eucarístico de Bari*, 29-V-2005.

VII. La Eucaristía y el dolor de los hijos de Dios

> «Convenía que aquél para quien y por quien son todas las cosas, habiéndose propuesto llevar muchos hijos a la gloria, perfeccionase mediante los sufrimientos al autor de su salvación. Porque quien santifica y quienes son santificados vienen todos de uno solo; por eso no se avergüenza de llamarlos "hermanos", y dice: "Anunciaré tu nombre a mis hermanos y en medio de la iglesia te alabaré". Dice también: "Yo pondré en él mi confianza", y de nuevo: "Aquí estamos, yo y los hijos que Dios me dio". Porque así como los hijos comparten la sangre y la carne, también él participó de ellas, para destruir con la muerte al que tenía el poder de la muerte, es decir, al diablo, y liberar así a todos los que con el miedo a la muerte estaban toda su vida sujetos a esclavitud (...). Por haber sido puesto a prueba en los padecimientos, es capaz de ayudar a los que también son sometidos a prueba» (Hb 2, 10-15. 18).

La Tradición cristiana ha considerado siempre la variedad de los sacramentos como una respuesta a la diversidad de situaciones y necesidades del hombre y de la Iglesia. Cristo los ha instituido como signos eficaces de la gracia, para hacer llegar su vida a sus discípulos de modo sencillo y sensible. La Eucaristía aparece como fuente y culmen de los demás sacramentos.

A lo largo de estas páginas, he ido considerando cómo la primacía de este don divino se encuentra íntimamente relacionada con el don de la filiación divina, que Dios Padre concede al hombre en Cristo por la acción del Espíritu Santo. Para concluir esta serie de reflexiones, quisiera detenerme en un aspecto que reviste especial importancia porque hace referencia a un elemento inseparable de la existencia humana: el dolor en toda su amplitud.

La Sagrada Eucaristía, por ser el sacramento de la Pasión de Cristo, es también el sacramento de la cercanía del Señor a los hombres en el momento del dolor. Si Jesús permanece con nosotros en el Sacramento del Altar para acompañarnos y transmitirnos fuerza a lo largo del camino que conduce a la casa del Padre, se ha quedado de modo especial para estar muy cerca de nosotros a la hora del sufrimiento, físico o moral. El Hijo de Dios acompaña en la Eucaristía a los hijos de Dios cuando padecen por Él: los acompaña eficazmente, sosteniéndolos con su ejemplo y con su gracia.

Vida y sufrimiento

El caminar humano encierra la inevitable conjunción de vida y muerte, de alegría y de dolor. Hay horas de triunfo, de goce, de satisfacción; y también de sufrimiento, de amargura, de soledad.

La vida humana, con todo lo que supone de afirmación, posesión y alegría, aparece sin embargo marcada por la sombra de la muerte, presente en la caducidad que el ayer revela, en la inseguridad del futuro no dominado, en la fragilidad de lo actual. El hombre toca cada día con sus propias manos el sufrimiento —aunque a veces apenas se perciba— de no contar plenamente con el dominio de su ser y de su existir; de estar a merced de fuerzas que le imponen eventos que le contrarían, que limitan sus posibilidades, que obstaculizan sus proyectos, que le roban el fruto de sus trabajos, que ahogarán un día su aliento. Desde esta perspectiva, el arte de vivir consiste en saber componer alegrías y tristezas, sin dejarse abatir por unas ni exaltarse excesivamente por las otras.

Hay personas que desarrollan una especie de insensibilidad apática, acallando exigencias del corazón; o que fomentan una forma de superficialidad que cierra las puertas del alma a los acontecimientos históricos; o se conforman con una especie de resignación cínica, convencidos de que todo terminará mal y de que la vida consiste tan sólo en tomar lo mejor de lo que pasa ante nosotros. Otros componen fórmulas más valientes, que saben acoger el dolor —necesario compañero de viaje— como signo del amor, y descubren en el sufrimiento la condición de lo valioso y perenne. Pero nadie vive sin apostar por alguna solución y aplicarla a su caso. En cristiano, san Pablo ofrece una fórmula basada en la fe y en la experiencia del amor paterno de Dios: «Todas las cosas concurren al bien de los que aman a Dios» (Rm 8, 28). *Omnia in bonum!*, abreviaba san Josemaría, recogiendo este pensamiento del Apóstol.

Todo sufrimiento supone de algún modo un desafío para la criatura humana; la interpela sobre el sentido último de lo que dice y hace, la somete a examen.

Hasta cierto punto, lo más costoso del dolor no se queda en el sufrimiento que lo constituye cuanto en el misterio de su sentido. Ante lo que contraría y hace sufrir surgen las preguntas: ¿por qué esto?, ¿por qué ahora?, ¿por qué debe morir una persona tan joven y tan valiosa?, ¿por qué me sucede a mí, precisamente? La rebeldía humana se alimenta en gran medida de esos sucesos dolorosos; sobre todo, porque los juzga sin sentido.

¿Quién nos enseñará a aceptar el dolor sin rebeldías, con paz? ¿Quién resolverá esta paradoja de la existencia humana y la explicará satisfactoriamente? Los maestros humanos no lo han logrado. El Hijo de Dios, que padeció y murió por nosotros en la Cruz, es el único que lo ha enseñado de modo perfecto; es el Maestro y el Modelo. Él, con obras y palabras, educa verdaderamente para vivir y morir, para gozar y sufrir (cfr. Jn 6, 68; Hch 1,1).

No hay amor verdadero sin sacrificio ni sentido del sacrificio sin amor

Jesús no ocultó a sus discípulos la necesidad del sufrimiento. Así lo manifiesta claramente en muchas ocasiones: en el sermón de las bienaventuranzas; cuando envía por primera vez a los Apóstoles a anunciar la llegada del reino; en la última noche, al confirmarles en la elección y advertirles del odio del mundo; cuando en repetidos momentos les anticipa que el Hijo del hombre debe morir y que ellos también deberán sufrir. «Es necesario que el Hijo del hombre padezca muchas cosas, y sea condenado por los ancianos, los príncipes de los sacerdotes y los escribas, y que sea muerto y resucite al tercer día. Y decía a todos: Si alguno quiere venir en pos de mí, niéguese a sí mismo, tome su cruz cada día, y sígame» (Lc 9, 22-23).

Les descubrió, luego, que en el amor se encuentra la clave que explica la utilidad y el sentido del dolor. Se sufre porque se ama: porque se tiene interés en cosas y personas; porque se busca agradar y ayudar a quien se quiere, aun en lo que personalmente cuesta. Por amor se sufre para que otros disfruten; se acepta la muerte para que otros vivan; se renuncia a lo que se posee para que otros se beneficien. No hay amor verdadero sin sacrificio, como carece de sentido el sacrificio sin amor. Aprender a vivir es también aprender a sufrir por amor, a encajar el dolor como piedra de toque del verdadero cariño.

Pero se trata de una lección trabajosa y, no raramente, larga, especialmente si el alma se resiste a asimilar lo que la existencia le enseña de mil formas. El corazón se rebela contra esta ley de la criatura humana: se empeña en gozar, en eternizar sin esfuerzo la felicidad. La inteligencia se inquieta ante una realidad que desconcierta, porque el dolor se niega a presentarse perfectamente explicado. La fantasía rehúye los parajes de la realidad corriente y prefiere divagar por otros inventados, donde no hay problemas y todo termina siempre del mejor modo.

La disciplina interior para reducir el corazón a sus justos términos, para dominar la inteligencia y controlar la imaginación, se manifiesta especialmente ardua, sobre todo porque debe actuarse siempre, no bastan un día ni dos. Cuando parecía que ya se había alcanzado, la experiencia de un nuevo sufrimiento —físico o moral— levanta de nuevo la crisis. Y la persona se queja y protesta, porque considera que resulta imposible sobrellevar la contrariedad, califica de injusto el evento mortificante, y estima inaceptable el imprevisto.

Jesús nos enseña que «nadie tiene mayor amor, que quien da la vida por sus amigos» (Jn 15, 13); y Él así procedió. Por devolver la vida a Lázaro, comprometió la suya: al contemplar a Lázaro resucitado, «los sumos sacerdotes y los fariseos convocaron consejo y decían: "¿Qué hacemos? Porque este hombre realiza muchas señales" (...). Desde ese día, decidieron darle muerte» (Jn 11, 47. 53).

Por devolver a los hombres la salud de la gracia, Cristo entregó su vida humana en la Cruz; su cuerpo fue flagelado y crucificado; su sangre, derramada para que los pecados de los hombres fueran cancelados y todos pudieran tener vida eterna. De este modo, «el sufrimiento de Cristo ha creado el bien de la redención del mundo. Este bien es en sí mismo inagotable e infinito. Ningún hombre puede añadirle nada. Pero, a la vez, en el misterio de la Iglesia como cuerpo suyo, Cristo en cierto sentido ha abierto el propio sufrimiento redentor a todo sufrimiento del hombre. En tanto el hombre se convierte en partícipe de los sufrimientos de Cristo —en cualquier lugar del mundo y en cualquier tiempo de la historia—, en cuanto *a su manera completa* aquel sufrimiento, mediante el cual Cristo ha obrado la redención del mundo»[1].

---

[1] Juan Pablo II, Carta apostólica *Salvifici doloris*, 11-II-1984, n. 24.

Esta colaboración se realiza de modo eminente en la Eucaristía. Jesucristo no sólo nos ha enseñado la posibilidad de abrir el sufrimiento al amor, sino que instituyó este sacramento, memoria y actualización de su pasión redentora, también para ayudarnos a gustar la ciencia de sufrir, amando a Dios y a los demás. De este modo, la redención operada por Cristo en el Calvario, y «obrada en virtud del amor satisfactorio, permanece *constantemente abierta a todo amor* que se expresa *en el sufrimiento humano*. En esta dimensión —en la dimensión del amor— la redención ya realizada plenamente, se realiza, en cierto sentido, constantemente. Cristo ha obrado la redención completamente y hasta el final; pero, al mismo tiempo, no la ha cerrado. En este sufrimiento redentor, a través del cual se ha obrado la redención del mundo, Cristo se ha abierto desde el comienzo, y constantemente se abre, a cada sufrimiento humano. Sí, parece que forma parte *de la esencia misma del sufrimiento redentor de Cristo* el hecho de que haya de ser completado sin cesar.

»De este modo, con tal apertura a cada sufrimiento humano, Cristo ha obrado con su sufrimiento la redención del mundo. Al mismo tiempo, esta redención, aunque realizada plenamente con el sufrimiento de Cristo, vive y se desarrolla a su manera en la historia del hombre. Vive y se desarrolla como cuerpo de Cristo, o sea la Iglesia, y en esta dimensión cada sufrimiento humano, en virtud de la unión en el amor con Cristo, completa el sufrimiento de Cristo»[2].

«Me has preparado un cuerpo...»

El Hijo eterno de Dios quiso tomar un alma y un cuerpo humanos para poder sufrir como nosotros y por nosotros.

---

[2] *Ibid.*

«Por eso, al entrar en el mundo, dice: sacrificio y ofrenda no quisiste, pero me preparaste un cuerpo; los holocaustos y sacrificios por el pecado no te han agradado. Entonces dije: He aquí que vengo, como está escrito de mí al comienzo del libro, para hacer, oh Dios, tu voluntad» (Hb 10, 5-7).

Ha venido a sufrir para que nosotros no padezcamos; ha cargado con nuestros dolores para quitárnoslos a nosotros. Lo describe proféticamente Isaías con estas palabras: «Despreciable y desecho de hombres, varón de dolores y sabedor de dolencias, como uno ante quien se oculta el rostro, despreciable, y no le tuvimos en cuenta. ¡Y, con todo, eran nuestras dolencias las que Él llevaba y nuestros dolores los que soportaba! Nosotros le tuvimos por azotado, herido de Dios y humillado. Ha sido herido por nuestras rebeldías, molido por nuestras culpas. Soportó el castigo que nos trae la paz, y con sus cardenales hemos sido curados (...).

»Plugo a Yahveh quebrantarle con dolencias. Si se da a sí mismo en expiación, verá descendencia, alargará sus días, y lo que plazca a Yahveh se cumplirá por su mano. Por las fatigas de su alma, verá luz, se saciará. Por su conocimiento justificará mi Siervo a muchos y soportará las culpas de ellos. Por eso le daré su parte entre los grandes y con poderosos repartirá despojos, ya que se entregó indefenso a la muerte y con los rebeldes fue contado, cuando Él llevó el pecado de muchos, e intercedió por los rebeldes» (Is 53, 3-5. 10-12).

Los evangelios presentan a Jesús especialmente atento a las debilidades y enfermedades humanas, en cualquiera de sus formas, para curarlas. Le vemos expulsar demonios, limpiar leprosos, sanar a ciegos, sordos, mudos y paralíticos, resucitar a muertos. Las gentes le seguían en grandísimo número atraídas por la belleza de su doctrina y también por su poder taumatúrgico. El mal y el dolor humanos, especialmente el espiritual —la ignorancia, el pecado— eran para Cristo como un imán: había venido a dar testimonio de la verdad para que todos la conocieran, a salvar lo que estaba perdido, a resucitar a todos después de la muerte.

Así se comportó con los que se cruzaron con Él durante su paso por la tierra; y así sigue obrando con nosotros, que pisamos este mundo dos mil años después. Dios no hace acepción de personas, no admite distingos entre unos y otros por razón de raza, lengua, condición social, circunstancias de espacio o de tiempo. Y Cristo es Dios: no se ocupó sólo de la salud física y espiritual de quienes compartieron la geografía en su mismo momento histórico, atiende con idéntica solicitud la nuestra. Hoy como ayer, Cristo sale al encuentro de los que sufren; ahora, especialmente a través del sacramento de su pasión.

Lecciones de Jesús en la Eucaristía: grandeza del holocausto

El Bautismo, la Confirmación, el Orden y el Matrimonio son sacramentos de comienzo, con todo lo que significa de alegría y de novedad: no hacen de suyo relación al dolor humano. La Penitencia se relaciona con el dolor de un hijo de Dios por sus pecados: la gracia de la reconciliación arranca del alma la perfecta contrición por haber ofendido al Padre celestial y le concede la alegría de volver a abrazarlo. En la Unción de enfermos, la referencia al dolor es limitada: se circunscribe a la enfermedad física con posibilidad de muerte.

En la Eucaristía, en cambio, la actualización sacramental del dolor del Hijo de Dios en su Carne, asume cualquier dolor del cristiano, grande o pequeño, físico o moral; y lo sana imprimiéndole sentido y perspectiva humana y sobrenatural, infundiéndole gracia para acogerlo recia y generosamente. Por medio de la Eucaristía, el dolor que sufrió el Salvador alivia el dolor concreto de cada uno de sus discípulos, porque lo inscribe eficazmente en el misterio de la salvación a través de su Cruz.

Las lecciones de Jesús sacramentado se suceden, llevando paulatinamente al hijo de Dios a afrontar sus angustias y aflicciones como participación en la entrega de su Señor; ayudan a vislumbrar la eficacia de su propia entrega; permiten percibir la maravilla de unirse a Jesús, única Víctima. Y entonces el sufrimiento ya no le aplasta, porque no se siente atrapado en las redes de un dolor sin sentido.

La Eucaristía es muy especialmente el sacramento de la cercanía de Cristo, porque acerca a Jesús —verdadera, real y sustancialmente presente— a los fieles de todo tiempo y lugar. El Maestro «se hace prójimo» —con sus dolores sacramentalmente presentes— para redimir los sufrimientos de sus hermanos, para incorporarlos a los suyos y ofrecerlos al Padre en un acto de glorificación y de expiación que posee alcance infinito. Les instruye y les ayuda a convertir su padecimiento en un sacrificio grato a Dios, en holocausto que sirve a la propia salvación y a la de los demás.

Se nos ha entregado de modo muy particular como sacramento del consuelo de Dios al hombre: en este don de gracia, prenda de la vida eterna, Jesús glorioso se acerca a cada cristiano en la hora de la tribulación y de la angustia, y se anticipa a «enjugar toda lágrima de sus ojos», como hará plenamente en el Cielo (cfr. Ap 21, 4).

En la Sagrada Eucaristía, Jesucristo enseña al cristiano que su dolor, por prestarse a llevar un poquito de su Cruz, recibe un premio que se cuenta por la abundancia de almas que seguirán también esa misma senda: «Si el grano de trigo que cae en tierra no muere, queda solo; pero si muere, lleva mucho fruto» (Jn 12, 24). Cuando el cristiano oye al sacerdote pronunciar las palabras de Jesús —«esto es mi cuerpo que será entregado por vosotros... Esta es mi sangre que será derramada por vosotros...»—, aprende que los golpes que reciba durante su camino terreno, si los acoge por Cristo, con Cristo y en Cristo, se convierten en fuerza sobrenatural para los que ama; y, si responde afirmativamente a esa prueba, entonces recibe esos latigazos contento y feliz, como su Maestro.

En la hora del dolor: «tome su cruz y sígame»

«Si alguno quiere venir en pos de mí, niéguese a sí mismo, tome su cruz y sígame» (Mt 16, 24). Llevar la Cruz de Jesús se identifica espiritualmente con lo que materialmente cumplió Simón de Cirene. Nuestra cruz hoy, ahora, se presenta en el esfuerzo por vencer las pasiones desordenadas, por cumplir acabadamente el propio deber, por observar los mandamientos de la Ley de Dios. Cruz es también el trabajo y el sufrimiento por dar a conocer a Jesús como Hijo consustancial del Padre; por confesar sin ninguna vergüenza —con la palabra y con la conducta— la propia filiación divina; por colaborar con Cristo en la salvación de los hombres.

La Eucaristía nace en la hora de Cristo (cfr. Mc 14, 41; Jn 2, 4; 12, 27), la víspera de su Pasión: fue la hora de su dolor, de sus padecimientos físicos y muy especialmente de sus sufrimientos morales: cuando Judas lo traiciona, los discípulos lo abandonan, Pedro lo niega; cuando su pueblo lo rechaza como rey y lo pospone a un bandolero asesino; cuando los jefes de Israel se mofan de Él y le escupen. La Eucaristía nace cuando Jesús va a experimentar el desgarrón de la separación de los que ama, cuando se dispone a contemplar la tristeza en el rostro y el corazón de los suyos, sobre todo de su Madre. Nace en esa hora, porque es el sacramento del dolor del Dios-hombre, del sufrimiento de la Persona divina en su Humanidad Santísima. Nace para explicar a los discípulos —siempre que lo necesiten— el sentido del dolor, y de este modo ayudarles a que lo abran al amor.

La Eucaristía, el sacramento de la hora de Cristo, de la verdad de su identidad en el momento de tribulación máxima, nació cuando se aprestaba a confesar su Filiación divina, sabiendo que —por declararla— le condenarían a muerte (cfr. Lc 22, 70-72). Y se nos ofrece también como el sacramento al que debe acudir el cristiano cuando se presenta la necesidad de mostrar que se sabe verdaderamente hijo de Dios. De modo muy especial, ha de recurrir a la Eucaristía para tomar fuerzas, cuando la manifestación de su identidad cristiana implique el riesgo de perder o de comprometer bienes materiales, la salud, la posición social, o incluso de encontrar la muerte.

En el sacramento de su sacrificio, Jesús enseña a los suyos que cargar con la Cruz entraña un dolor que prescinde del tiempo y apenas cuesta, porque su yugo es suave y su carga ligera (cfr. Mt 11, 30). En los momentos del dolor de sus fieles, momentos que Él ha incorporado al suyo, Jesús nos pregunta, como en Getsemaní a Pedro, Santiago y Juan: «¿No habéis podido siquiera una hora velar conmigo?» (Mt 26, 40). En la Eucaristía, con voces calladas, el Señor paciente y glorioso a la vez, pide a los cristianos que unan sus sufrimientos a los de su Pasión: así podrán entender que una hora de sufrimiento supone muy poca cosa en comparación con la felicidad que se deriva de la fidelidad a Dios; que resulta muy breve una hora de fatiga, si se piensa en la cosecha de paz y de gloria que Dios ha preparado para sus hijos.

¡Cuántos cristianos, a lo largo de la historia, han hallado en el diálogo con Jesús sacramentado la fuerza para arrostrar las consecuencias de su compromiso bautismal! ¡Cuántos han superado situaciones de injusticia, de calumnia, de injuria, y han sabido perdonar y obrar noblemente, gracias a la participación en el Sacrificio del Altar! ¡Cuántas lágrimas han vertido los hijos de Dios ante el Sagrario o después de recibir la Sagrada Comunión, pisoteando su sensualidad, su orgullo, su ambición, para marcar un nuevo rumbo a su vida y ponerla en línea con la conducta del Hijo del hombre! ¡Cuántas confidencias con el Maestro de dolores, oculto en el tabernáculo, han madurado en decisiones de entrega, de aceptar una enfermedad o una separación definitiva, de encajar una situación familiar o profesional dolorosa!

No sabremos nunca cuán numerosas han sido y serán esas ocasiones. Juan Pablo II nos confió que, en su caso, habían sido muchas[3]. Conocemos sólo —y esto nos basta— que, desde el sagrario y desde el altar, desde el pecho de quien le ha recibido sacramentalmente, el Maestro continúa adoctrinando y sosteniendo con sus palabras de luz eterna, para que los hijos de Dios actúen con entereza fidelidad, pisando su senda con reciedumbre y alegría, llevando cada uno a diario ese pedacito de Cruz que Cristo pone sobre sus hombros, para que resuciten con Él y vivan su misma vida (cfr. Lc 9, 23-25).

Cuando el día va de caída: «tomad y comed»

La Eucaristía se nos ofrece como viático; ayuda para recorrer la vía que lleva a la casa del Padre, como explica santo Tomás de Aquino[4]. Sin este alimento, nos faltarían luces y fuerzas para entender y abrazar el padecimiento que supone conducirse como el Hijo de Dios; para comprender la eficacia y el valor de comportarse glorificando al Padre, olvidado de sí y procurando activamente la salvación de los demás.

Hoy, Cristo se hace compañero del cristiano por las sendas del mundo para curar las dolencias espirituales de los hombres y mujeres, de modo análogo a como, tras la Resurrección, se

---

[3] Cfr. Juan Pablo II, Carta encíclica *Ecclesia de Eucharistia*, 17-IV-2003, n. 25.

[4] Cfr. Santo Tomás, *Suma teológica*, III, q. 79, a. 2 ad 1.

unió al caminar de los dos que iban hacia Emaús, desesperanzados y tristes, abandonada la ilusión de seguir y trabajar con el Mesías. Ellos le reconocieron al partir el pan; ahora, la fe del que se sabe hijo de Dios se encenderá al contemplar su inmolación en la Santa Misa y, como aquellos dos, aceptará plenamente sus palabras, que invitan al sacrificio y encienden el corazón (cfr. Lc 24, 24-32).

Jesús eucarístico es siempre alimento del peregrino en la tierra, pero de modo muy especial cuando anochece y declina la jornada terrena del cristiano. Cuando llegue esa hora, el Rey de la gloria partirá de nuevo el pan y se lo ofrecerá por medio de un ministro suyo. El sacramento de la Eucaristía, recibido bajo forma de viático, mantendrá al fiel en el Camino que es Cristo clavado en la Cruz y Resucitado, le iluminará con su Verdad y le abrirá definitivamente las puertas de la Vida.

Se muestran claramente insensatas las protestas de quienes temen asustar —así dicen— a los enfermos y a los moribundos, si se presenta el ministro de Cristo para administrarles la Unción de los enfermos y el Viático. El hecho puede impresionarles, pues les coloca ante la seriedad de su situación y de la resolución de su vida. Pero más que esa reacción sentimental importa la ayuda que reciben y la alegría que les queda, cuando se unen con el Señor de la vida y de la muerte en su pecho y en su alma.

Sentido filial del sufrimiento

Las lecciones sobre el dolor alcanzan su culmen cuando se permean del sentido de la filiación divina. Alimentado con el pan eucarístico, el discípulo va afinando progresivamente su «paladar espiritual», conformándolo con el de su Maestro, hasta decir verdaderamente con Cristo: «Mi alimento es hacer la Voluntad del que me envió y completar su obra» (Jn 4, 34).

Llegada la hora del sufrimiento y de la prueba, Jesús en la Eucaristía impulsa a entender que el dolor forma misteriosamente parte del plan divino; y el hijo de Dios se llena de esa paz que el mundo no puede dar, rezuma una alegría silenciosa pero honda que el mundo tampoco puede quitar y que, por eso mismo, es compatible con el padecimiento (cfr. Jn 16, 22).

Entonces el cristiano aprende lo que enseña la Carta a los Hebreos: «Lo que sufrís sirve para vuestra corrección. Dios os trata como a hijos, y ¿qué hijo hay a quien su padre no corrija? Si se os privase de la corrección, que todos han recibido, seríais bastardos y no hijos» (Hb 12, 7-8). Desde esta perspectiva de fe, se comprende que el sufrimiento nos trae una bendición, un instrumento del que Dios se sirve para identificarnos con su Hijo, para acrisolar nuestra participación en la Filiación eterna del Verbo. Así lo explicaba san Josemaría durante una meditación ante el Sagrario: «Tú has hecho, Señor, que yo entendiera que tener la Cruz es encontrar la felicidad, la alegría. Y la razón —lo veo con más claridad que nunca— es ésta: tener la Cruz es identificarse con Cristo, es ser Cristo, y por eso, ser hijo de Dios»[5].

En las cimas de la transformación personal que lleva a la plena identificación del cristiano con Cristo, rendidamente unido a la Voluntad del Padre hasta beber el cáliz de la pasión hasta las heces (cfr. Lc 22, 4), el discípulo asimila hondamente esa dinámica, como también san Josemaría explicaba con detalle, que nos viene revelada por la oración de Cristo en Getsemaní: «Jesús ora en el huerto: *Pater mi* (Mt 26, 39), *Abba, Pater!* (Mc 14, 36). Dios es mi Padre, aunque me envíe sufrimiento. Me ama con ternura, aun hiriéndome. Jesús sufre, por cumplir la Voluntad del Padre... Y yo, que quiero

---

[5] San Josemaría Escrivá de Balaguer, Apuntes tomados de una meditación, 28-IV-1963.

también cumplir la Santísima Voluntad de Dios, siguiendo los pasos del Maestro, ¿podré quejarme, si encuentro por compañero de camino al sufrimiento?

»Constituirá una señal cierta de mi filiación, porque me trata como a su Divino Hijo. Y, entonces, como Él, podré gemir y llorar a solas en mi Getsemaní, pero, postrado en tierra, reconociendo mi nada, subirá hasta el Señor un grito salido de lo íntimo de mi alma: *Pater mi, Abba, Pater,... fiat!*»[6].

El proceso culmina en tal identificación con el Maestro que el cristiano no sólo acepta rendidamente el dolor, sino que lo agradece de corazón dirigiéndose filialmente a su Padre: «Dios mío, gracias, gracias por todo: por lo que me contraría, por lo que no entiendo, por lo que me hace sufrir»[7]. Ha comprendido hasta el fondo que «los golpes son necesarios para arrancar lo que sobra del gran bloque de mármol. Así esculpe Dios en las almas la imagen de su Hijo. ¡Agradece al Señor esas delicadezas!»[8].

Este sentido filial del dolor resulta necesario en el camino interior del hijo de Dios en esta tierra; y queda reforzado por la presencia de la Madre de Dios al lado del cristiano, cuando se presenta el momento de sufrir por Cristo. En la hora de Jesús está presente su Madre que, al pie de la Cruz, confirma plenamente su *fiat* —hágase— que pronunció cuando el Arcángel le comunicó los designios del Altísimo (cfr. Lc 1, 38). San Juan, que ha recibido la noche anterior el pan eucarístico y está ahora unido al dolor de su Maestro en cuanto le es posible, también junto a la Cruz recibe a María como Madre (cfr. Jn 19, 27). La Tradición de la Iglesia ha entendido siempre que, en Juan, todos los hombres —y de modo más pleno los cristianos— han acogido a la Madre de Dios como Madre suya. En todos los

---

[6] San Josemaría Escrivá de Balaguer, *Via Crucis*, I estación, punto 1.
[7] San Josemaría Escrivá de Balaguer, *Via Crucis*, VI estación, punto 4.
[8] *Ibid.*

momentos de la Cruz, no falta jamás la Madre de Cristo, que nos ayuda a cargar con la Cruz y a mostrarnos así, con decisión optimista —aunque cueste— hijos de Dios.

Tres grandes dones de Cristo a la humanidad se relacionan con su sufrimiento: el Espíritu Santo, que nos envía con el Padre y desde el Padre, como fruto de la Cruz; la Eucaristía, donde Él mismo se nos da en su sacrificio, bajo las apariencias de pan y de vino; y su Madre Santísima, que nos entrega desde la Cruz como Madre nuestra, para le abramos nuestras puertas y la introduzcamos en nuestra vida.

Tres dones que cambian íntimamente a las personas humanas, pues nos empujan a que seamos, nos sepamos y actuemos como hijos de Dios. El Espíritu Santo nos cristifica y nos ayuda a clamar en Cristo: *Abba! ¡Padre!* Jesús en la Eucaristía nos enseña e impulsa a desarrollar la maravillosa realidad de nuestra filiación divina, aumentando nuestra unión con Él. María, con su mediación materna, nos auxilia para que reconozcamos a Jesús como hermano, para que le sigamos y nos asemejemos más y más a Él. La devoción filial a María se relaciona íntimamente con el sentido de la propia filiación divina; con ese tratar a Dios, no como un ciego que ansía la luz y gime aún entre las angustias de la oscuridad, sino como un hijo consciente de que su Padre le ama[9].

El consuelo y la ayuda de la Madre de dolores

«¿Acaso se olvida una mujer de su niño, y no se compadece del hijo de sus entrañas? Pues aunque hubiera una mujer que se olvidase, Yo nunca me olvidaré de ti» (Is 49, 15). Así habla Dios por boca del profeta Isaías. Y aún añade: «Mira: te he grabado en las palmas de mis manos, tus murallas están

---

[9] Cfr. San Josemaría Escrivá de Balaguer, *Es Cristo que pasa*, n. 142.

siempre ante mí» (*Ibid.*, 16). La expresión de la misericordia y de la ternura divina por su pueblo, alcanza en estas palabras la cumbre que las ha hecho justamente célebres y que ha abierto a muchos corazones el camino del retorno a Dios.

El Omnipotente se sirve del parangón con la conducta de las madres, para revelar cómo procede Él. Llegada la plenitud de los tiempos, actúa más aún; no recurre ya a una comparación, sino que da a los hombres una Madre verdaderamente a la medida de su corazón, les entrega su propia Madre. Santa María, por obra del Espíritu Santo, ha engendrado al Verbo en la carne y ha sido capaz de velar por el Hijo de Dios; también con la gracia del Paráclito que la asiste, es capaz de velar por cada uno de esos otros hijos que le han nacido por gracia, por querer de Dios. Ella puede exclamar, como la mujer del Cantar: «Mi corazón vela» (Ct 5, 2). La Virgen nos mira siempre vigilante, atenta a lo que pueda necesitar cada uno, a lo que su Hijo espera de cada discípulo.

El papel de María en la lucha espiritual del cristiano se identifica con el de una madre; por eso, como explica san Josemaría, «la relación de cada uno de nosotros con nuestra propia madre, puede servirnos de modelo y de pauta para nuestro trato con la Señora del Dulce Nombre, María»[10]. No lo dudemos: los hombres necesitan una madre en el orden sobrenatural que les ayude a ser hijos de su Padre Dios, y que les enseñe a llamarle «papá», como hacen todas las madres con sus hijos; que les haga comprender que son hermanos de sus hermanos y, sobre todo, hermanos de Jesús; que les ayude a poner cariño en el trato con Dios, esa ternura y ese afecto que las madres transmiten con su agradable sabiduría en el ámbito familiar; que les auxilie para huir de envaramientos, rigideces y dramas, nacidos de olvidar que son pequeños y débiles. Una madre en el orden sobrenatural que, como las

---

[10] San Josemaría Escrivá de Balaguer, *Es Cristo que pasa*, n. 142.

madres de la tierra, acuda al lado del hijo doliente y lo conforte, lo consuele, lo sostenga.

Como Jesús, también la Virgen Madre sale hoy al encuentro de los discípulos, especialmente cuando más les cuesta acompañar al Maestro, cuando se alza ante ellos el instante de la prueba y de la tribulación. Son famosas las exhortaciones de san Bernardo: «Si se levantan los vientos de las tentaciones, si tropiezas en los escollos de las tribulaciones, mira a la Estrella, llama a María (...). No te descaminarás, si la sigues; no desesperarás, si le ruegas; no te perderás, si en Ella piensas»[11].

La hora del dolor de un cristiano ha de estar fuertemente marcada por una doble presencia: la de la Eucaristía y la de la Virgen; la del Hijo envuelto en los velos sacramentales y la de la Madre espiritual. Jesús y María se hallan juntos en ese tiempo singular de cada discípulo, como ha sucedido a lo largo de su paso por esta tierra y como están ahora en el Cielo. No se pueden separar. Cabe preguntarse: ¿cómo se relacionan entre sí estas dos presencias? María participa de la única mediación del Redentor[12]: lo hace de varios modos, unidos y relacionados entre sí, sobre todo con el ejemplo de su vida y con su intercesión materna.

Dios nos ha dado por Madre a María, especialmente para que nos lleve a Jesús, para que nos acerque a la Eucaristía, para que nos anime a alimentarnos con el pan que viene del cielo y a alegrarnos con el vino que redime a la humanidad. Así cumple María su función materna de criar y educar a los hijos de Dios. Ese camino, siempre que se requiere, pasa antes por la reconciliación en el sacramento de la Penitencia; por eso, como escribe san Josemaría, « a Jesús siempre se va y se «vuelve» por María»[13].

---

[11] San Bernardo, *Homilías sobre la Anunciación* II, 17.
[12] Cfr. *Lumen gentium*, 62
[13] San Josemaría Escrivá de Balaguer, *Camino*, n. 495.

La piedad mariana madura de verdad cuando desemboca en devoción eucarística. San Josemaría lo afirmaba con seguridad plena: «Para mí, la primera devoción mariana (...) es la Santa Misa (...). Cada día, al bajar Cristo a las manos del sacerdote, se renueva su presencia real entre nosotros con su Cuerpo, con su Sangre, con su Alma y con su Divinidad: el mismo Cuerpo y la misma Sangre que tomó de las entrañas de María. En el Sacrificio del Altar, la participación de Nuestra Señora nos evoca el silencioso recato con que acompañó la vida de su Hijo, cuando andaba por la tierra de Palestina. La Santa Misa es una acción de la Trinidad: por voluntad del Padre, cooperando el Espíritu Santo, el Hijo se ofrece en oblación redentora. En ese insondable misterio, se advierte, como entre velos, el rostro purísimo de María: Hija de Dios Padre, Madre de Dios Hijo, Esposa de Dios Espíritu Santo»[14].

Caná: la premura de la Madre

En Caná de Galilea, al principio de la vida pública de Jesús se celebraba una boda. María se hallaba presente, y también Jesús con sus discípulos. Todo se desarrollaba normalmente, según las costumbres populares, hasta que se acabó el vino antes de lo previsto. María enseguida lo advirtió. La situación era comprometida, pues podía provocar la interrupción de los festejos y el desatarse de las lenguas, criticando el descuido de los novios. ¡No era un buen modo de comenzar la construcción de una familia! La Virgen acudió a su Hijo para que pusiera remedio: le insinuó que proporcionara vino a los invitados. Jesús se excusó, alegando que no había lle-

---

[14] San Josemaría Escrivá de Balaguer, Artículo *La Virgen del Pilar*, en «Libro de Aragón».

gado su hora; la Madre respondió invitando a los siervos a obedecer las órdenes de Cristo. Y llegó el vino, estupendo y abundante; no murió la alegría de los comensales; nació, en cambio, la fe de los discípulos, porque Jesús, a ruegos de su Madre, había adelantado la manifestación externa de «su hora» (cfr. Jn 2, 1-11).

A estas alturas de la historia, ya siempre se cumple «la hora» de Jesús, porque todos sus discípulos nos encontramos —en mayor o menor medida— metidos en fatigas y tribulaciones por serle fieles y cumplir la misión que a cada uno nos ha encomendado. Y siempre la Virgen intercede por nosotros ante Jesús, para procurarnos el vino estupendo y abundante de la gracia divina.

Cuando faltan virtudes, cuando la correspondencia a la gracia escasea; cuando la esperanza apenas alumbra el camino y se descubren mil motivos para no actuar con fidelidad a Cristo y a los demás; cuando falta el vino de la fe que obra animada por la caridad, allí se hace presente María. Cuando el desconcierto provocado por la Cruz aparece con toda su crudeza; cuando llegan crisis y desfallecimientos; cuando decae el amor conyugal y comienza a resquebrajarse la paz del hogar; cuando la penuria económica flagela un hogar y los que se llamaban amigos se comprueba que no lo eran tanto, siempre cabe el recurso de acudir a la intercesión de María. Cuando irrumpen la injusticia profesional, la calumnia, el desprestigio social; cuando crecen los obstáculos que el enemigo pone en el camino del hijo de Dios y amenazan con hacerlo fracasar, entonces, María no deja de intervenir ante su Hijo y consigue que Él arregle lo que estaba perdido. La Sierva que respondió con un *fiat* incondicional a la petición divina es la Señora de los imposibles. Jesús no niega nada a quien le ha respondido siempre que sí y se halla completamente identificada con Él.

También hoy María se desvive por los hijos que Dios le dio, y les socorre en sus necesidades espirituales y materiales.

Con su mediación materna, empuja constantemente a sus hijos espirituales a que obedezcan a Cristo (cfr. Jn 2, 5), que les ha mandado que se amen, que se sirvan unos a otros, que hagan memoria eucarística de su sacrificio. Los orienta hacia el Altar, hacia la Comunión, hacia el Sagrario: los lleva al Misterio eucarístico, donde Jesús les proporcionará la comida y la bebida que necesitan. La devoción mariana mueve siempre a intensificar la fraternidad y el trato con el Señor en el Santísimo Sacramento; los que aman a María tendrán siempre el pan y el vino que precisan para ser fieles y felices, aun en los momentos de dolor. Lo expresaba así un discípulo de san Efrén: «La Vid virgen ha dado un racimo cuyo vino es dulce; por él recibieron consuelo Adán y Eva mientras lloraban; gustaron de ese fármaco de vida y se consolaron en su aflicción»[15].

San Ireneo, Clemente Alejandrino, san Cipriano, san Cirilo de Jerusalén y muchos otros han interpretado en clave eucarística el primer milagro de Jesús, relacionándolo directamente con su hora de dolor y de exaltación. La transustanciación eucarística está prefigurada por la conversión del agua en vino, obrada por Cristo en Caná de Galilea. Juan Pablo II ha descrito también la analogía entre el mandato de Cristo en el Cenáculo y el consejo de la Virgen en Caná. «Repetir el gesto de Cristo en la Última Cena, en cumplimiento de su mandato: "¡Haced esto en conmemoración mía!", se convierte al mismo tiempo en aceptación de la invitación de María a obedecerle sin titubeos: "Haced lo que Él os diga" (Jn 2, 5). Con la solicitud materna que muestra en las bodas de Caná, María parece decirnos: "no dudéis, fiaos de la palabra de mi Hijo. Él, que fue capaz de transformar el agua en vino, es igualmente capaz de hacer del pan y del vino su cuerpo y su sangre, entregando a los creyentes en

---

[15] Pseudo-Efrén, *Himnos sobre María*, I, 14.

este misterio la memoria viva de su Pascua, para hacerse así pan de vida"»[16].

El milagro de Caná alude también a los efectos de la Eucaristía, pues la gracia de este sacramento evita el fracaso de lo que empezó bien, esto es, que la vida comunicada en el Bautismo no llegue al término querido por el Señor; asegura la alegría de los hijos de Dios, amenazada por sus defectos y descuidos. Jesús sacramentado, por intercesión de la Virgen, sigue obrando el milagro de cambiar el agua simple y pobre de nuestra vida humana en vino de vida sobrenatural, que consuela a Dios y alegra a los hombres. «En cuanto Cristo cambió manifiestamente el agua en vino gracias al propio poder, todo el mundo se llenó de alegría encontrando agradabilísimo el gusto de aquel vino. Hoy podemos sentarnos al banquete de la Iglesia, porque el vino se ha cambiado en la sangre de Cristo, y nosotros la sumimos en santa alegría, glorificando al gran Esposo (...). Altísimo, Santo, Salvador de todos, mantén inalterado el vino que hay en nosotros»[17].

Con María al pie del altar

Si en Caná todo habla de la alegría de unas bodas, el Calvario nos coloca ante la muerte. Pero las dos escenas se hallan estrechamente relacionadas con la «hora» de Jesús, y en las dos se encuentra presente María.

Ahora la contemplamos junto a la Cruz donde su Hijo sufre y muere. La acompañan un grupo de mujeres fieles que seguían a Jesús ya desde Galilea, y Juan (cfr. Jn 19, 25-27). La Virgen conduce a los que están con Ella hasta la Cruz de Cristo. Lo hizo

---

[16] Juan Pablo II, Carta encíclica *Ecclesia de Eucharistia*, 17-IV-2003, n. 54.
[17] Romano el Cantor, *Himno sobre las bodas de Caná*.

entonces y lo hace ahora: quienes se unen a María por el amor y la devoción, están también unidos a Cristo en el Calvario.

La ternura y la dulzura que se atribuyen a la Virgen están sobradamente justificadas —cabría afirmar incluso que se encomiarán siempre poco—, y podrían dejar en penumbra la reciedumbre y determinación con que cumplía siempre y en todo la Voluntad de Dios. En María no hay —¡es la llena de gracia, la inmaculada!— componendas con el pecado, disimulos ante conductas equivocadas o trabajos mal realizados. Sin embargo, quizá alguna vez no caemos bien en la cuenta de que la Virgen actuó en todo momento como una mujer extraordinariamente valiente, decidida, generosísima y fuerte. De la compasión y de la delicadeza con que trata a sus hijos espirituales, no debe concluirse que nuestra Madre fuese persona de carácter blando y acomodaticio. Al contrario, su temple superaba el de las grandes heroínas que aparecen en la Biblia —Débora, Judit, Esther...—, que la anunciaban de lejos sin igualar su entereza.

Por eso, la devoción a la Virgen, como enseñaba san Josemaría, «no es algo blando o poco recio: es consuelo y júbilo que llena el alma, precisamente en la medida en que supone un ejercicio hondo y entero de la fe, que nos hace salir de nosotros mismos y colocar nuestra esperanza en el Señor (...).

»Porque María es Madre, su devoción nos enseña a ser hijos: a querer de verdad, sin medida; a ser sencillos, sin esas complicaciones que nacen del egoísmo de pensar sólo en nosotros; a estar alegres, sabiendo que nada puede destruir nuestra esperanza»[18].

La devoción a la Madre de Dios no ha de imaginarse como una escapatoria para resolver de modo barato las exigencias de la vida espiritual, conservando intactos el apegamiento al pecado, la comodidad, la indiferencia ante las necesidades ajenas, el desinterés por las cosas de Cristo y de la

---

[18] San Josemaría Escrivá de Balaguer, *Es Cristo que pasa*, n. 143.

Iglesia, el descuido por evangelizar a todas las gentes. «Nuestra Señora —explica san Josemaría—, sin dejar de comportarse como Madre, sabe colocar a sus hijos delante de sus precisas responsabilidades. María, a quienes se acercan a Ella y contemplan su vida, les hace siempre el inmenso favor de llevarlos a la Cruz, de ponerlos frente a frente al ejemplo del Hijo de Dios. Y en ese enfrentamiento, donde se decide la vida cristiana, María intercede para que nuestra conducta culmine con una reconciliación del hermano menor —tú y yo— con el Hijo primogénito del Padre»[19].

Lo extraordinario de María consiste en que dulzura y reciedumbre marchan juntas, a pesar de poseer ambas en el máximo grado posible a una criatura. La Virgen lleva al discípulo hasta Jesús, moviéndole a luchar por vivir como Él y darlo a conocer; empujándole a cultivar las virtudes teologales y las humanas, incitándole a rechazar las ocasiones de pecado y a recuperar la amistad con Dios si la ha perdido por la ofensa grave; animándole a negarse a sí mismo y a cargar con la cruz, para ayudar a los demás en sus necesidades espirituales y materiales. Pero le conduce a esas cimas altas, volviendo dulce y amable la entrega. Consigue todo esto acercándolo al sacrificio sacramental de su Hijo: la Madre del Cielo acompaña a sus hijos a la Misa, los pone junto a sí al pie del altar, de modo semejante a como, el día de la Muerte del Señor, trajo consigo a Juan hasta el pie de la Cruz.

En la Santa Misa, que hace presente sacramentalmente el Sacrificio del Calvario, la Virgen actúa de alguna manera. Lo explicó así Juan Pablo II: «"Haced esto en recuerdo mío" (Lc 22, 19). En el "memorial" del Calvario está presente todo lo que Cristo ha llevado a cabo en su pasión y muerte. Por tanto, no falta *lo que Cristo ha realizado también con su Madre* para beneficio nuestro. En efecto, le confía al discípulo

---

[19] *Ibidem*, n. 149.

predilecto y, en él, le entrega a cada uno de nosotros: "¡He aquí a tu hijo!". Igualmente dice también a todos nosotros: "¡He aquí a tu madre!" (cfr. Jn 19, 26.27).

»Vivir en la Eucaristía el memorial de la muerte de Cristo implica también recibir continuamente este don. Significa tomar con nosotros —a ejemplo de Juan— a quien una vez nos fue entregada como Madre. Significa asumir, al mismo tiempo, el compromiso de conformarnos a Cristo, aprendiendo de su Madre y dejándonos acompañar por ella. María está presente con la Iglesia, y como Madre de la Iglesia, en todas nuestras celebraciones eucarísticas. Así como Iglesia y Eucaristía son un binomio inseparable, lo mismo se puede decir del binomio María y Eucaristía. Por eso, el recuerdo de María en la celebración eucarística es unánime, ya desde la antigüedad, en las Iglesias de Oriente y Occidente»[20].

Acompañar a la Virgen por el afecto y la devoción significa, pues, seguirla hasta la Cruz, hasta la Misa, que se convierte así en la primera y principal manifestación de la piedad mariana. Con Ella, el hijo de Dios aprende —de forma suave pero eficaz— a unirse al sacrificio de Cristo por la compasión y el amor, que se traducen en obediencia y completa abnegación de sí para servir a los demás y ayudarles en el camino del Cielo.

El ejemplo y la intercesión de Nuestra Señora nos invitan a tratar con más sinceridad a Jesús sacramentado; inclinan a que nuestro *Amén* al Señor —oculto bajo las apariencias de pan y de vino para ser nuestro compañero en el camino y en la hora del dolor— se exprese con más fuerza en adoración incesante al Verbo encarnado, realmente presente en las especies eucarísticas; disponen a una obediencia fina al querer de Dios, en atención afectuosa y efectiva a todos los hombres, empezando por los más cercanos. De esa manera, también,

---

[20] Juan Pablo II, Carta encíclica *Ecclesia de Eucharistia*, 17-IV-2003, n. 57.

nos llevará al gozo, porque como aseguraba san Josemaría, «darse sinceramente a los demás es de tal eficacia, que Dios lo premia con una humildad llena de alegría»[21].

El trato con Jesús sacramentado y con su Madre canaliza el dolor y la tribulación de los hijos de Dios hacia la identificación filial con la Voluntad del Padre, hacia el descubrimiento profundo de la propia filiación divina. La realidad del dolor, patente a todos, no ahoga la alegría de un hijo de Dios, que se levanta sobre las lágrimas como el sol sobre la lluvia en primavera. Un hijo de Dios, bien centrado en la Eucaristía y agarrado de la mano de su Madre, podrá, sí, experimentar cansancio, agobio físico, dolor, penas; pero se quedará triste. Consideremos, pues, para terminar, estas palabras de san Josemaría, comentando la Ascensión del Señor al Cielo:

«El Señor no nos impulsa a ser infelices mientras caminamos, esperando sólo la consolación en el más allá. Dios nos quiere felices también aquí, pero anhelando el cumplimiento definitivo de esa otra felicidad, que sólo Él puede colmar enteramente.

»En esta tierra, la contemplación de las realidades sobrenaturales, la acción de la gracia en nuestras almas, el amor al prójimo como fruto sabroso del amor a Dios, suponen ya un anticipo del Cielo, una incoación destinada a crecer día a día. No soportamos los cristianos una doble vida: mantenemos una unidad de vida, sencilla y fuerte en la que se funden y compenetran todas nuestras acciones.

»Cristo nos espera. *Vivamos ya como ciudadanos del cielo* (Flp 3, 20), siendo plenamente ciudadanos de la tierra, en medio de dificultades, de injusticias, de incomprensiones, pero también en medio de la alegría y de la serenidad que da el saberse hijo amado de Dios»[22].

---

[21] San Josemaría Escrivá de Balaguer, *Forja*, n. 591.
[22] San Josemaría Escrivá de Balaguer, *Es Cristo que pasa*, n. 126.

Epílogo

San Pedro escribe, también para nosotros, que Dios nos ha concedido «los preciosos y más grandes bienes prometidos, para que por éstos lleguéis a ser partícipes de la naturaleza divina» (2 Pt 1, 4). Habla de entrar en la intimidad del Padre, del Hijo, del Espíritu Santo; de entrar a formar parte de la familia de Dios (cfr. Ef 2, 19) en calidad de hijos en el Hijo, porque la filiación divina informa, da el *tono* al trabajo y al descanso, a la vida familiar, a la alegría y al dolor; en una palabra, a toda la existencia de los discípulos del Señor Jesús.

Vienen aquí muy a propósito unas consideraciones de san Josemaría Escrivá cuando se refiere a la conducta del cristiano: «Actuando así, daremos a quienes nos rodean el testimonio de una vida sencilla y normal, con las limitaciones y con los defectos propios de nuestra condición humana, pero coherente. Y, al vernos iguales a ellos en todas las cosas, se sentirán los demás invitados a preguntarnos: ¿cómo se explica vuestra alegría?, ¿de dónde sacáis las fuerzas para vencer el egoísmo y la comodidad?, ¿quién os enseña a vivir la comprensión, la limpia convivencia y la entrega, el servicio a los demás?

»Es entonces el momento de descubrirles el secreto divino de la existencia cristiana: de hablarles de Dios, de Cristo, del Espíritu Santo, de María. El momento de procurar transmitir, a través de las pobres palabras nuestras, esa locura del amor de Dios que la gracia ha derramado en nuestros corazones»[1].

---

[1] San Josemaría Escrivá de Balaguer, *Es Cristo que pasa*, n. 148.

La Escritura advierte: «¡Ay del que está solo!» (Qo 4, 10). La persona consciente de que no le falta compañía, tendrá quien le ayude cuando caiga; la que se encuentra sola, difícilmente encontrará quien le auxilie en el momento de la dificultad y del dolor. Desde cierto punto de vista, no hay equivocación al afirmar que la gran miseria del hombre es la soledad.

Jesús nos ha librado también de ese mal: prometió a sus discípulos que permanecería con ellos todos los días hasta la consumación de los siglos; aseguró que nos acompañaría a lo largo del camino terreno hasta llegar al encuentro definitivo con el Padre (cfr. Mt 28, 20). Ha mantenido plenamente su promesa, y de muchos modos; de manera muy singular y eficacísima quedándose en nuestros Sagrarios. No sufriremos la soledad, si queremos, porque el Hijo de Dios —siempre fiel y que nos ha amado hasta el extremo— se encuentra a nuestro lado en este sacramento, para que nosotros seamos fieles hasta el final.

Un verdadero cristiano no se halla ni se siente solo jamás. Le consta que un hijo del Padre que está en los cielos nunca queda abandonado pues oye que le repite: «¿Puede acaso una madre olvidarse del hijo de sus entrañas?» (cfr. Is 49, 15); se sabe hermano del Hijo, que lo espera siempre en el Sagrario y se entrega cada día por Él en la Santa Misa; se sabe también morada del Espíritu Santo, que se le comunica íntimamente, que lo vivifica con su gracia y le hace clamar: ¡Abba, Padre!

La vida es un desafío para todos: nadie tiene las cosas fáciles ni todo se le ofrece resuelto. Pero a cada uno se facilita la solución verdadera, que encontramos sólo en Cristo, el Hijo de Dios hecho hombre para que los hombres podamos ser hijos de Dios, y que nos espera en la Eucaristía. De este modo, los hombres y las mujeres de cualquier época y latitud pueden decir en verdad, como los que trataron a Jesús y creyeron en su divinidad: «He aquí a nuestro Dios» (Is 25, 9). Quien vive con Cristo y de Cristo, quizá se tope con problemas de trabajo, de salud, de dinero, y muchos otros, pero en el fondo de su vida no enraizará la visión problemática. En cambio, quien haya rechazado a Cristo, quizá posea dinero, salud, prestigio social, etc.; pero su situación interior se mostrará realmente problemática, porque no habrá descubierto el sentido de su paso por la tierra, no habrá conocido aún su verdad más íntima y profunda.

La esencia del cristianismo es Jesucristo presente y operante en la Eucaristía. Desde ese augusto sacramento, el Hijo de Dios encarnado continúa edificando su Cuerpo, la Iglesia, y vivificando a cada uno de sus miembros.

La Eucaristía encierra el tesoro de la Iglesia y de cada cristiano; el centro y la raíz, el culmen y el quicio de su vida y de su actividad, como expresamente ha querido recordar varias veces el último Concilio[2]. Lo proponía también Juan Pablo II al concluir su última encíclica: «Dejadme, mis queridos hermanos y hermanas que, con íntima emoción, en vuestra compañía y para confortar vuestra fe, os dé testimonio de fe en la Santísima Eucaristía. *Ave, verum corpus natum de Maria Virgine, / vere passum, immolatum, in cruce pro homine!* Aquí está el tesoro de la Iglesia, el corazón del mundo, la prenda del fin al que todo hombre, aunque sea inconscientemente, aspira (...).

»En el alba de este tercer milenio todos nosotros, hijos de la Iglesia, estamos llamados a caminar en la vida cristiana con un renovado impulso. Como he escrito en la Carta apostólica *Novo millennio ineunte*, no se trata de «inventar un nuevo programa. El programa ya existe. Es el de siempre, recogido por el Evangelio y la Tradición viva. Se centra, en definitiva, en Cristo mismo, al que hay que conocer, amar e imitar, para vivir en Él la vida trinitaria y transformar con Él la historia hasta su perfeccionamiento en la Jerusalén celeste» (n. 103).

---

[2] Cfr., por ejemplo, decreto *Presbyterorum ordinis*, nn. 5-6, 14.

La realización de este programa de un nuevo vigor de la vida cristiana pasa por la Eucaristía.

»Todo compromiso de santidad, toda acción orientada a realizar la misión de la Iglesia, toda puesta en práctica de planes pastorales, ha de sacar del Misterio eucarístico la fuerza necesaria y se ha de ordenar a él como a su culmen. En la Eucaristía tenemos a Jesús, tenemos su sacrificio redentor, tenemos su resurrección, tenemos el don del Espíritu Santo, tenemos la adoración, la obediencia y el amor al Padre. Si descuidáramos la Eucaristía, ¿cómo podríamos remediar nuestra indigencia?»[3].

Por el Bautismo, el hombre se incorpora a Cristo y se hace hijo de Dios; la Confirmación lo fortalece para luchar contra los obstáculos interiores y exteriores que se oponen a su vocación y a su misión. La Sagrada Eucaristía —Sacrificio, Convite, Presencia— posee el poder de atraer irresistiblemente sus pensamientos, afectos e intenciones: es su *centro*. Alimenta y sostiene su trabajo y su descanso, su servicio y su amor a los demás, su actividad apostólica y su vida de entrega, su sacrificio, su abnegación: es su *raíz*. Por eso, el cristiano está en condiciones de llevar a plenitud su vocación filial, al nutrirse del pan de los hijos. En la unión con Jesús en el Sacrificio de la Misa se entrega con Él a la Voluntad del Padre, en obediencia filial. Se ocupará «de las cosas del Padre» si es alma de Eucaristía, por la experiencia personal de Cristo en el pan y en la palabra. Su trabajo se orientará a la gloria del Padre y a la salvación de sus hermanos, como el trabajo del Hijo durante su vida terrena; será un trabajo santificado por su orientación efectiva para procurarse el pan del cielo. Centrada en Jesús sacramentado estará su familia, porque el calor de hogar proviene de ese pan. Y en la hora del sufrimien-

---

[3] Juan Pablo II, Carta encíclica *Ecclesia de Eucharistia*, 17-IV-2003, nn. 59-60.

to, con Jesús Eucaristía, los hijos de Dios no se desconcertarán como aquellos que desconocen a Cristo; reconocerán en el dolor la corona filial de una vida de amor humano y divino.

«No os dejaré huérfanos» (Jn 14, 18), prometió Jesús a sus Apóstoles, viendo en sus rostros la tristeza por la separación inmediata que les anunciaba; y cumplió su palabra, porque en el Santísimo Sacramento, que aquella noche les entregaba, se quedó Él en persona —de modo verdadero, real, sustancial— y nos dejó también su sacrificio. No nos ha abandonado a la orfandad. Gracias a la Eucaristía, Jesús glorioso muestra hoy a sus discípulos el rostro del Padre: funda su participación en la Filiación divina que es Él, la alimenta, y la lleva eficazmente a su perfección eterna.

Este libro, publicado por
Ediciones Rialp, S. A.,
Alcalá, 290, 28027 Madrid,
se terminó de imprimir en
Gráficas Rógar, Navalcarnero (Madrid),
la víspera del día 2 de octubre de 2005,
77º aniversario de la Fundación del Opus Dei.

OTROS LIBROS RIALP

Una vida para Dios. Reflexiones en torno a la figura de Josemaría Escrivá de Balaguer (2ª ed.)
ÁLVARO DEL PORTILLO
Este libro recoge las intervenciones públicas y otros escritos de Mons. Álvaro del Portillo en torno a la figura y al talante cristiano de Josemaría Escrivá. En todos ellos se percibe una profunda unidad y el gran cariño filial del autor.

Soñad y os quedaréis cortos (13ª ed.)
PEDRO CASCIARO
Las memorias del autor son retazos de una vida que tiene el ritmo y la tensión de una novela de aventuras; y además, la historia de su relación con Josemaría Escrivá.

Entrevista sobre el Fundador del Opus Dei (9ª ed.)
ÁLVARO DEL PORTILLO
Mons. Álvaro del Portillo, el más cercano colaborador de san Josemaría Escrivá, habla sobre su extraordinaria personalidad basándose en datos inéditos, vivos recuerdos y anécdotas íntimas.

Recuerdo de Alvaro del Portillo, Prelado del Opus Dei (6ª ed.)
SALVADOR BERNAL
Una cálida estampa de la figura afable y recia de Mons. Álvaro del Portillo. El autor, que pasó muchos años con él, ofrece recuerdo vivo de su personalidad, de su fiel apoyo a Josemaría Escrivá y su intenso servicio a la Iglesia.

Un mar sin orillas (5ª ed.)
ANTONIO RODRÍGUEZ PEDRAZUELA
El autor ha sido testigo de la implantación del Opus Dei en Centroamérica, que se ha desarrollado en paisajes muy distintos y en circunstancias a veces dramáticas. Presenta los hechos más significativos a través del relato de personas muy diversas.

El Fundador del Opus Dei
ANDRÉS VÁZQUEZ DE PRADA
Una biografía completa de san Josemaría, en tres volúmenes. Considera el punto de vista del biografiado, al hilo de sus propios documentos. El autor ha construido el libro sobre «Apuntes íntimos», documentos, testimonios, cartas y notas de archivo, en el intento de exponer con fidelidad la historia de los sucesos. El resultado es una biografía de gran porte histórico y generosa amplitud.

I. ¡Señor, que vea! (9ª ed.)
II. Dios y audacia (2ª ed.)
III: Los caminos divinos de la tierra (2ª ed.)

Memoria del Beato Josemaría Escrivá (5ª ed.)
JAVIER ECHEVARRÍA
Este libro incluye –en forma de entrevista– infinidad de vivencias y recuerdos personales de Mons. Javier Echevarría. Aporta datos inéditos, reveladores del perfil espiritual de Josemaría Escrivá: alma contemplativa, heroísmo en las virtudes, santidad de vida.

Para servir a la Iglesia
Homilías sobre el sacerdocio (1995-1999)
JAVIER ECHEVARRÍA
«Estas homilías son un testimonio coherente y valioso de la tradición eclesial, (...) y constituyen al mismo tiempo un testimonio del espíritu de la Prelatura del Opus Dei (...), que proclama y extiende por todo el mundo (...) el ideal de la santificación a través del cumplimiento de los deberes personales de cada uno» (del *Prólogo* del Cardenal Castrillón Hoyos)

Una nueva partitura (2ª ed.)
MARGARITA MURILLO GUERRERO
Vivencias de una pianista que en sus años universitarios descubrió la luz brillante de la santificación del trabajo en medio mundo. En 1953 tuvo la oportunidad de tratar, en Roma, al fundador del Opus Dei, y conserva innumerables recuerdos de aquel tiempo.

La paz y la alegría (2ª ed.)
JOSÉ MIGUEL CEJAS
Año 1933. Concluye la apasionante aventura humana que fue la vida de María Ignacia García Escobar, una de las primeras mujeres del Opus Dei. María Ignacia encontró el sentido de su vida en el viento impetuoso y amable del amor de Dios, que la elevó hasta alturas insospechadas.

Milagros de nuestro tiempo
FLAVIO CAPUCCI
Se recogen en este libro 19 curaciones atribuidas a Josemaría Escrivá, declaradas científicamente inexplicables por los médicos. Dos de ellas, tras el correspondiente proceso canónico, han sido aprobadas oficialmente como milagros.

Antes, más y mejor (3ª ed.)
LÁZARO LINARES
Uno de los primeros Agregados del Opus Dei cuenta los comienzos de esta labor y su dedicación profesional como Director de la Escuela Deportiva Tajamar.

Una familia del Somontano
ESTHER, GLORIA y LOURDES TORANZO
Este libro refleja algunos hitos de la biografía de san Josemaría y nos ofrece un retrato entrañable de sus padres, de su hermana Carmen y de Santiago, el hermano pequeño.

Roturar y sembrar.
Así nacieron las Escuelas Familiares Agrarias (EFA)
FELIPE GONZÁLEZ DE CANALES y JESÚS CARNICERO
Narra los comienzos de una iniciativa alentada por San Josemaría Escrivá para lograr que la gente del campo, y sus hijos, adquiriesen una formación humana, técnica, profesional y espiritual que les permitiera ponerse al frente de las explotaciones agrarias, o emprender otras iniciativas, sin tener que dejar sus pueblos.